ゼロからはじめる
[建築計画]入門

原口秀昭著

彰国社

装丁＝早瀬芳文
装画＝内山良治
本文フォーマットデザイン＝鈴木陽子

はじめに

学生時代、鈴木成文先生（1927 ～ 2010 年）という建築計画学の大家に教わりながら、授業で寝ていたり、サボったりしていました。今考えると、大変もったいないことをしていたと思っています。製図室で絵を描いているときが一番楽しいな！　というしょうもない学生でした。結局、系統的に計画学全体の勉強をしたのは、建築士受験のときでした。

本書では受験や実務の経験を元に、さまざまな工夫をしました。
使う人間で決まる寸法や面積は、住宅、ホテル、オフィスなどの用途にかかわらず、建築計画の基本中の基本です。設計においては、そのつど資料やカタログなどで調べるのですが、基本的な寸法、面積、面積比などは最初に覚えてしまうのが、設計力を上げるポイントです。設計は小さな寸法、小さな面積の積み重ね的な部分が多いので、本書の最初にもってきています。

寸法は、身のまわりの身体的な寸法から、車や建物全体の大きな寸法へと並べています。建築士試験によく出題され、設計実務においても重要な、車いすや高齢者関連の寸法は、重点的に取り上げました。建築の種類別、ビルディングタイプ別の計画の話は後にまわして、まずは設計にすぐに応用可能な、重要な寸法、面積などを覚えましょう。

計画学の教科書は、建築デザインとは直接関係がないような、寸法やタイプなど抽象的な話が多く実際の建築にどのように応用されているのかイメージしづらい面があるように思います。そこで随所に、計画の重要事項に関係するようなル･コルビュジエ、ミース、カーンら巨匠たちの作品も取り上げています。計画的に優れた実作を紹介することで、デザイン指向の強い読者の方にも､興味をもってもらえるように配慮しました。

建築図面だけでは退屈になるので、マンガをなるべく多く入れてあります。建築本の退屈さは、人間、キャラクターがいないことに最大の要因があると考えています。元はブログ（http://plaza.rakuten.co.jp/mikao/）で毎日 1 頁程度、学生に読ませるようにしていたものです。学生はマンガをつけないと、まったく読んでくれません。その原稿を加筆修正して本にしたのが「ゼロからはじめるシリーズ」で、本書で 13 冊目となります。マンガが多く直感的にわかりやすいため、その多くが中国、台湾、韓国でも翻訳されて出版されています。

全体の構成は、各部の寸法、各部の面積、面積比の次に機能別の計画、都市計画と、小から大へと進めています。設問は 1 級、2 級建築士の問題や、それで補えない部分は創作した基本問題を載せています。本書を読み込むだけで、建築計画をひととおり学習でき、建築士試験対策ともなります。各頁3分、ボクシングの1R（ラウンド）程度で読める分量です。最後に重要事項をまとめてあるので、そこだけを何度も繰り返すことで、基礎力のアップが図れるようにしてあります。

絵の多い本を書くように、すべての建築分野で書くようにと励まし続けてくれたのは、大学時代の恩師、故鈴木博之氏でした。筆者のデスクの前には、鈴木氏からの葉書が貼ってあります。根気のいるしんどい作業をここまで続けてこられたのは、鈴木氏からの励ましによるところが非常に大きいです。今後も書き続けますので、皆様の勉強のお役に立てていただければ幸いです。

企画を立ち上げてくれた中神和彦さん、編集作業をしてくれた彰国社編集部の尾関恵さん、多くのことを教えてくださった建築家の皆様、専門書やサイトの著者の皆様、ブログの読者の方々、語呂合わせなどを一緒に考えてくれた学生たち、本シリーズを支えてくれた読者の皆様に、この場を借りてお礼申し上げます。本当にありがとうございました。

2016年4月　　原口秀昭

ミキちゃん
計画は設計ほど
面白くないんだ
デザインに
必要なのよ！
アキラ
ル・コルビュジエのグランドコンフォートとシェーズロング

建築基準法、バリアフリー法（高齢者、障害者等の移動等の円滑化の促進に関する法律）、長寿社会対応住宅設計指針、県や市の条例などから、さまざまな寸法が提示されています。こうした数値には多少ずれがあり、個人差もありますが、本書においては建築士試験の過去問の数字によって決めています。長さの単位はcmにほぼ統一してあります。設計実務ではmmが使用されますが、計画の数字を大ざっぱに押さえて記憶する場合は、cmの方が便利です。建築士の問題でも、cmで小数点以下となる寸法はほとんど問われていません。

もくじ　CONTENTS

ゼロからはじめる

[建築計画]入門

Q つくり付けのいす、テーブルの高さを、それぞれ40cm、70cmとした。

A いすの座面、テーブルの標準的な高さは、約40cm、70cmで、その差は30cmです。約30cmの差があれば、作業も飲食も可能です。（答えは○）。
バーなどのカウンターテーブルの高さが100cmの場合、いすの高さは
100cm－30cm＝70cm
となります。
このとき脚は床につかないので、ブラブラしないように、高さ30cm（70cm−40cm）の足かけをつくり、いすの座面からの差40cmをとります。基本の40cm、70cm、その差30cmを覚えておくと、高いカウンターテーブルにも応用できます。

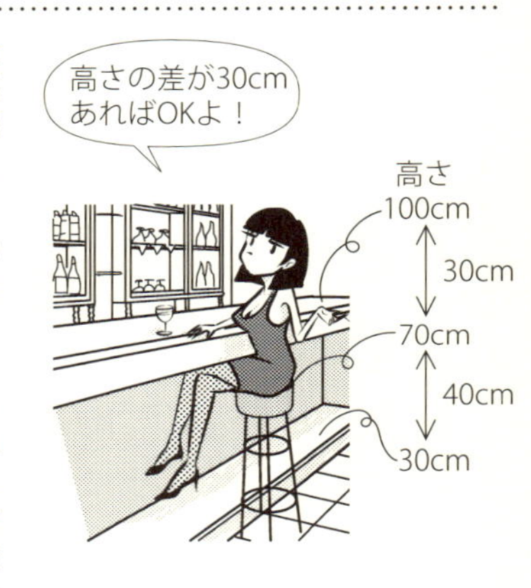
高さの差が30cm
あればOKよ！
高さ
100cm
30cm
70cm
40cm
30cm

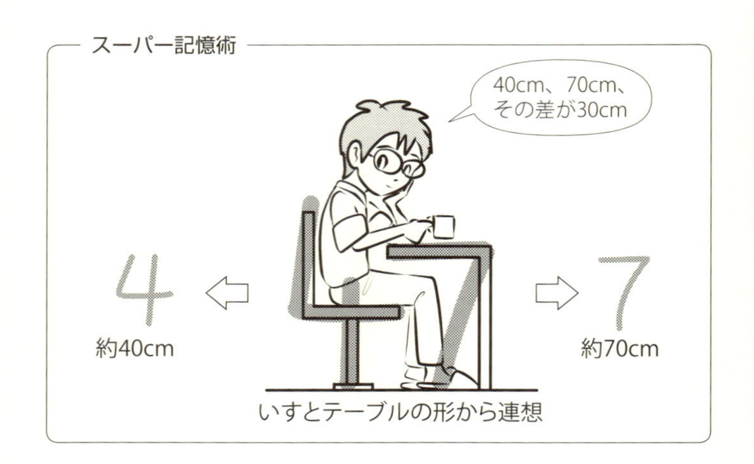
スーパー記憶術
40cm、70cm、
その差が30cm
4
約40cm
7
約70cm
いすとテーブルの形から連想

答え ▶ ○

Q 車いす利用に配慮した建築物の計画に際し、洋式トイレの便座の高さを、床から**45cm**とした。

A 車いすの座面の高さは、いすの座面の高さとほぼ同じで、**43cm**程度が多いです（答えは○）。便座の高さ、ベッドの高さ、浴槽の縁の高さもそれにそろえると、移乗が楽になります。

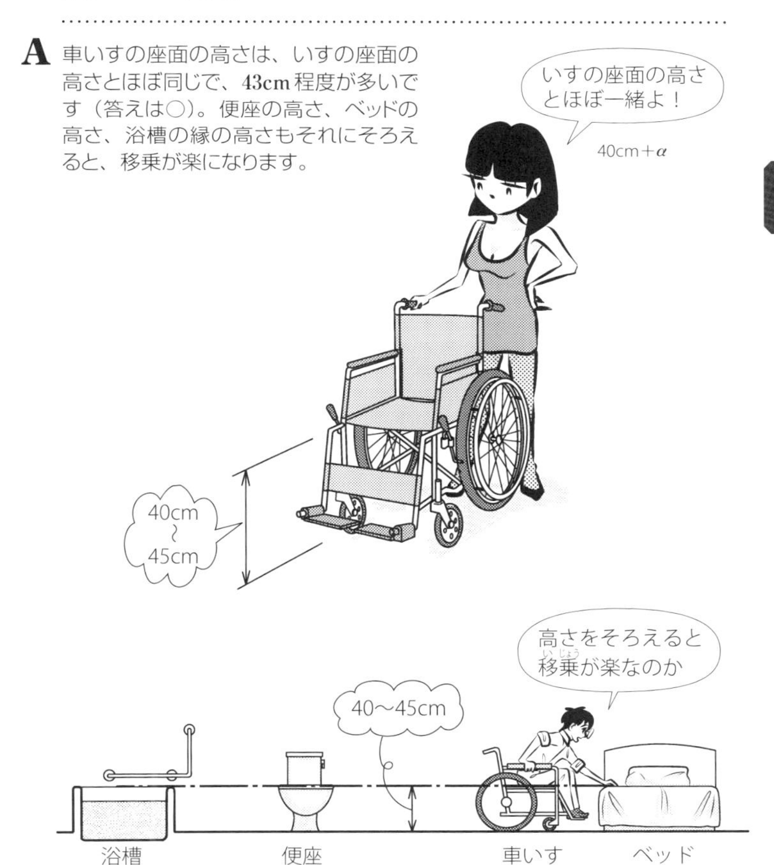
いすの座面の高さとほぼ一緒よ！
40cm＋α
40cm〜45cm
高さをそろえると移乗が楽なのか
40〜45cm
浴槽
便座
車いす
ベッド

答え ▶ ○

Q 飲食店において、立位で飲食をするカウンターの高さを、床から100cmとした。

A 立位での飲食用カウンターは、高さ約1mとします（答えは○）。バーのカウンターは、元は、立ち飲み用につくられたものです。立位用カウンターのいすは、通常のいすよりも高めになります（R001参照）。ホテルのフロントカウンターも、1m程度です。

鏡
立ち飲みは1mよ！
高めのいす
いすの人用の足かけ
約1m
80〜110cm
アメリカンバー
（1907年、ウィーン、
アドルフ・ロース

答え ▶ ○

Q バーにおいて、カウンター内の床の高さは、客席の床よりも低く計画する。

A 立ち作業をする従業員と座っている客の視線の高さは、そろえるか、客の方を高めにします。客の目線の方を高くしたいときは、カウンター内の床を10 ～ 20cm 低くします（答えは○）。

私の目線より
下にしてよ！
どうぞ
カウンター内を
下げるのか
10～20cm
下げる

答え ▶ ○

Q キッチンの流し台の高さは、85cm前後とする。

A キッチン流し台の高さは、85cmを中心として、80cm、90cmなどの既製品が多いです（答えは○）。身長が低い人が使う場合は、80cmの製品の台輪をカットして調整できます。流し台の奥行きは、約65cm。75cm以上あると、ガステーブルの奥にナベを置けるスペースができて便利です。

立ち作業では
約85cmよ！
支輪（幕板）
シール
水返し
約5cm
キッチンには
電化製品が多い！
約45cm
約85cm
ゴミ箱の置き場
もカウンター下に
ほしい
台輪
約65cm

スーパー記憶術

箱の上
トントン
箱
約85cm

箱の上で調理
85cm

答え ▶ ○

Q 1. 洗面化粧台の高さを、**75cm**とした。
2. 洗面化粧台の洗面器どうしの間隔を、**75cm**とした。

A 洗面化粧台の高さ、間隔ともに約**75cm**です（1、2は○）。テーブルより少し高く、キッチン流し台より少し低い高さとなります。

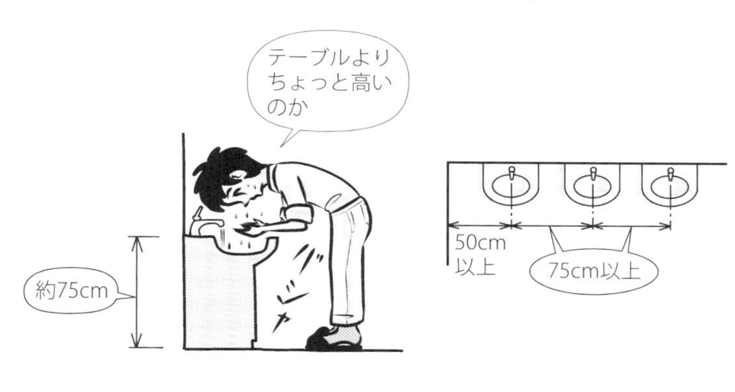
テーブルより
ちょっと高い
のか
約75cm
50cm
以上
75cm以上

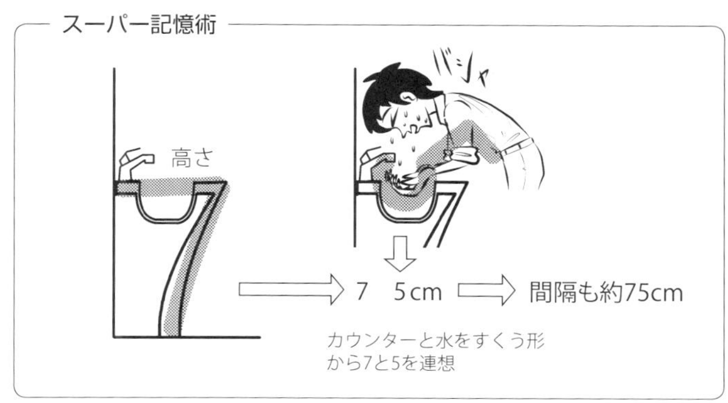
スーパー記憶術
高さ
7　5cm
間隔も約75cm
カウンターと水をすくう形
から7と5を連想

答え ▶ 1. ○　2. ○

Q 車いす使用者に配慮した建築物の計画に際し、

1. キッチンカウンターの高さを**90cm**とした。

2. キッチンカウンター下部に、ひざを入れるための、高さ**50cm**、奥行き**30cm**のクリアランスを設けた。

A 高さ**90cm**は、立って作業するためのカウンターの高さです。一般のキッチンのカウンター（流し台、調理台）の高さは、**85cm**前後（**80〜90cm**程度）ですが、車いすは座って使うので、テーブルの高さ約**70cm**に設定します（**1**は×）。流し台の場合はシンク（**sink**：水槽）にひざが当たらないように、約**75cm**とします。ひざを入れるスペースは、高さ約**60cm**、奥行き約**45cm**です（**2**は×）。キッチンカウンターには、立っても座っても使えるように、電動で上下する製品もあります。

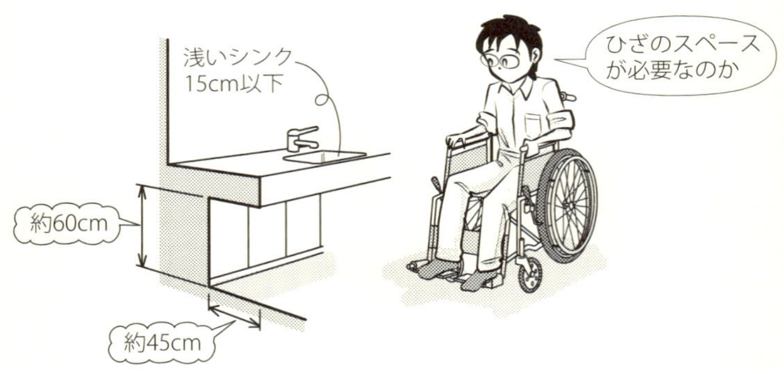
浅いシンク
15cm以下
ひざのスペース
が必要なのか
約60cm
約45cm

スーパー記憶術

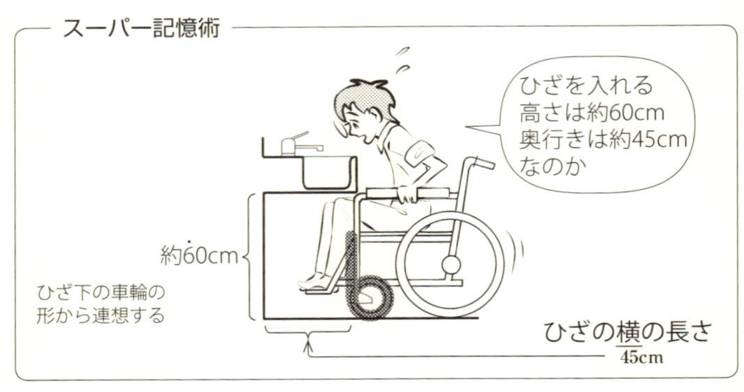
ひざを入れる
高さは約60cm
奥行きは約45cm
なのか
約60cm
ひざ下の車輪の
形から連想する
ひざの横の長さ
45cm

答え ▶ 1. ×　2. ×

Q 車いす使用者が利用するキッチンタイプを、L字型とした。

A 通常のI型のキッチンとすると、車いすで横に動くには、回転させてから前進させることになります。車いすで使うキッチンは、回転させる動きをメインにすると、使いやすくなります。そのため、L字型やU字型の配置とするのが適しています（答えは○）。

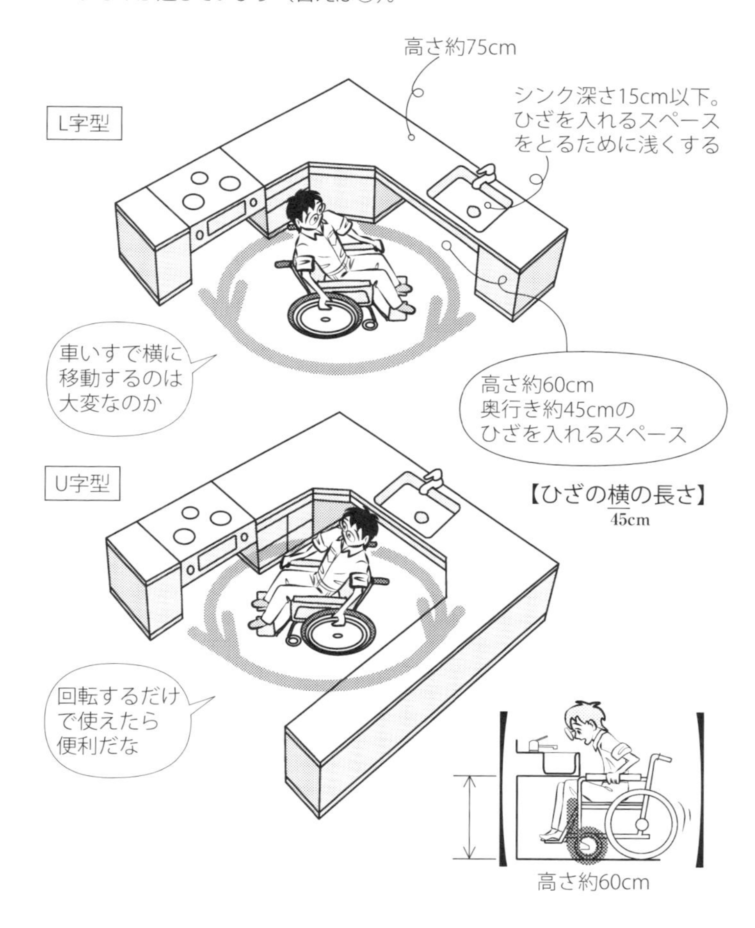
高さ約75cm
L字型
シンク深さ15cm以下。ひざを入れるスペースをとるために浅くする
車いすで横に移動するのは大変なのか
高さ約60cm
奥行き約45cmのひざを入れるスペース
U字型
【ひざの横の長さ】
45cm
回転するだけで使えたら便利だな
高さ約60cm

【　】内スーパー記憶術

答え ▶ ○

Q 車いす使用者が利用するキッチンの、流し台上部に固定した食器戸棚の上端までの高さを、車いすの座面から120cmとした。

A 流し台上部に付ける棚の高さと出寸法は、設計者の悩みの種です。手が届きやすいように低く、出を大きくすると、背の高い人は頭をぶつけてしまいます。棚下端を130cmとすると、出を35cm程度に抑えないと、作業のじゃまになります。

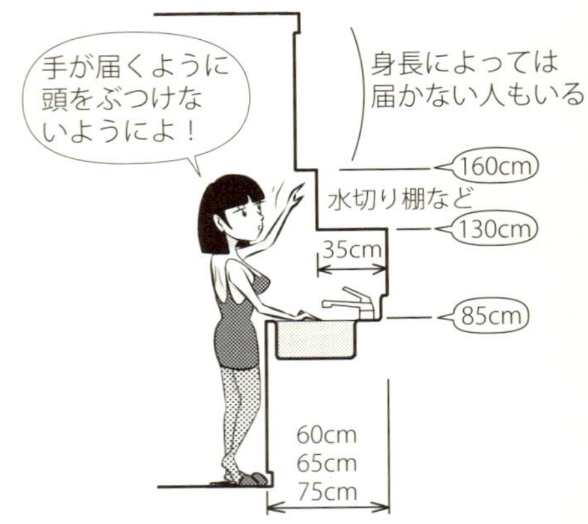
手が届くように
頭をぶつけな
いようによ！
身長によっては
届かない人もいる
160cm
水切り棚など
130cm
35cm
85cm
60cm
65cm
75cm

車いすの人が使える棚の上部の高さは、約150cmとされています。ただし、車いすのひじかけが流し台に当たってあまり奥に行けないので、できればつくらない方がキッチンとしては使いやすいです。
150cmの高さは、車いす座面の高さを45cmとすると、その差は105cmとなります（答えは×）。

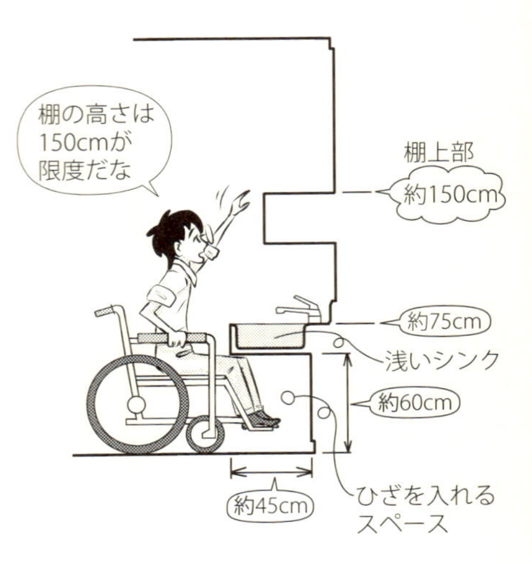
棚の高さは
150cmが
限度だな
棚上部
約150cm
約75cm
浅いシンク
約60cm
約45cm
ひざを入れる
スペース

答え ▶ ×

Q 車いす使用者の使う、
1. 壁付きスイッチの高さを、床から140cmとした。
2. 壁付きコンセントの高さを、床から40cmとした。

A 車いすから手が届くように、スイッチは低めに、コンセントは高めに付けます。車いすを使用しない高齢者の場合も、コンセントを抜くときにかがむ動作を小さくするため、コンセントの位置は高くします。スイッチは100～110cm程度と車いすに座った状態での目の高さ、コンセントは40cm程度の高さとします（1は×、2は○）。コンセントに足を引っかけて転倒しないように、マグネット式コンセントとすることも、有効です。

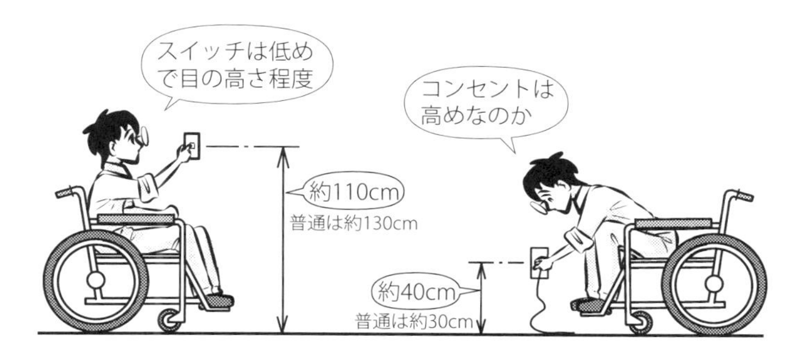
スイッチは低めで目の高さ程度
コンセントは高めなのか
約110cm
普通は約130cm
約40cm
普通は約30cm

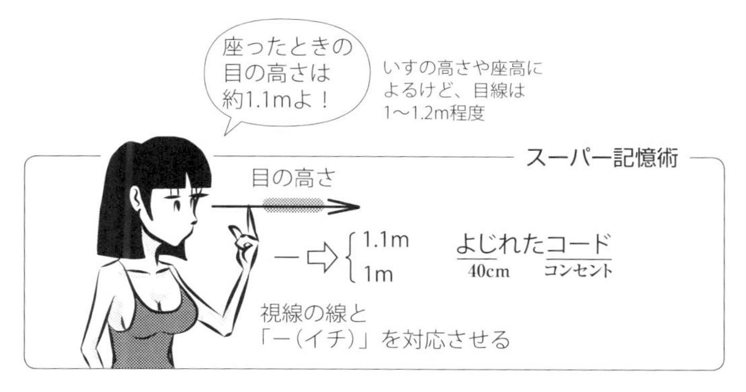
座ったときの目の高さは約1.1mよ！
いすの高さや座高によるけど、目線は1～1.2m程度
スーパー記憶術
目の高さ
一 ⇨ 1.1m / 1m
よじれたコード
40cm　コンセント
視線の線と「一（イチ）」を対応させる

答え ▶ 1. ×　2. ○

Q つくり付けベンチシートの座面の高さを40cm、奥行きを45cmとした。

A シートの座面の高さは約40cm、奥行きは、約45cmです（答えは○）。座ったときにひざ先と胴体の間の長さが約45cmなので、それに合わせた形です。R007のひざを入れるスペースの45cmとも対応します。

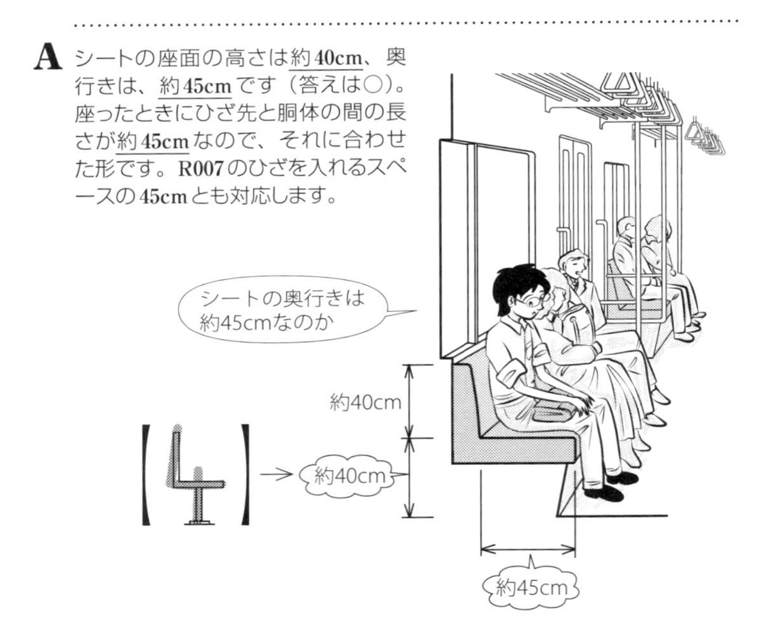
シートの奥行きは
約45cmなのか
約40cm
約40cm
約45cm

【　】内スーパー記憶術

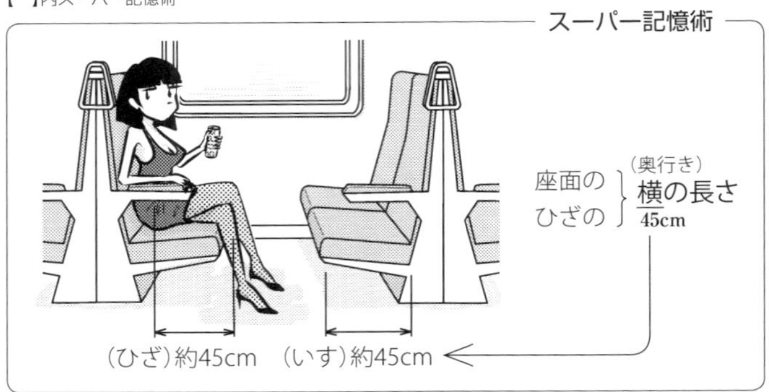
スーパー記憶術
座面の
ひざの
（奥行き）
横の長さ
45cm
（ひざ）約45cm
（いす）約45cm

答え ▶ ○

R012
○×問題

Q つくり付けベンチシートの1人分の幅を、45cmとした。

A 座面の幅は<u>約45cm</u>です（答えは○）。新幹線の普通車で約45cm、グリーン車で約50cmあります。<u>45cm角の立方体</u>はいすになります。高さは45cmよりも少し低く、40cm程度の方が座りやすいです。

グリーン車は
約50cmあるのよ！
イヤね
エコノミーは
新幹線　普通車
約45cm
約45cm
約45cm

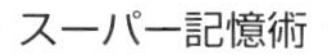
スーパー記憶術

（幅、奥行き）
座面の<u>横</u>の長さ
45cm

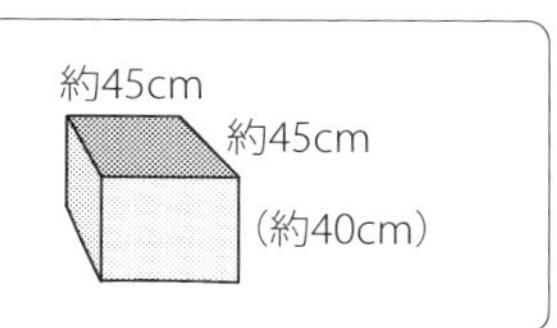
約45cm
約45cm
（約40cm）

答え ▶ ○

Q JISによる手動車いす、電動車いすの長さは、**120cm**以下である。

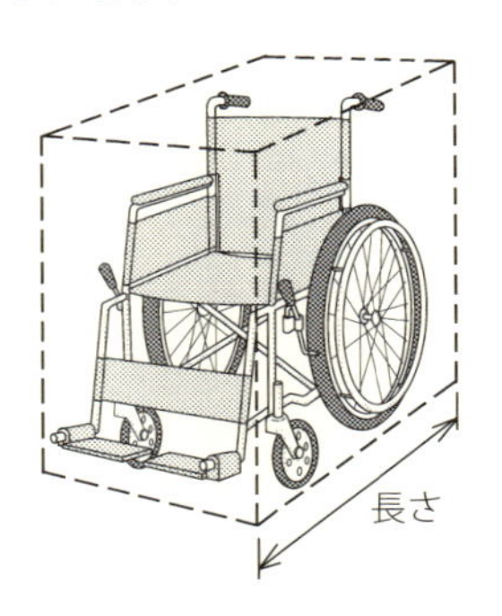
長さ

A JIS、ISOともに、（電動）車いすの長さは**120cm**以下とされています（答えは○）。実際の製品は、約**110cm**です。この車いすの長さは、玄関土間奥行き、段差解消機奥行き、エレベーター奥行きなどに関係します。まずは車いすの長さ**120cm**以下を覚えましょう。

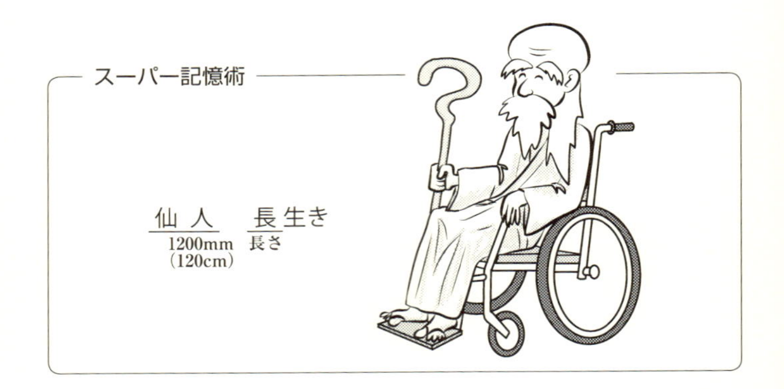
スーパー記憶術
仙人　長生き
1200mm（120cm）
長さ

答え▶○

Q JISによる手動車いす、電動車いすの幅は70cm以下、高さは109cm以下である。

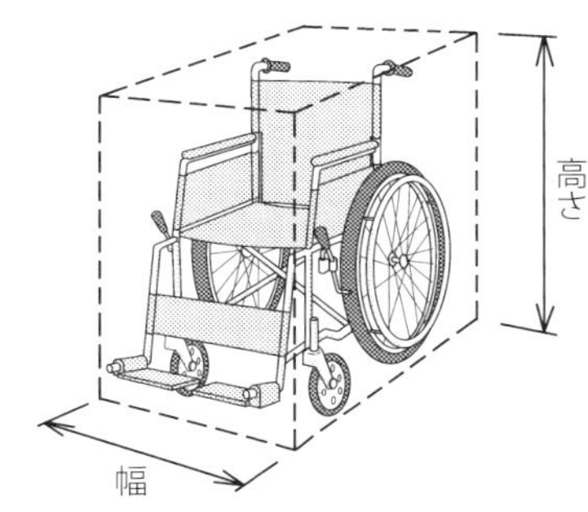
高さ
幅

A 車いすの幅は70cm以下、高さは109cm以下と決められています（答えは○）。手動車いすは介助用よりもハンドリム（hand rim：手で回す輪）の分、幅は広くなりますが、いずれにしろ60cm前後の製品が多いです。筆者の母は車いすで生活していますが、ドアや狭い廊下を通るときには、ひじが当たらないように注意しています。

幅はドアを抜けるときに問題になるんじゃ

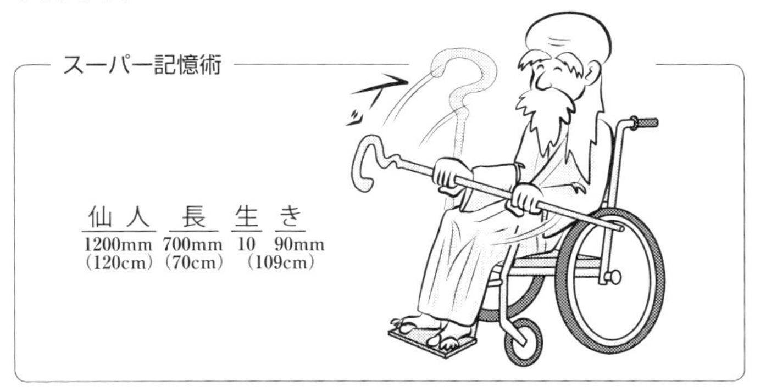
スーパー記憶術
仙人 長 生 き
1200mm 700mm 10 90mm
(120cm) (70cm) (109cm)

- 長生きの「き」を「く」に読み替えて、9に対応させます。筆者の母の手動車いすの大きさを測ってみたら、幅約64cm×長さ約100cm×高さ約85cmでした。

答え▶ ○

Q 車いす使用者に配慮した建築物の計画に際し
1. 出入口の有効幅を70cmとした。
2. ドア下部にキックプレートを取り付けた。

A 車いすの幅は70cm以下【仙人長生き】と決められています。そこから出入口有効幅は80cm以上とされています（1は×）。さらに手ぶれやひじに当たることも考えて、90cm以上が望ましいとされます。
フットレストが当たってドアが傷付くのを防ぐため、ドア下部にキックプレートを付けることも考慮します（2は○）。

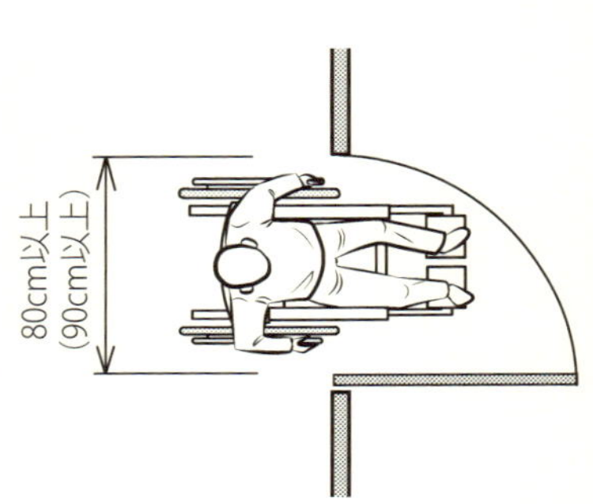
80cm以上
(90cm以上)

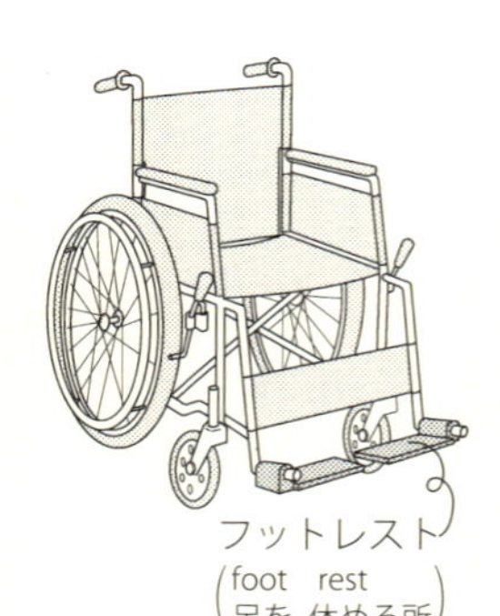
フットレスト
(foot rest
足を 休める所)

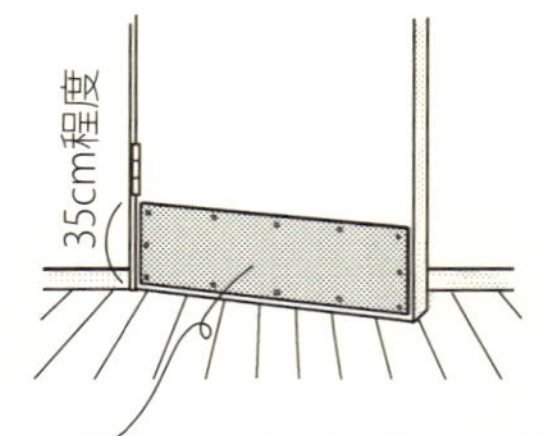
35cm程度
キックプレート：ステンレスや真ちゅうの1mm厚程度の板
(kick plate
キックする板)
鉄板に塗装だと、すぐに塗装がはげる

- 筆者の母の住む高齢者専用賃貸住宅の出入口は、有効幅が77cmと狭く、車いすの出入りではひじがぶつからないように介護者がかなり気を使います。

【　】内スーパー記憶術

スーパー記憶術

入 口 ⇨ 入 口 ⇨ 八○ ⇨ 80cm以上

入口の文字形から八○を連想する

答え▶ 1. ×　2. ○

Q 車いす1台の通れる廊下幅を、90cmとした。

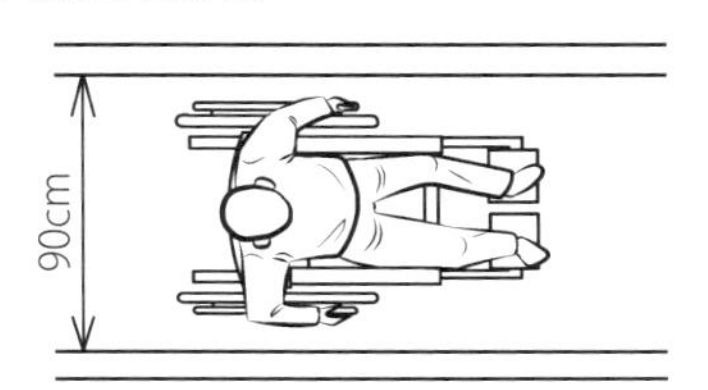
90cm

A 車いすの幅は70cm以下（実際の製品は60cm前後）なので、それに+10cmした80cm以上が、ドアでも廊下でも通ることのできる最小寸法となります。それに手ぶれやひじの当たりを考慮して+10cmした90cm以上が、適した寸法となります（答えは○）。

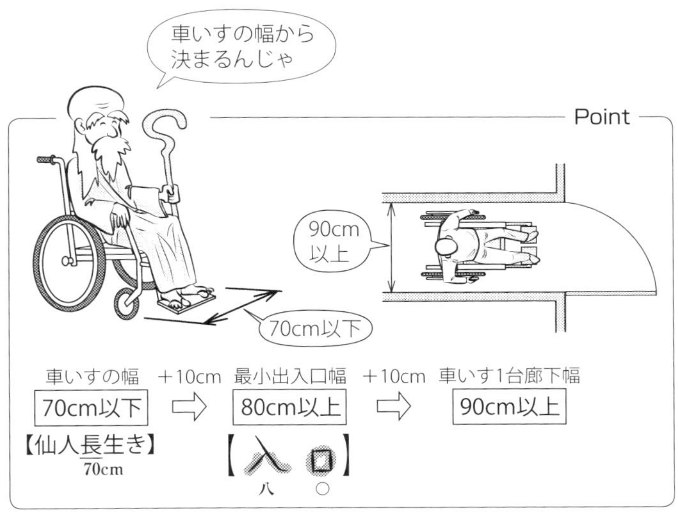
車いすの幅から
決まるんじゃ
Point
90cm
以上
70cm以下
車いすの幅
+10cm
最小出入口幅
+10cm
車いす1台廊下幅
70cm以下
80cm以上
90cm以上
【仙人長生き】
70cm
【入口】
八
○

【 】内スーパー記憶術

答え ▶ ○

Q 松葉杖（づえ）使用者に配慮し、廊下の幅を120cmとした。

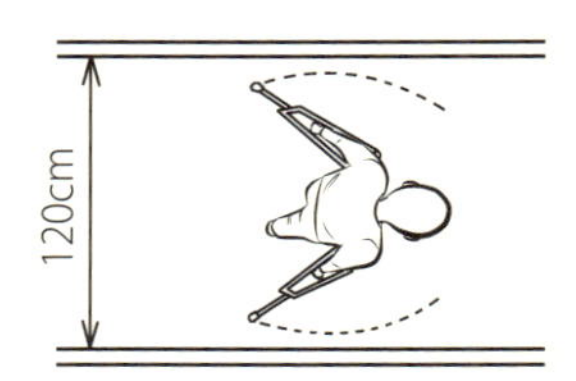
120cm

A 松葉杖を使う場合、肩幅から斜めに広がる分、幅をとります。車いすのように安定しておらず、ぶれ幅も大きくなり、車いす1台の廊下幅よりも広く、90～120cmです（答えは○）。

松葉杖の足元がだいぶ外側に広がるのか
車いすより広い！

廊下幅
車いす1台……約90cm
松葉杖1人……約120cm

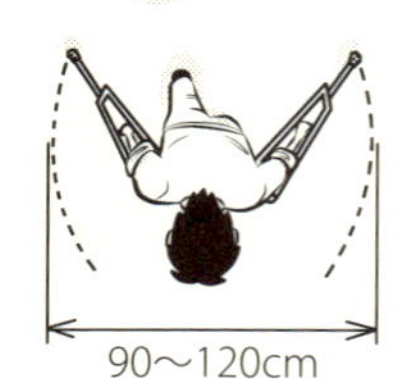
90～120cm

スーパー記憶術

松葉杖 ⇨ 松 ⇨ 12 ⇨ 12
約120cm

松の字の形から「12」を連想する

答え ▶ ○

★ R018 ○×問題

Q 廊下の有効幅を、車いす2台がすれ違うことを考慮して、130cmとした。

A 車いす1台の廊下幅は**90cm**以上、2台ではその倍の**180cm**以上必要となります（答えは×）。車いすの幅**70cm**以下、最小出入口幅**80cm**と合わせて、もう一度覚え直しておきましょう。

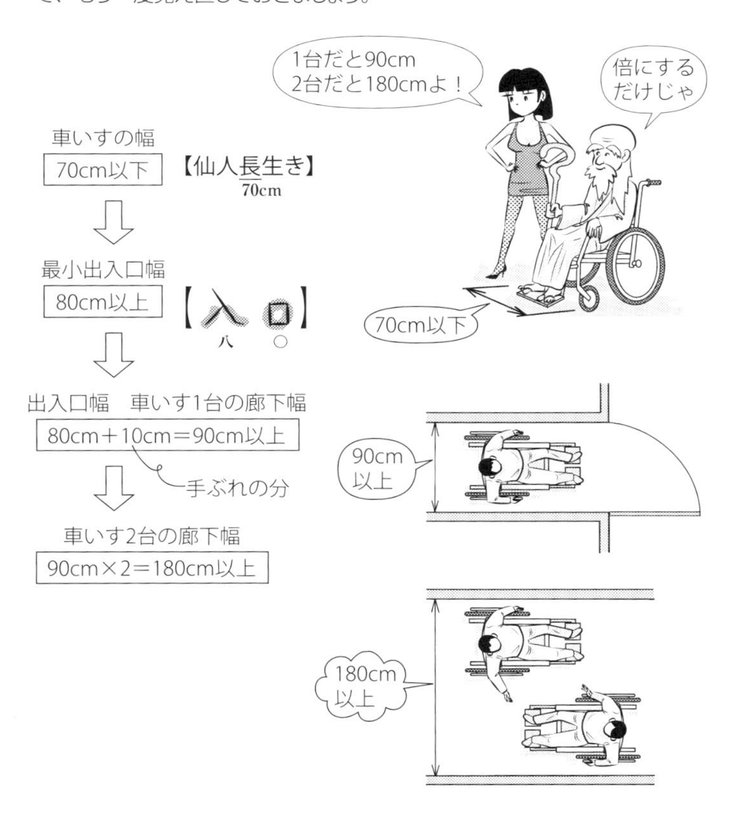
1台だと90cm
2台だと180cmよ！
倍にするだけじゃ
車いすの幅
70cm以下
【仙人長生き】
70cm
最小出入口幅
80cm以上
【入口】
八 ○
70cm以下
出入口幅　車いす1台の廊下幅
80cm＋10cm＝90cm以上
手ぶれの分
90cm以上
車いす2台の廊下幅
90cm×2＝180cm以上
180cm以上

【　】内スーパー記憶術

答え ▶ ×

Q 手動車いすが両輪を使って1回転する直径は120cm以上、片輪を使って1回転する直径は180cm以上必要である。

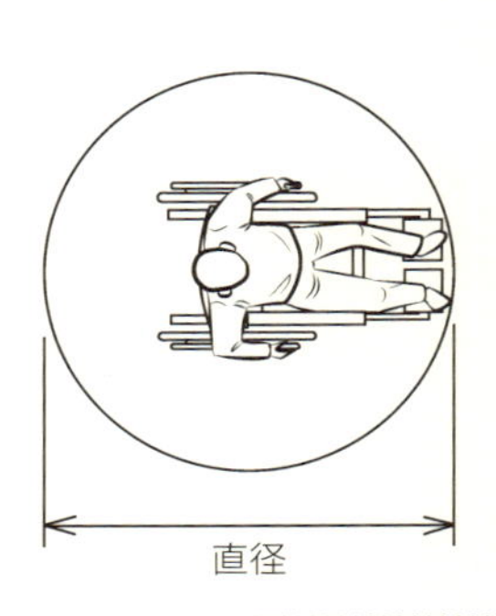
直径

A 両輪を使う回転では径150cm以上、片輪を使う回転では径210cm以上必要です（答えは×）。多機能トイレ（身障者用トイレ）の大きさは、内側で回転できる150cmの円が入る大きさで決めます。

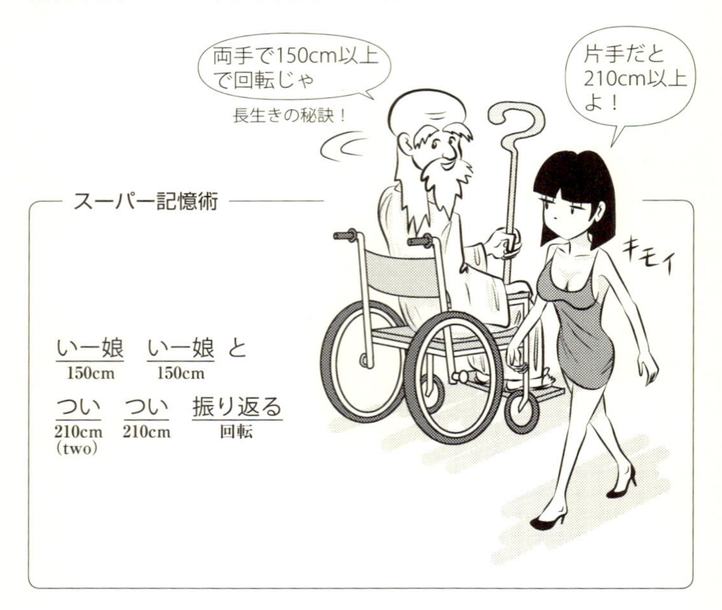
両手で150cm以上で回転じゃ
長生きの秘訣！
片手だと210cm以上よ！
キモイ

スーパー記憶術

いー娘（150cm）　いー娘（150cm）　と
つい（210cm (two)）　つい（210cm）　振り返る（回転）

答え ▶ ×

R020
○×問題

Q 車いすが180°回転できる廊下の幅は、140cm以上である。

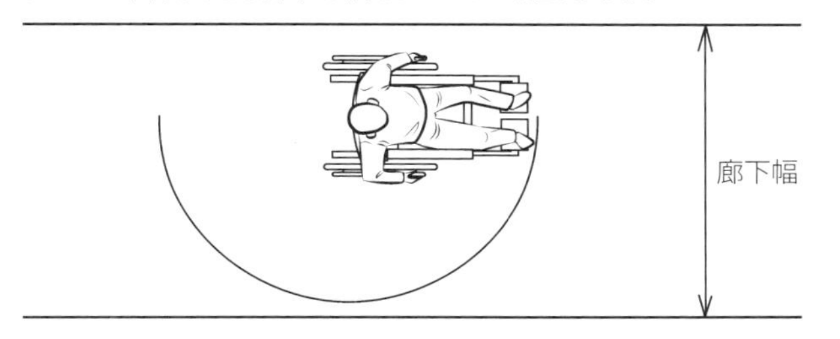
廊下幅

A 360°回転する場合は、両輪を使う場合で150cm以上ですが、180°回転の場合は半円を描ければいいので若干小さめの約140cmでOKです（答えは○）。140cmの廊下幅は住宅では現実的には不可能で、公共施設や福祉施設などで参考にする寸法です。

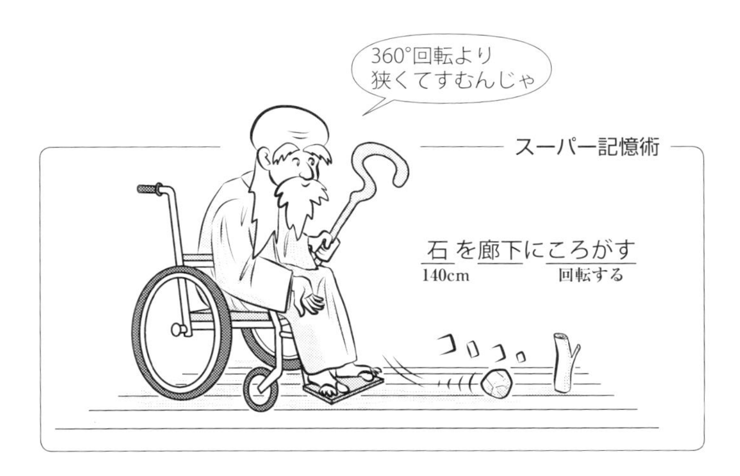
360°回転より
狭くてすむんじゃ
スーパー記憶術
石を廊下にころがす
140cm
回転する

答え ▶ ○

Q 多機能便房の大きさを、内法長さが200cm×200cmの正方形とした。

A 内法（うちのり）長さとは、壁の内面から内面までの有効な部分の長さです。便房とは便所の部屋で、多機能便房は多機能トイレとも呼ばれます。下図のように2m以上あれば成立します（答えは○）。

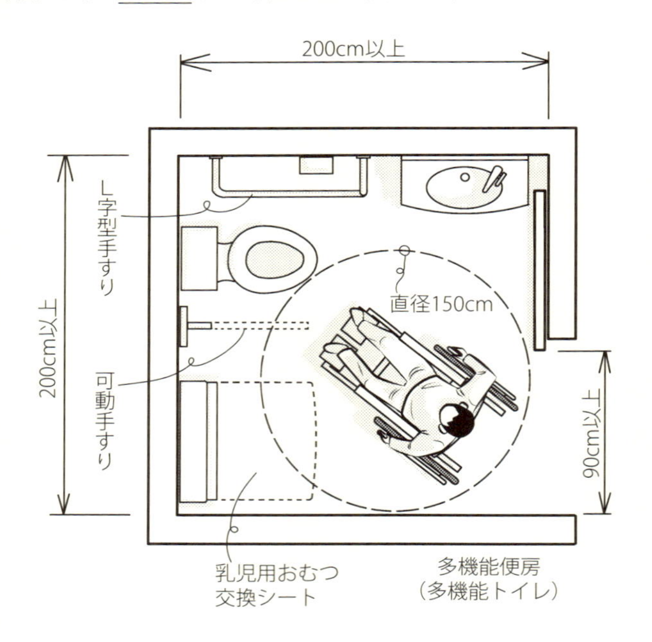
200cm以上
L字型手すり
直径150cm
200cm以上
可動手すり
90cm以上
乳児用おむつ
交換シート
多機能便房
（多機能トイレ）

スーパー記憶術

介助者＋被介助者
親＋乳児
}
2名で使える多機能トイレ
2m角
(200cm)

答え ▶ ○

Q 戸建て住宅のトイレにおいて、介助スペースを考慮して、トイレの内法寸法を140cm×180cmとした。

A 横に介助スペースをとる場合、有効幅は140cm以上です。洗面器はじゃまにならないように、入口側に寄せます。

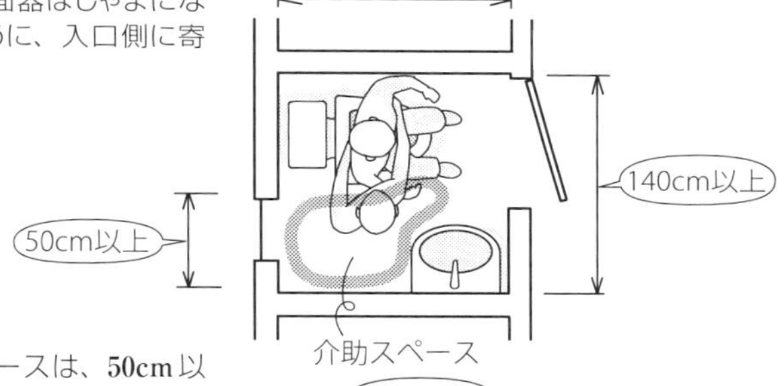
140cm以上
140cm以上
50cm以上
介助スペース

介助スペースは、50cm以上必要となります。

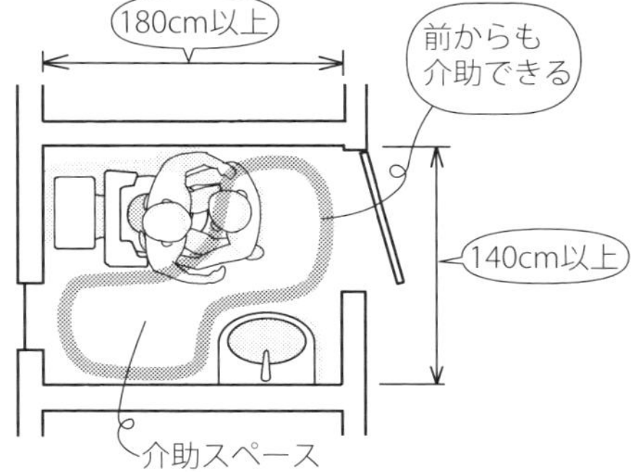
180cm以上
前からも
介助できる
140cm以上
介助スペース

奥行きを180cm程度とすると、前からも介助することができます（答えは○）。

スーパー記憶術

（介助者＋被介助者）
一緒に使える介助スペース付きトイレ
140cm

答え ▶ ○

Q 車いすに配慮したエレベーターのかごの大きさを、間口140cm、奥行き120cmとした。

A 車いすの長さは120cm以下とされ、そこから足のつま先も出るので、奥行きは120cmでは足りません（答えは×）。奥行きは135cm以上とされています。また、車いすが乗ってもほかの人が乗れるようにするため、間口（幅）は140cm以上とされています。

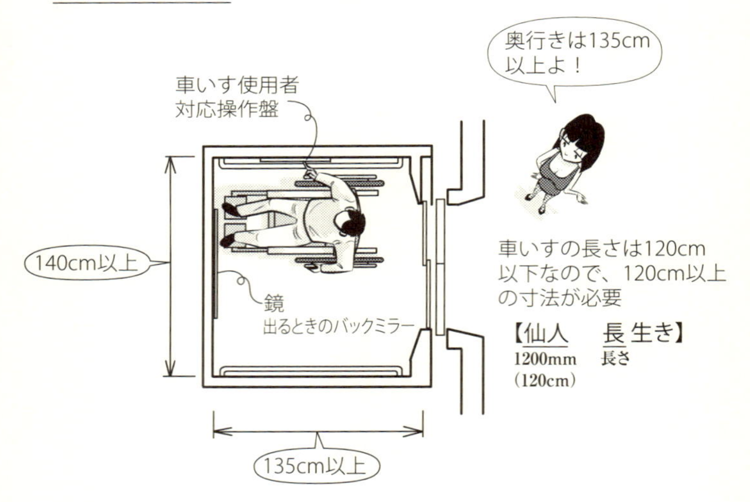

奥行きは135cm
以上よ！
車いす使用者
対応操作盤
140cm以上
鏡
出るときのバックミラー
135cm以上
車いすの長さは120cm
以下なので、120cm以上
の寸法が必要
【仙人　長生き】
1200mm
(120cm)
長さ

【　】内スーパー記憶術

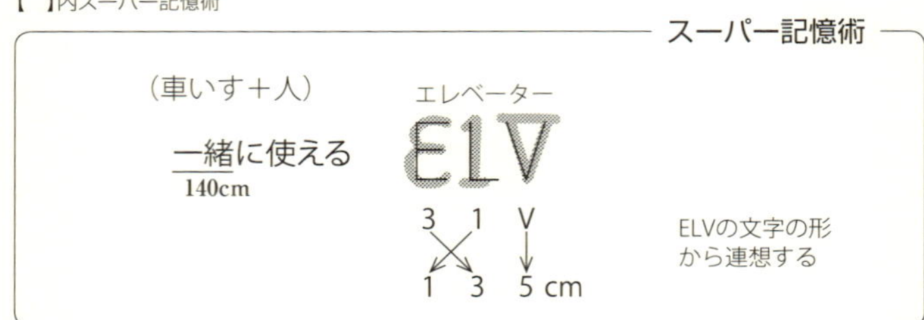

スーパー記憶術
(車いす＋人)
一緒に使える
140cm
エレベーター
ELV
3 1 V
1 3 5 cm
ELVの文字の形
から連想する

答え ▶ ×

Q 1. エレベーター乗降ロビーにおいて、車いすの回転を配慮して、乗降ロビーの広さを180cm×180cmとした。
2. 車いす利用者が使うエレベーター操作ボタンの高さを、床面から130cmとした。

A 乗降ロビーでは車いすが回転できるように、150cm以上の円が納まるスペースが必要です（1は○）。

【いー娘、いー娘と（150cm）ついつい振り返る（回転）】

操作ボタンは、車いすに座った際の目の高さ、100〜110cmの位置に付けます（2は×）。

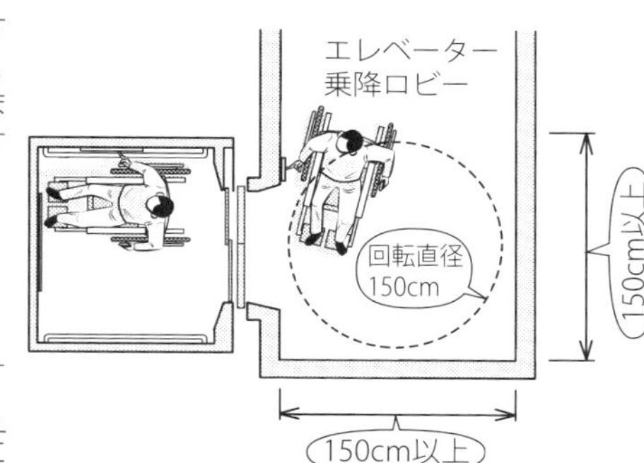
エレベーター
乗降ロビー
回転直径
150cm
150cm以上
150cm以上

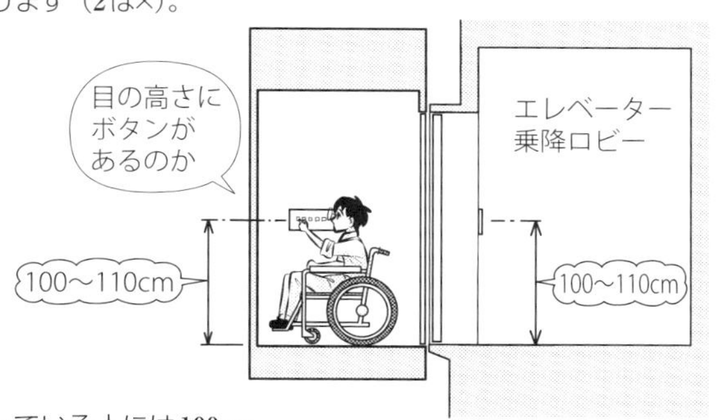
目の高さに
ボタンが
あるのか
100〜110cm
エレベーター
乗降ロビー
100〜110cm

立っている人には100cmは低いので、120〜130cmの位置に、別の操作ボタンを付けるのが一般的です。

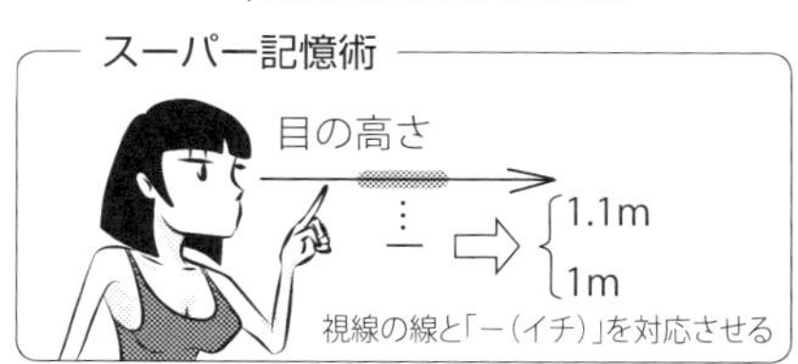
スーパー記憶術
目の高さ
1.1m
1m
視線の線と「ー（イチ）」を対応させる

【　】内スーパー記憶術

答え ▶ 1. ○　2. ×

1 寸法

Q 1. 車いす用斜路の勾配を、1/15とした。
2. 歩行者用斜路の勾配を、1/6とした。

A 斜路（スロープ）の勾配は、車いす用で1/12以下で1/15以下が望ましいとされます（1は○）。歩行者用で1/8以下とされています（2は×）。1/12、1/8の数字は、ここで覚えてしまいましょう。3mの階高を斜路でつなぐには、歩行者用でも3m×8＝24m、車いす用で3m×12＝36m必要となります（踊り場を除いて）。車いすで1階分上らせるのは、実際上、不可能です。

歩行者は
1/8以下
車いすは
1/12以下
イチ ニ
イチ ニ
イチ ニ
1
8
12

車いす用斜路…1/12以下（1/15以下が望ましい）
歩行者用斜路…1/8以下

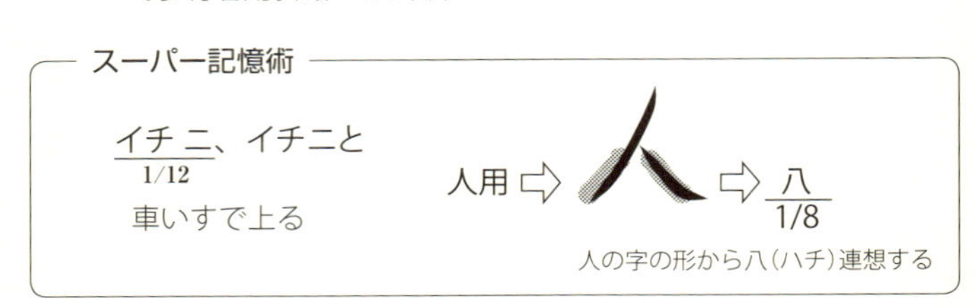
スーパー記憶術
イチ ニ、イチニと
1/12
車いすで上る
人用 ⇨ 人 ⇨ 八
1/8
人の字の形から八（ハチ）連想する

- ル・コルビュジエが多用したスロープですが、サヴォア邸（1931年）やラ・ロッシュ・ジャンヌレ邸（1923年）の斜路を上ってみると、意外と歩きにくいという印象を受けました。

答え ▶ 1. ○　2. ×

スロープを積極的に使った最初の建築家は、ル・コルビュジエと思われます。ラ・ロッシュ・ジャンヌレ邸のアトリエにかかるスロープは、実際に上るときつく感じます。勾配を計算してみると、約**1/3.4**と急勾配でした。またサヴォア邸のスロープは約**1/5.6**と、まだまだ急で、日本の建築基準法ではつくることができません。

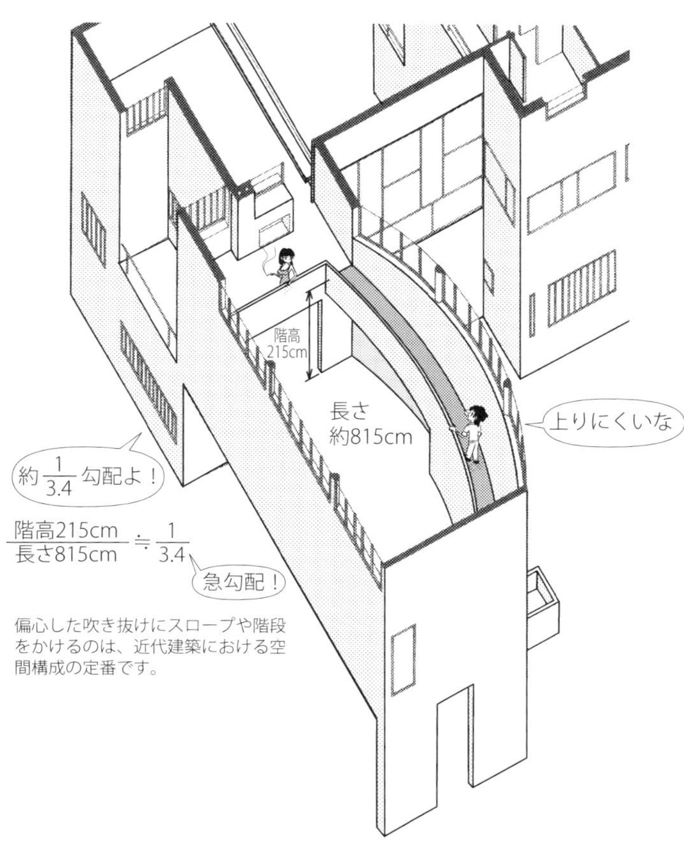
階高
215cm
長さ
約815cm
上りにくいな
約 1/3.4 勾配よ！
階高215cm / 長さ815cm ≒ 1/3.4
急勾配！
偏心した吹き抜けにスロープや階段をかけるのは、近代建築における空間構成の定番です。

ラ・ロッシュ・ジャンヌレ邸アトリエ部分
（1923年、パリ、ル・コルビュジエ）

参考資料：ル・コルビュジエ財団による実測図

Q 1. 駐車場の車用斜路の勾配を、1/5とした。
2. 駐輪場の階段に併設された自転車用斜路の勾配を、1/4とした。

A 車用は1/6（17%）以下、階段併設の自転車用は1/4以下とされています（1は×、2は○）。この場合の自転車用斜路とは、自転車から降りて押し下げる（下げる）場合の斜路です。

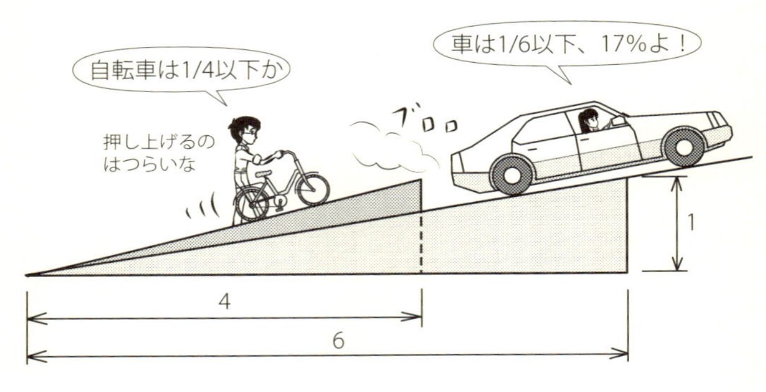
自転車は1/4以下か
押し上げるのはつらいな
ブロロ
車は1/6以下、17%よ！
1
4
6

車……1/6以下（17%以下）
自転車…1/4以下

スーパー記憶術

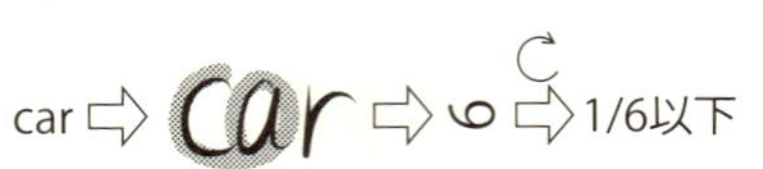
car
car
6
1/6以下

caの文字形から6を連想する

チャリ
（自転車）
4
1/4以下

チの文字形から4を連想する

答え ▶ 1. ×　2. ○

Q 1. 車いす用斜路の勾配を1/12とし、その幅を100cmとした。
2. 階段に併設する斜路の幅を、100cmとした。

A 車いす用斜路の幅は120cm以上、階段併設の場合は90cm以上とされています。階段併設の場合は歩行者は階段を使うので、車いすだけ通れればOKです。出入口最小幅80cm以上【入口】+10cm＝90cm以上となり、廊下幅と同じ寸法です（R016参照）。一方階段がない単独の斜路の場合、歩行者ともすれ違うので、最小でも120cm以上は必要です（1は×、2は○）。

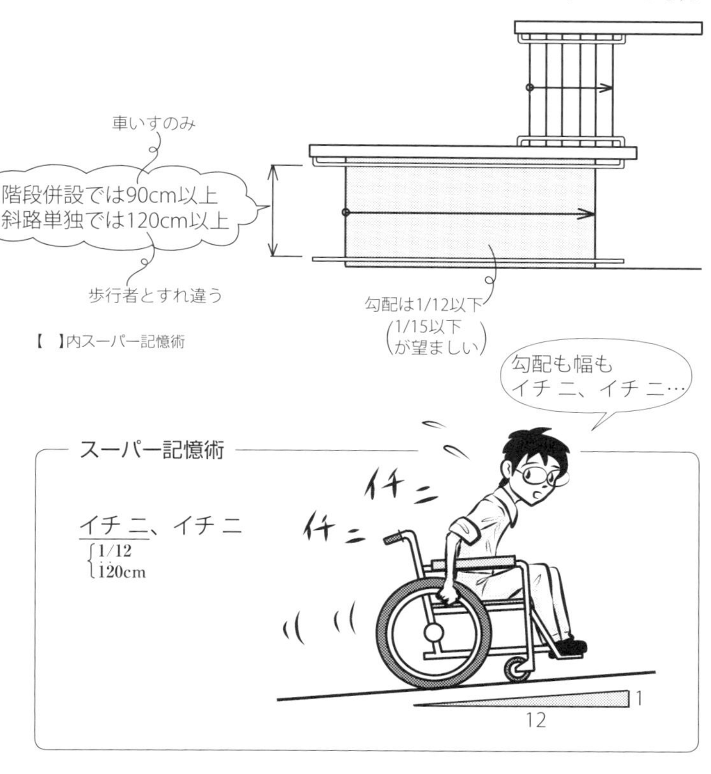
車いすのみ
階段併設では90cm以上
斜路単独では120cm以上
歩行者とすれ違う
勾配は1/12以下
(1/15以下が望ましい)
勾配も幅も
イチ ニ、イチ ニ…
イチ ニ
イチ ニ
1
12

【　】内スーパー記憶術

スーパー記憶術

イチ ニ、イチ ニ
{1/12
{120cm

答え ▶ 1. ×　2. ○

Q 1. 車いす用斜路の勾配を1/12とし、高さ100cm以内ごとに踊り場を設けた。
2. 車いす用斜路の幅を120cmとし、踊り場の踏み幅を150cmとした。

A 車いすを自力で進めて斜路を上るのは、かなりきつい運動となります。そこで高さ75cm以下ごとに踊り場を設けるとされています（1は×）。踊り場の長さ（踏み幅）は、車いすの長さ（120cm以下）が入った上に余裕がある150cm以上です（2は○）。

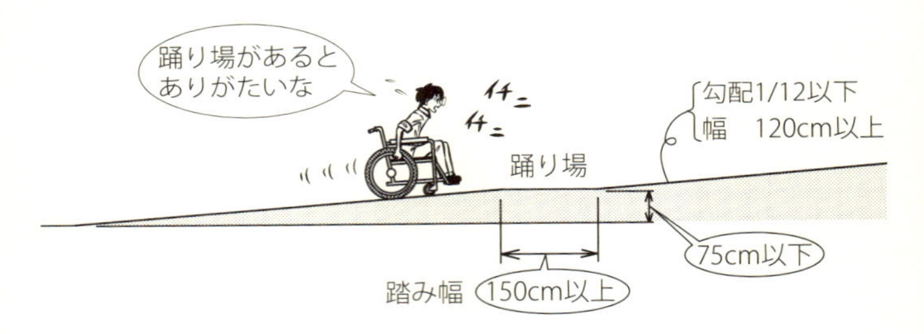
踊り場があるとありがたいな
勾配1/12以下
幅　120cm以上
踊り場
75cm以下
踏み幅 150cm以上

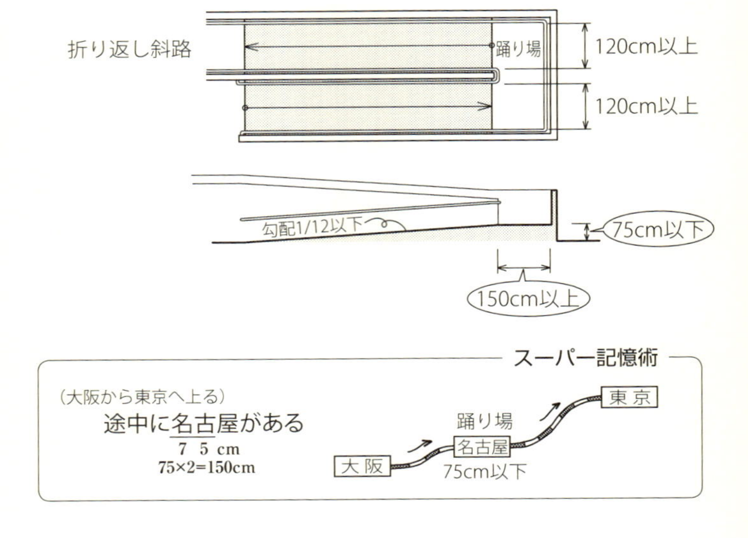
折り返し斜路
踊り場
120cm以上
120cm以上
勾配1/12以下
75cm以下
150cm以上
スーパー記憶術
（大阪から東京へ上る）
途中に名古屋がある
7 5 cm
75×2=150cm
東京
踊り場
名古屋
大阪
75cm以下

答え ▶ 1. ×　2. ○

Q 高齢者が使用する階段の勾配を、6/7とした。

A 高齢者用の階段は6/7（約40°）以下、7/11以下が望ましいとされています（答えは○）。階段の勾配は、段の鼻先（段鼻：だんばな）を結んだ線で測ります。

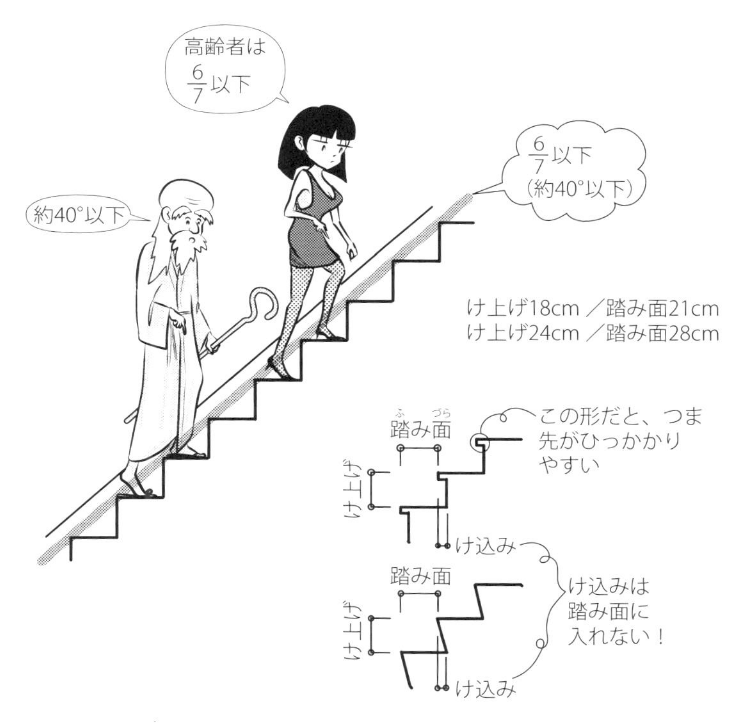

高齢者は 6/7 以下
約40°以下
6/7以下（約40°以下）
け上げ18cm ／踏み面21cm
け上げ24cm ／踏み面28cm
踏み面
け上げ
この形だと、つま先がひっかかりやすい
け込み
踏み面
け上げ
け込みは踏み面に入れない！
け込み

スーパー記憶術

階段は老難（6÷7）

答え ▶ ○

Q 高齢者用階段のけ上げ（R）、踏み面（T）は、55cm≦2R＋T≦65cmを満たす寸法とする。

A 上りやすい階段寸法の指標に、2R＋Tがあります。平地での1歩の長さは水平方向で測れます。それは踏み面（T）と考えることができます。一方階段は、高さ方向のけ上げ（R）と考えます。高さ方向に体を持ち上げるのは、平面方向に体を進めるよりしんどく、2倍して2Rとします。階段での1歩は2R＋Tとすると考えます。2R＋Tは55cm以上、65cm以下とし、中央の60cmが上りやすいとされています（答えは○）。

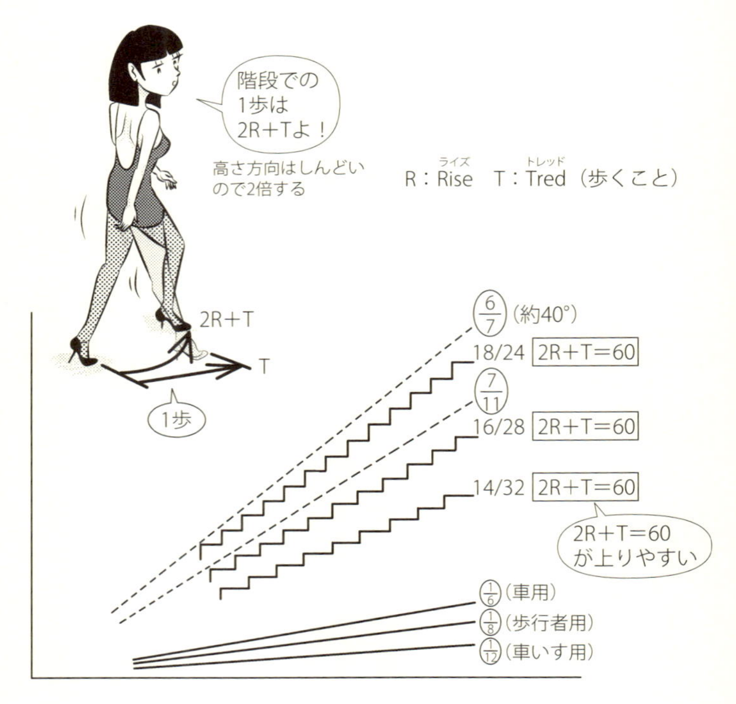
階段での
1歩は
2R+Tよ！
高さ方向はしんどいので2倍する
R：Rise（ライズ）　T：Tred（トレッド）（歩くこと）
2R+T
T
1歩
6/7（約40°）
18/24 2R+T=60
7/11
16/28 2R+T=60
14/32 2R+T=60
2R+T=60が上りやすい
1/6（車用）
1/8（歩行者用）
1/12（車いす用）

スーパー記憶術

人生の午後（55cm）、老後（65cm）の階段を上る（天国へ）

答え ▶ ○

Q エスカレーターの勾配を、1/2とした。

A エスカレーターの勾配は、30°以下とされています。30°の勾配を分数の形とすると、$1/\sqrt{3}=1/1.73\cdots$となり、設問の1/2は$1/1.73\cdots$以下となります（答えは○）。

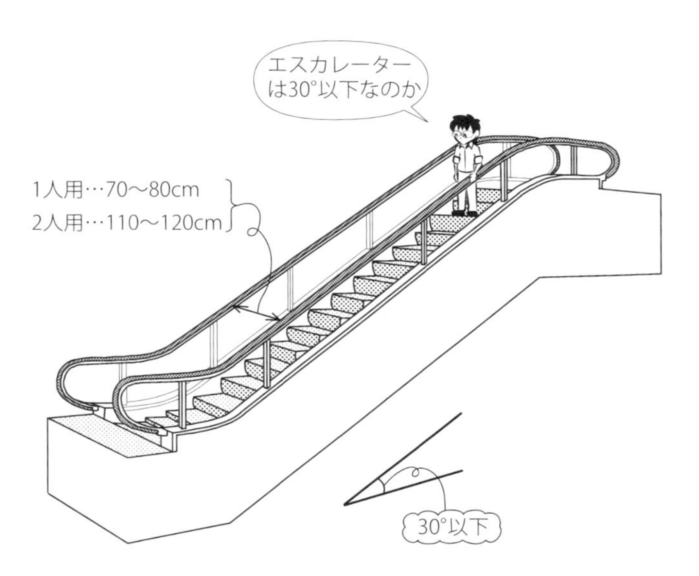
エスカレーターは30°以下なのか
1人用…70～80cm
2人用…110～120cm
30°以下

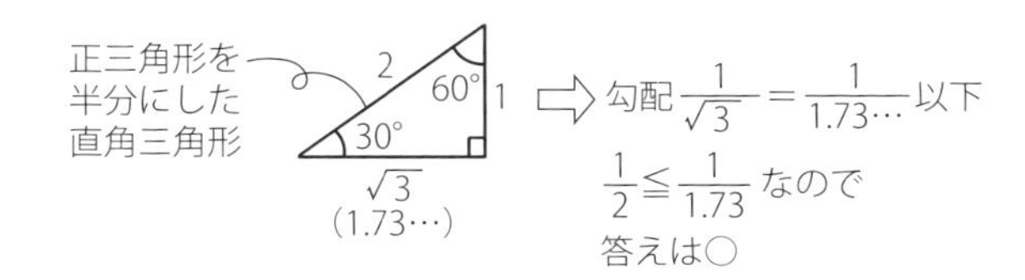
正三角形を半分にした直角三角形
2
60°
1
30°
√3
(1.73…)
勾配 1/√3 = 1/1.73… 以下
1/2 ≦ 1/1.73 なので
答えは○

答え ▶ ○

Q **1**. スレート（繊維強化セメント板）葺きの屋根勾配を、**2/10**とした。
2. 日本瓦葺きの屋根勾配を、**4/10**とした。
3. 金属板瓦棒葺きの屋根勾配を、**2/10**とした。

A

スレートの屋根勾配は**3/10**（**3**寸勾配）以上です。金属板は水が流れやすいので、それより緩い**2/10**（**2**寸勾配）以上。瓦は重なりの部分から水が入りやすいので、スレートより急な**4/10**（**4**寸勾配）以上です（**1**は×、**2**は○、**3**は○）。

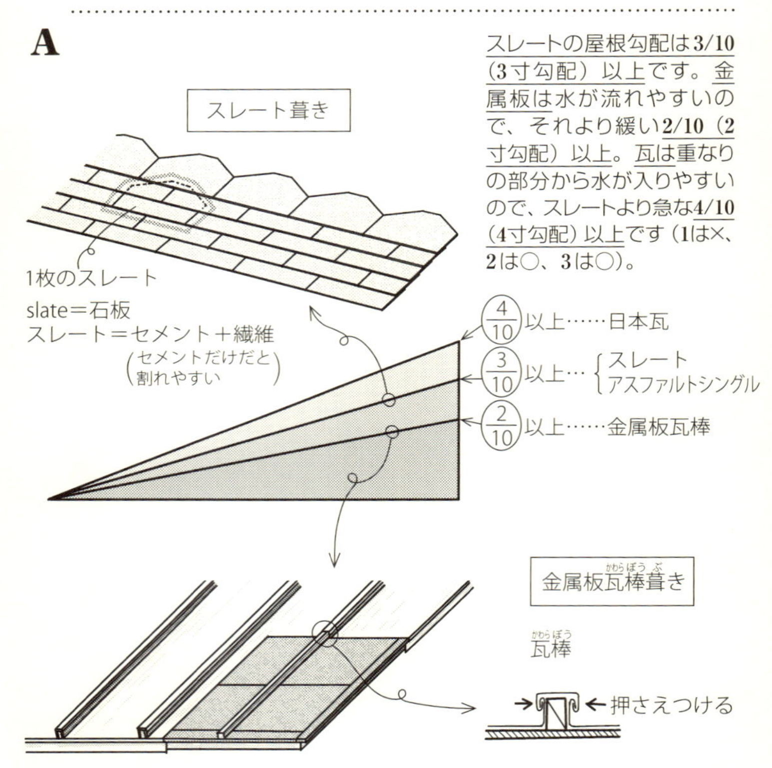

スレート葺き
1枚のスレート
slate＝石板
スレート＝セメント＋繊維
（セメントだけだと割れやすい）
4/10 以上……日本瓦
3/10 以上…… スレート アスファルトシングル
2/10 以上……金属板瓦棒
金属板瓦棒葺き
かわらぼう ぶ
瓦棒
かわらぼう
押さえつける

• 屋根勾配が急すぎると水の流れは良くなりますが、屋根に上りにくくなり、メンテナンスがしにくいという欠点が出てきます。

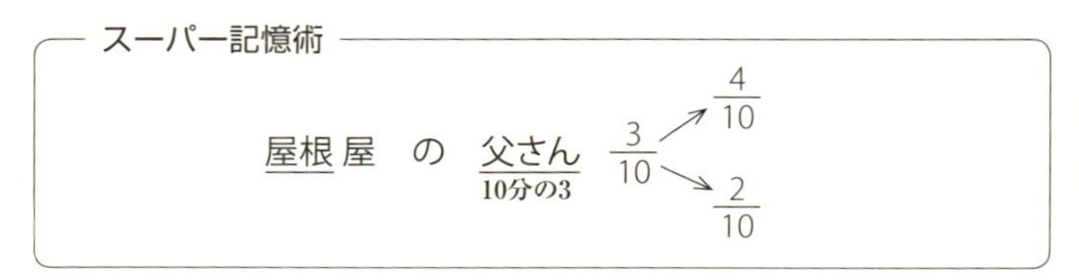

スーパー記憶術
屋根屋　の　父さん
10分の3
3/10
4/10
2/10

答え ▶ 1. ×　2. ○　3. ○

車いす用斜路	$\frac{1}{12}$以下 （$\frac{1}{15}$以下が望ましい）	【イチ ニ、イチニと車いすで上る】 （イチ ニ＝1/12）
歩行者用斜路	$\frac{1}{8}$以下	【人用 ⇨ 人 ⇨ 八】 （八＝1/8）
車用斜路（駐車場）	$\frac{1}{6}$以下 （17％以下）	【car ⇨ car ⇨ 1/6】
自転車用斜路（駐輪場、階段併設）	$\frac{1}{4}$以下	【チャリ ⇨ 4 ⇨ 1/4】
高齢者用階段	$\frac{6}{7}$以下 55cm≦2R＋T≦65cm	【階段は老難】 （老難＝6÷7） 【人生の午後、老後の階段を上る】 （午後＝55cm、老後＝65cm）
エスカレーター	30°以下	
スレート屋根	$\frac{3}{10}$以下	【屋根屋の父さん】 （父さん＝10分の3）

【　】内スーパー記憶術

（3寸勾配）
10
3
3/10
6/7
1/4
1/8
1/12
イチ ニ
1/6
1/4
1/6
1/8
1/12

Q 階段における手すりの高さは、踏み面の先端の位置から110cmとした。

A 階段の壁に付ける、体を補助する手すりの高さは75〜85cm程度です。110cmだと高すぎて、体重をかけられません（答えは×）。壁のない階段では90cm程度あった方が安全ですが、その場合も手をかける手すりは低い位置に別に設ける方がベターです。屋上広場、ベランダ、外廊下の墜落防止用手すりは、建築基準法で110cm以上とされています。

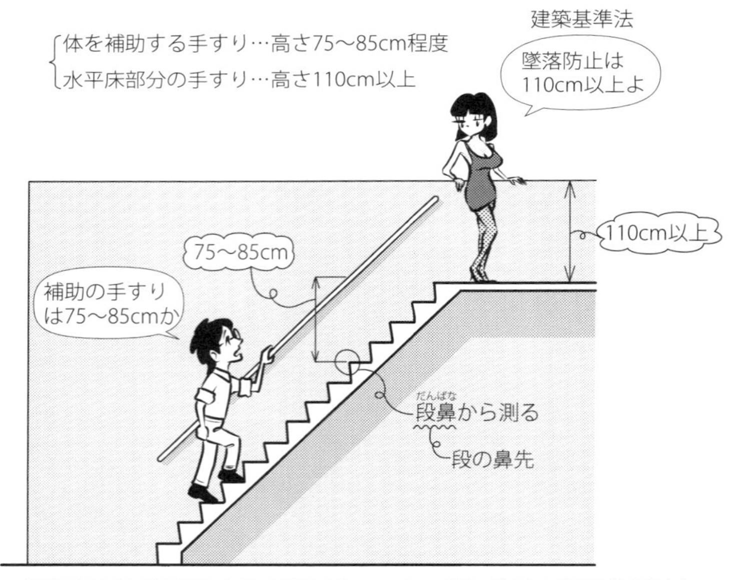
建築基準法
体を補助する手すり…高さ75〜85cm程度
水平床部分の手すり…高さ110cm以上
墜落防止は110cm以上よ
110cm以上
75〜85cm
補助の手すりは75〜85cmか
段鼻（だんばな）から測る
段の鼻先

- 階段の手すりは両側にあるのが望ましいですが、片側の場合は下りるときの利き手側に設けます。

ベランダのない窓下の壁の高さも、110cm以上とされることが多い。

スーパー記憶術

名古屋（75cm）で スリ!（手すり） ⇨ 110番（110cm）

答え ▶ ×

Q 廊下の壁に設ける手すりを、高齢者に配慮して、床から75cmと60cmの2段とした。

A 背を曲げて体重を手すりにかける場合、また背の低い高齢者の場合、75cmでは高すぎることがあります。そこで高さ75〜85cmと60〜65cmの2段手すりとすることも有効です（答えは○）。

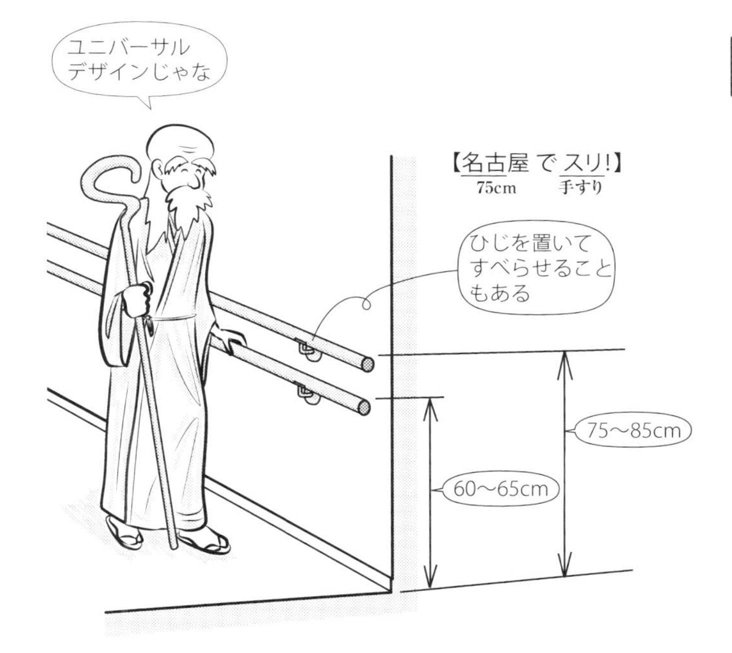
ユニバーサル
デザインじゃな
【名古屋 で スリ!】
75cm 手すり
ひじを置いて
すべらせること
もある
75〜85cm
60〜65cm

【 】内スーパー記憶術

- ユニバーサルデザイン（universal design）とは、直訳すると「普遍的設計」となります。文化、能力、言語、老若男女、障がいの有無、などの差異によらずに利用できる、施設、製品、情報などを設計することです。

答え ▶ ○

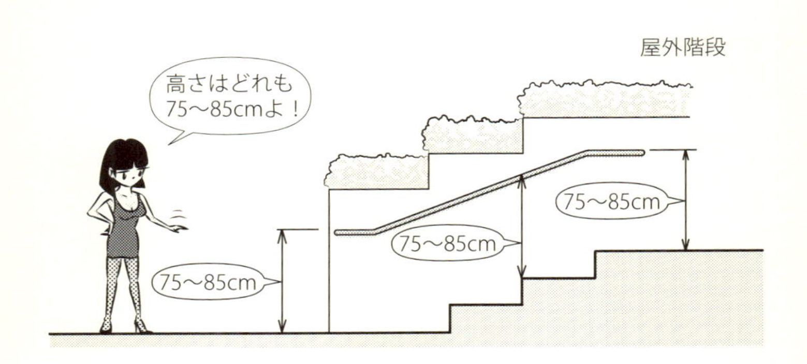
屋外階段
高さはどれも
75～85cmよ！
75～85cm
75～85cm
75～85cm

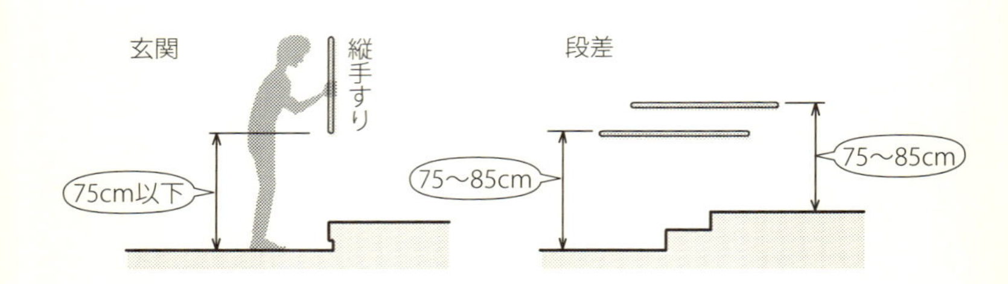
玄関
縦手すり
75cm以下
段差
75～85cm
75～85cm

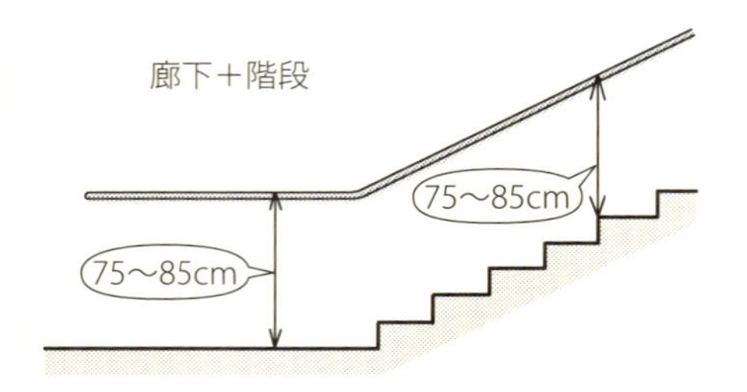
廊下＋階段
75～85cm
75～85cm

Q 階段と廊下の手すりの直径を3.5cm、手すりと壁のあきを40mmとした。

A 握りやすさを考えると、手すりの直径は3〜4cmとなります。また壁からのあきは4〜5cmです（答えは○）。

壁から持ち出すブラケット（持ち出し金物）の形状は、手がひっかかりにくいように、下から支えるタイプとします。

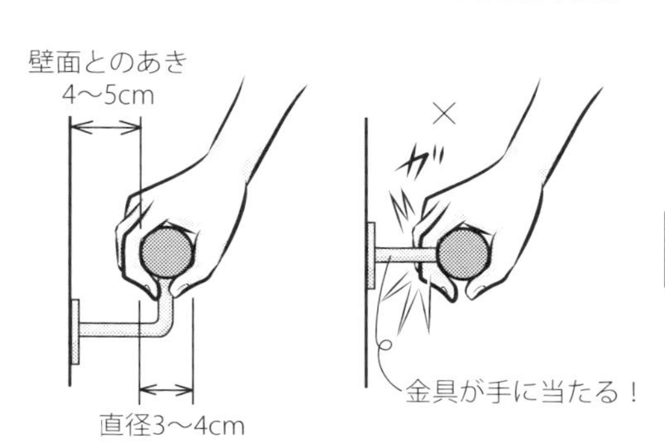
壁面とのあき
4〜5cm
直径3〜4cm
×
ガツ
金具が手に当たる！

グリップ
が悪い
三振！
ブン

スーパー記憶術

三振（直径3〜4cm）するグリップ

横（4〜5cm）のあき寸法

答え ▶ ○

Q 1. 階段の手すりの端部は、水平に30cm延ばし、下向きに曲げた。
2. 廊下や階段の手すりは連続させ、端部は下方に曲げた。

A

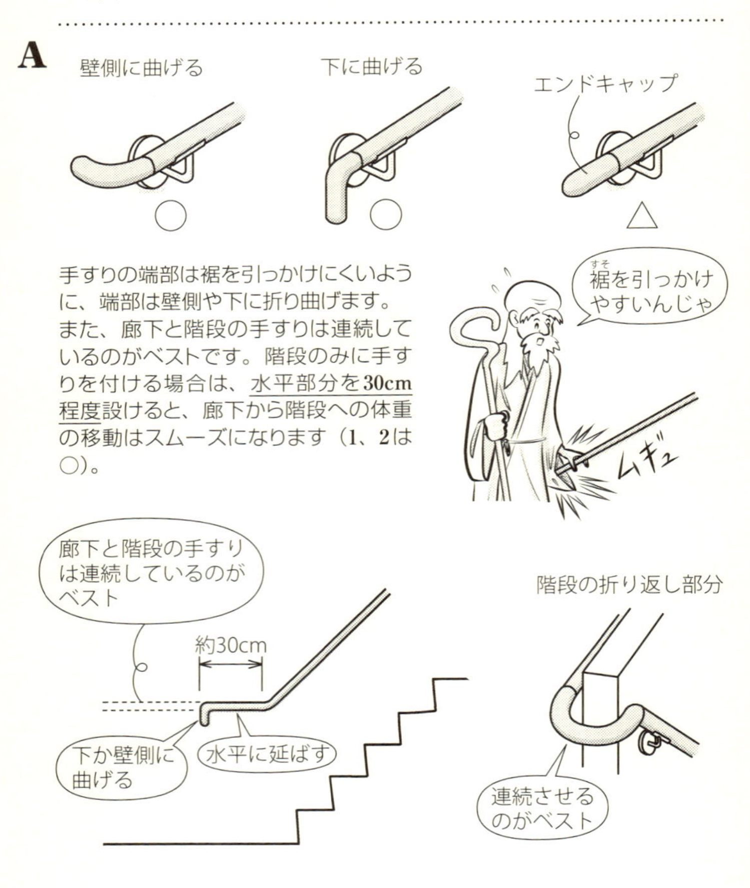
壁側に曲げる
○
下に曲げる
○
エンドキャップ
△
裾を引っかけやすいんじゃ
ムギュ
廊下と階段の手すりは連続しているのがベスト
約30cm
下か壁側に曲げる
水平に延ばす
階段の折り返し部分
連続させるのがベスト

手すりの端部は裾を引っかけにくいように、端部は壁側や下に折り曲げます。また、廊下と階段の手すりは連続しているのがベストです。階段のみに手すりを付ける場合は、水平部分を30cm程度設けると、廊下から階段への体重の移動はスムーズになります（1、2は○）。

- 端部や曲がりの部分を構成するパーツを役物（やくもの）と呼びます。手すりの折り返し部分はねじれているので、役物を組み合わせて処理します。

答え ▶ 1. ○　2. ○

Q 1. 洋式トイレの手すりの直径は、横型手すりに比べて、縦型手すりを太くした。
2. 洋式トイレのL型手すりの長さを、縦方向を80cm、横方向を60cmとした。

A トイレに座る、立つの動作では、ひざへの負担を和らげるのに手を使うことがあります。縦手すりは握って引き寄せるため、直径は3～4cm程度とします。

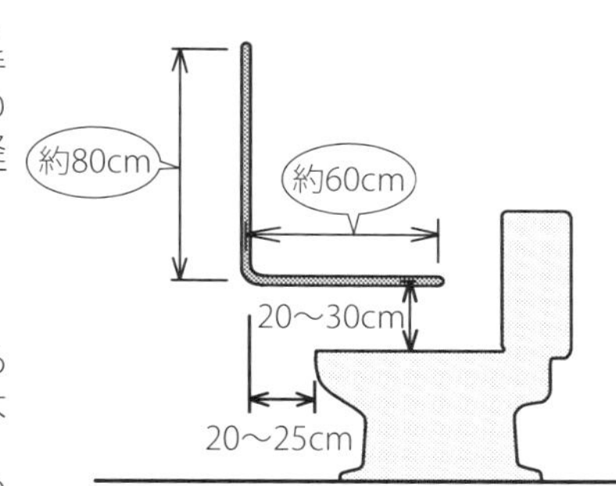

約80cm
約60cm
20〜30cm
20〜25cm

【三 振 するグリップ】
直径3～4cm

横手すりはひじで重さをかけることがあるので、縦手すりより太くすることがあります（1は×）。また、トイレでは、L型の縦の手すりをにぎって立ち上がる、横の手すりに手をそえるなどのために、縦は約80cm、横約60cmが必要となります（2は○）。

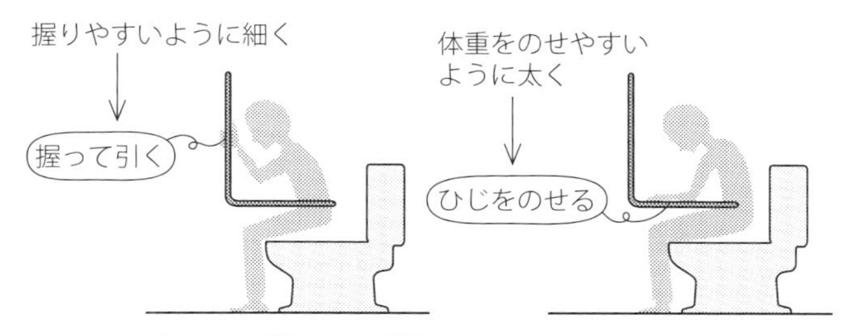

握りやすいように細く
握って引く
体重をのせやすいように太く
ひじをのせる

L型手すりの既製品では、縦横とも直径32mm程度が多い

【　】内スーパー記憶術

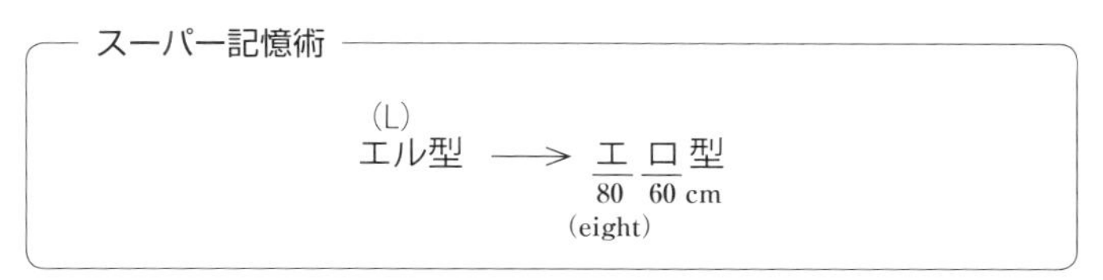

スーパー記憶術
(L)
エル型 ⟶ エロ型
80 60 cm
(eight)

答え ▶ 1. ×　2. ○

Q

1. 視覚障がい者に配慮し、誘導ブロックを、階段手前30cm程度の床上に設けた。
2. 高齢者に配慮して、足元灯を階段の昇り口の1段目の踏み面、降り口の床から30cm程度の高さに設けた。

A 公共の場所に設ける階段では、視覚障がい者用誘導ブロックや視力の弱い人のために足元灯などを設けます(1、2は○)。

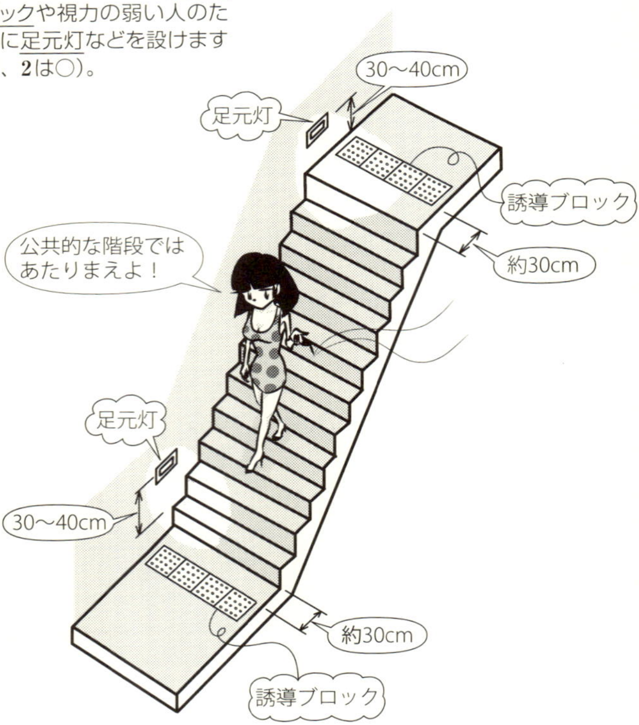

30〜40cm
足元灯
誘導ブロック
約30cm
公共的な階段ではあたりまえよ！
足元灯
30〜40cm
約30cm
誘導ブロック

- 誘導ブロックとは表面に点状の凹凸のついたシートのこと。線状の凹凸がついた誘導ブロックもある。

答え ▶ 1. ○　2. ○

R042
○×問題

Q 1. 車いす使用に配慮し、玄関のくつずりと玄関ポーチの高低差を3cmとした。
2. 高齢者に配慮し、玄関のくつずりを玄関ポーチと同色とした。

A くつずりは防水性と気密性を確保するために、内側を高くします。しかし段差を大きくすると、車いすの出入りがしにくくなり、また足を引っかけやすくなります。そこで2cm以下とされています（1は×）。また高齢者は色の認識能力が低下する傾向があるので、周囲と色を変えて、つまずきにくくします（2は×）。

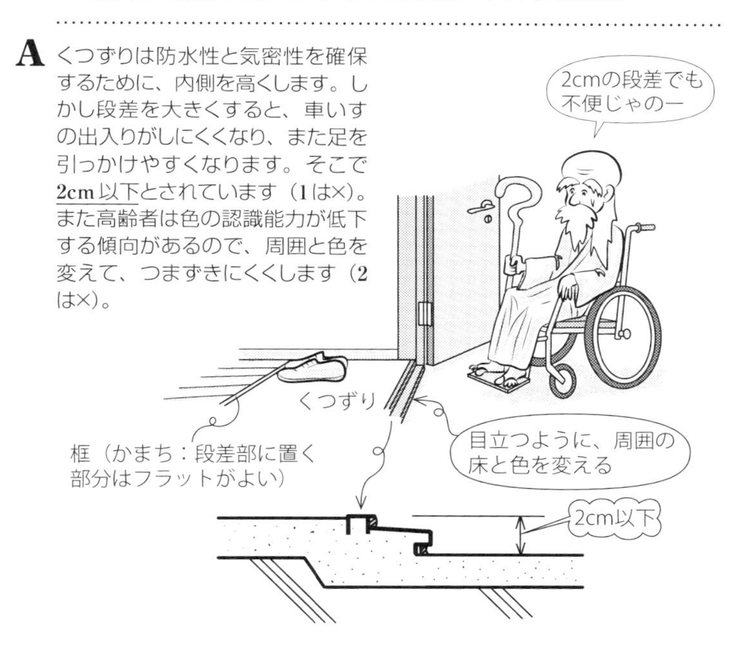
2cmの段差でも
不便じゃのー
くつずり
框（かまち：段差部に置く
部分はフラットがよい）
目立つように、周囲の
床と色を変える
2cm以下

スーパー記憶術

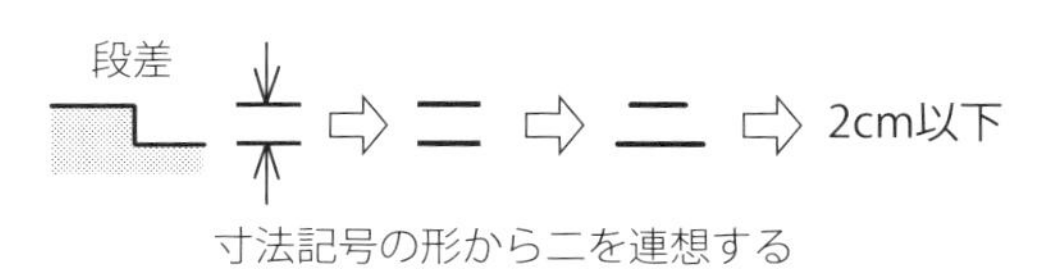
段差
2cm以下
寸法記号の形から二を連想する

● 筆者の母が住む高齢者専用賃貸住宅の玄関ドアにおけるくつずりは、2cmの段差があり、それだけでも車いすの出入りに非常に不自由しています。防水性を維持しつつフラットな面にしていくことが実用上は望まれると思います。

答え ▶ 1. ×　2. ×

高齢者に配慮して、

1. 玄関の上り框（あがりがまち）の段差を18cm以下とした。
2. バルコニーへの出入口の段差が36cmあったので、高さ18cm、奥行き25cm、幅50cmの踏み段を設けた。

A

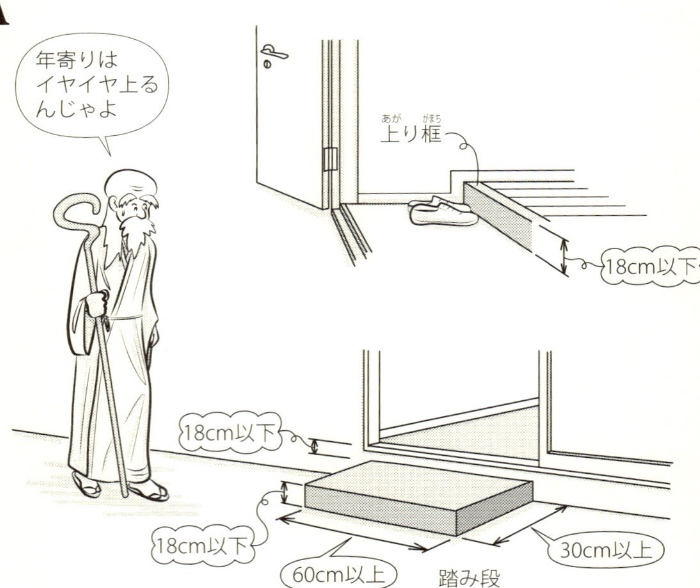
年寄りは
イヤイヤ上る
んじゃよ
上り框
18cm以下
18cm以下
18cm以下
30cm以上
60cm以上
踏み段

上り框の高さは18cm以下、ベランダ、バルコニーへの出入口も、1段が18cm以下となるようにします。踏み段は、奥行き30cm以上、幅は60cm以上とされています（1は○、2は×）。

スーパー記憶術

イヤ（18cm） イヤ 上る
サ ロン（30cm×60cm） の床へ

答え ▶ 1. ○　2. ×

Q 高齢者に配慮して、

1. グレーチングを使って、浴室の入口の段差をなくした。
2. 洗い場の床から浴槽の縁までの高さを40cmとし、浴槽の深さを50cmとした。

A 浴室の床は水が脱衣室に入らないように脱衣室より10cm程度下げるのが一般的です。排水溝とグレーチングを付けることで、平らに連続させることが可能です（1は○）。既存の浴室の床にすのこを置いて、出入口の段差をなくす工夫も有効です。すのこは小割りにして、取りはずして掃除しやすくすると便利です。

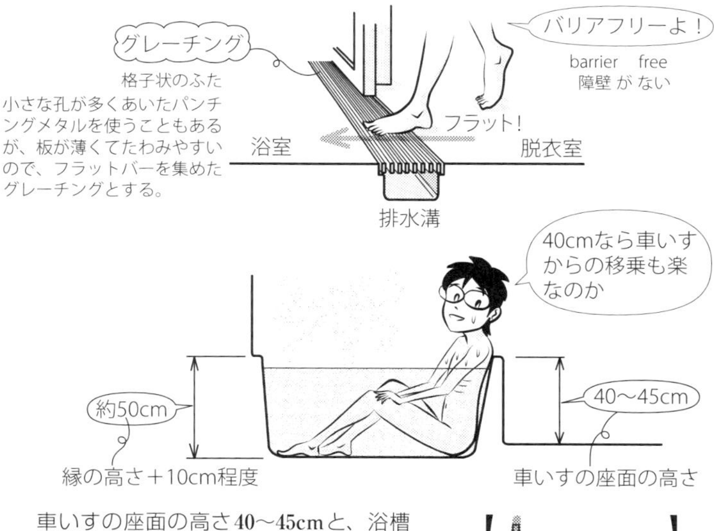
グレーチング
格子状のふた
小さな孔が多くあいたパンチングメタルを使うこともあるが、板が薄くてたわみやすいので、フラットバーを集めたグレーチングとする。
バリアフリーよ！
barrier free
障壁 が ない
フラット！
浴室
脱衣室
排水溝
40cmなら車いすからの移乗も楽なのか
約50cm
縁の高さ＋10cm程度
40〜45cm
車いすの座面の高さ

車いすの座面の高さ40〜45cmと、浴槽の縁の高さをそろえれば、車いすからの移乗も楽になります（2は○）。移乗する場合は、浴槽に板（バスボード）を架け渡し、その上にいったん座るなどします。浴槽の深さは、40cmだと浅すぎてお湯につかれません。50cmは欲しいので、床から5〜10cm下げることになります。

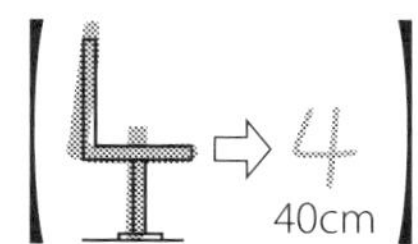
4
40cm

【　】内スーパー記憶術

答え ▶ 1. ○　2. ○

Q 駐車スペースを、1台当たり幅200cm、奥行き400cmとした。

A 一般の駐車スペースは、幅230～300cm、奥行き500～600cm程度です（答えは×）。230cm×600cmで覚えておきましょう。幅210cmでも、なんとか停めることはできます。乗用車の標準的な大きさは、幅170cm×長さ470cm×高さ200cm以下です。平面的に、かなり大きなスペースをとります。

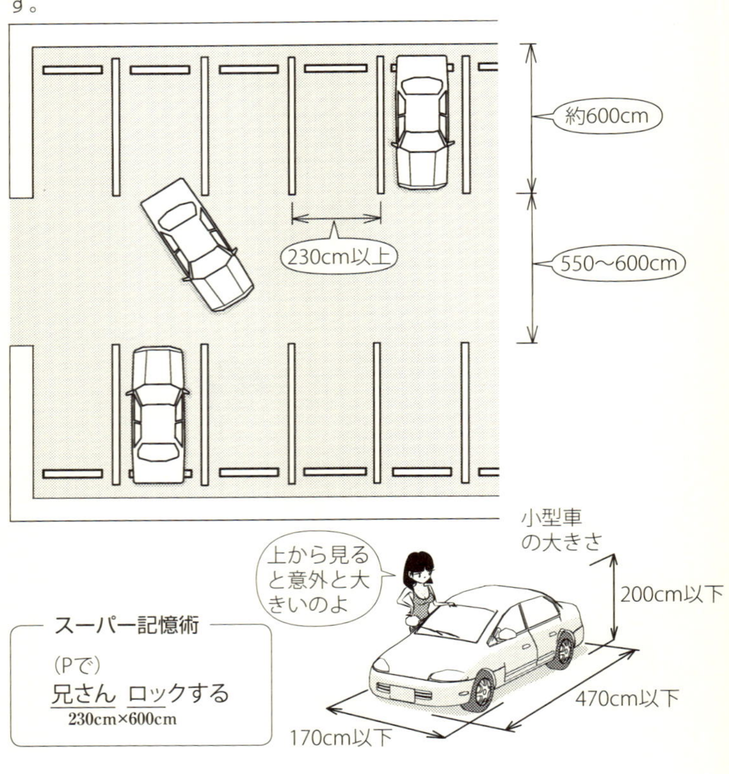
約600cm
230cm以上
550～600cm
小型車の大きさ
上から見ると意外と大きいのよ
200cm以下
470cm以下
170cm以下

スーパー記憶術

（Pで）
兄さん ロックする
230cm×600cm

答え ▶ ×

Q 車いす用駐車スペースを、1台当たり、幅250cm、奥行き600cmとした。

A 駐車スペースでは、一般に幅230〜300cm、奥行き500〜600cm程度必要です。車いす用の駐車スペースでは、ドアを開いて出入りするために、幅は350cm以上とされています（答えは×）。

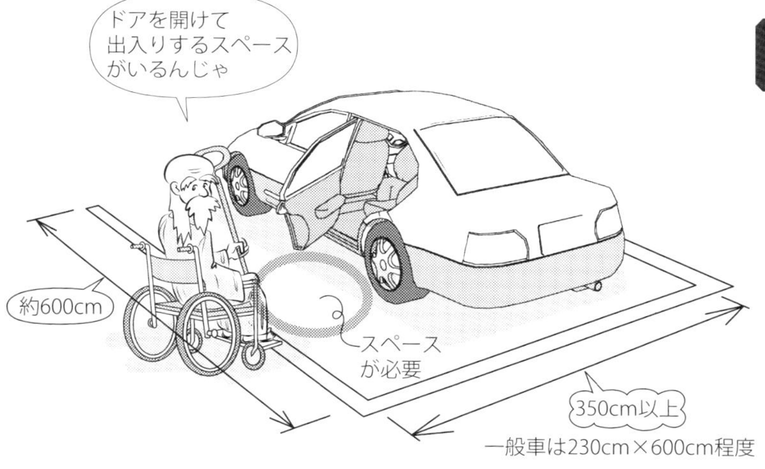
ドアを開けて
出入りするスペース
がいるんじゃ
約600cm
スペース
が必要
350cm以上
一般車は230cm×600cm程度

スーパー記憶術

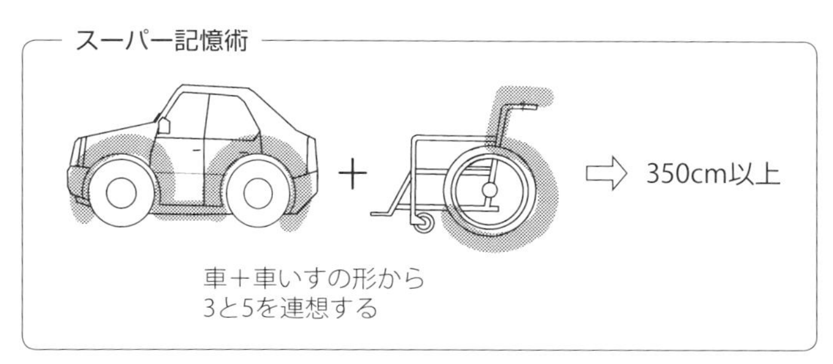
350cm以上
車＋車いすの形から
3と5を連想する

答え ▶ ×

Q 駐車場において、車いす用駐車スペースを、全駐車台数50台に対して2台分確保した。

A 車いす用駐車場は、全体の1/50（20%）以上必要とされています。50台なら1台以上です（答えは○）。

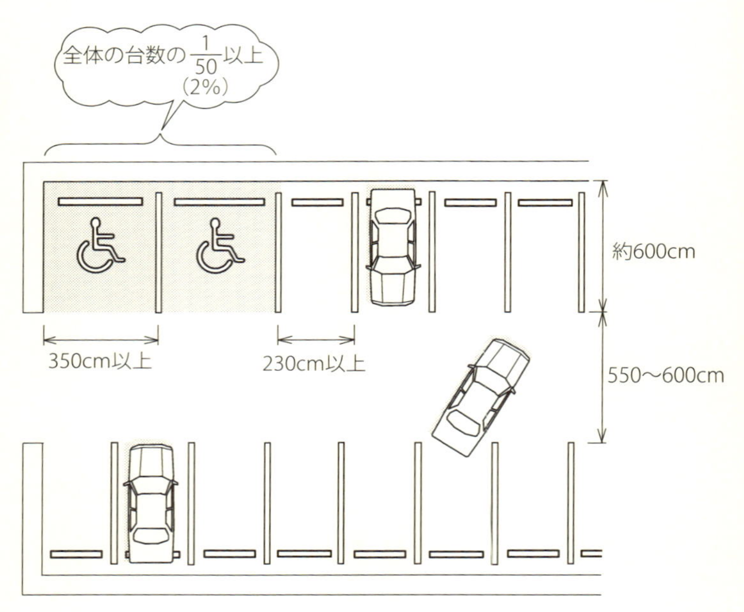
全体の台数の $\frac{1}{50}$ 以上
（2%）
約600cm
350cm以上
230cm以上
550～600cm

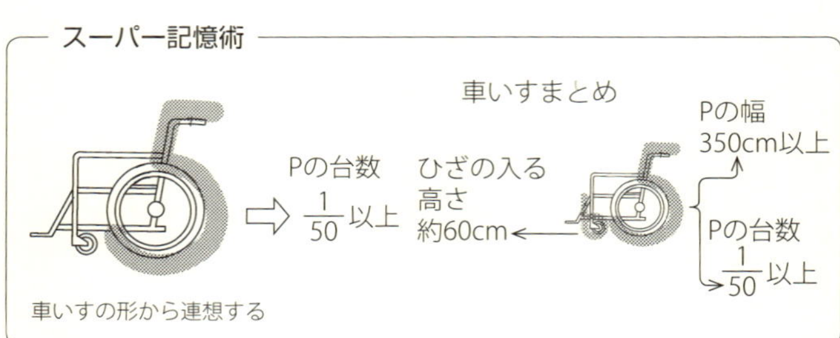
スーパー記憶術
車いすまとめ
Pの幅
350cm以上
Pの台数
$\frac{1}{50}$ 以上
ひざの入る
高さ
約60cm
Pの台数
$\frac{1}{50}$ 以上
車いすの形から連想する

答え ▶ ○

Q 1. 車路を含む駐車場1台当たりの面積を、50m²とした。
2. 車路を含む駐車場1台当たりの面積は、直角駐車より60°駐車の方が小さい。

A 車路を含む駐車場面積は、1台当たり30〜50m²です（1は○）。斜めに車を入れる方式は、出し入れしやすく、車路幅は狭くてすみますが、無駄なスペースが多く、1台当たりの面積は大きくなってしまいます（2は×）。

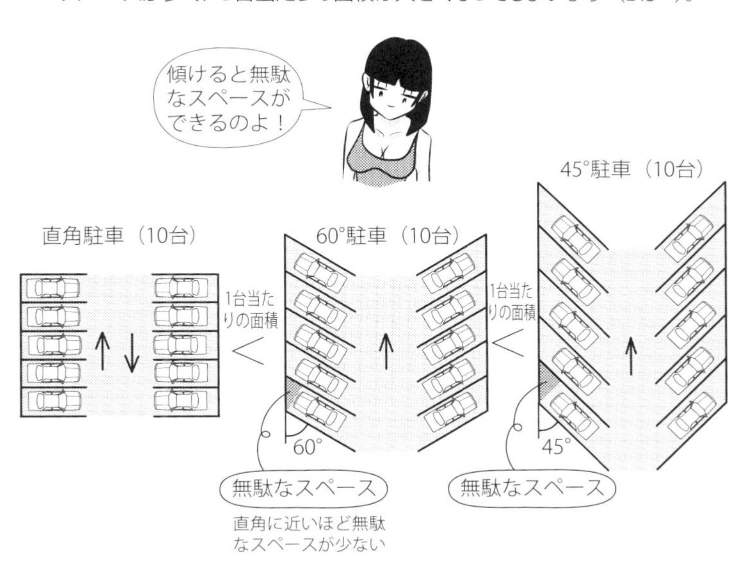
傾けると無駄なスペースができるのよ！
直角駐車（10台）
60°駐車（10台）
45°駐車（10台）
1台当たりの面積
<
1台当たりの面積
<
60°
45°
無駄なスペース
無駄なスペース
直角に近いほど無駄なスペースが少ない

スーパー記憶術

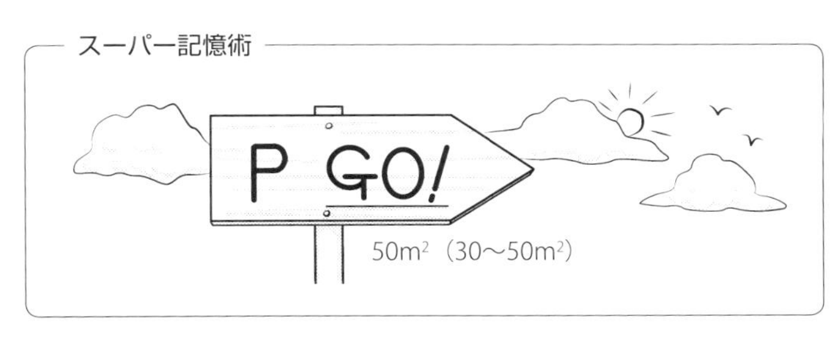
P GO!
50m²（30〜50m²）

答え ▶ 1. ○ 2. ×

Q 駐車場の車路の幅を600cmとした。

A 駐車場の車路の幅は、相互通行で550cm以上、片側通行で350cm以上です（答えは○）。

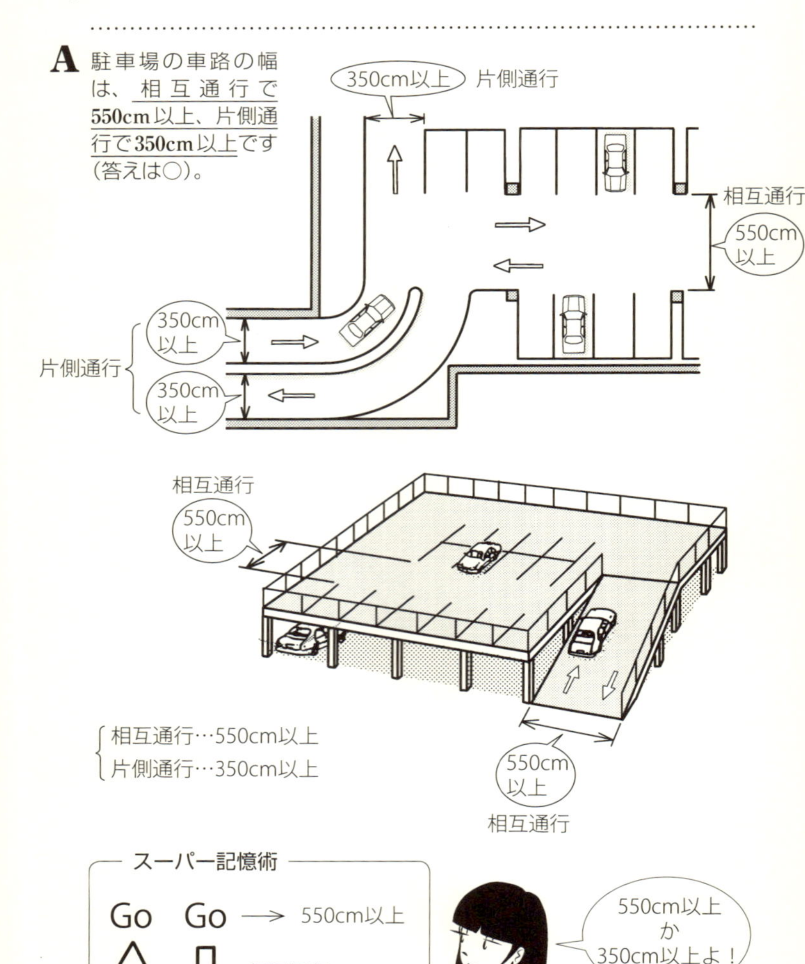
350cm以上
片側通行
相互通行
550cm以上
350cm以上
片側通行
350cm以上
相互通行
550cm以上
550cm以上
相互通行
相互通行…550cm以上
片側通行…350cm以上
スーパー記憶術
Go Go → 550cm以上
相互通行
550cm以上か350cm以上よ！

答え ▶ 

Q 駐車場の車路における屈曲部の内法回転半径を、**600cm**とした。

A 内法回転半径とは、車の一番内側で測った回転半径です。回転半径は、小さいほど急カーブとなり、好ましくありません。駐車場の屈曲部では**500cm以上**とされています（答えは○）。

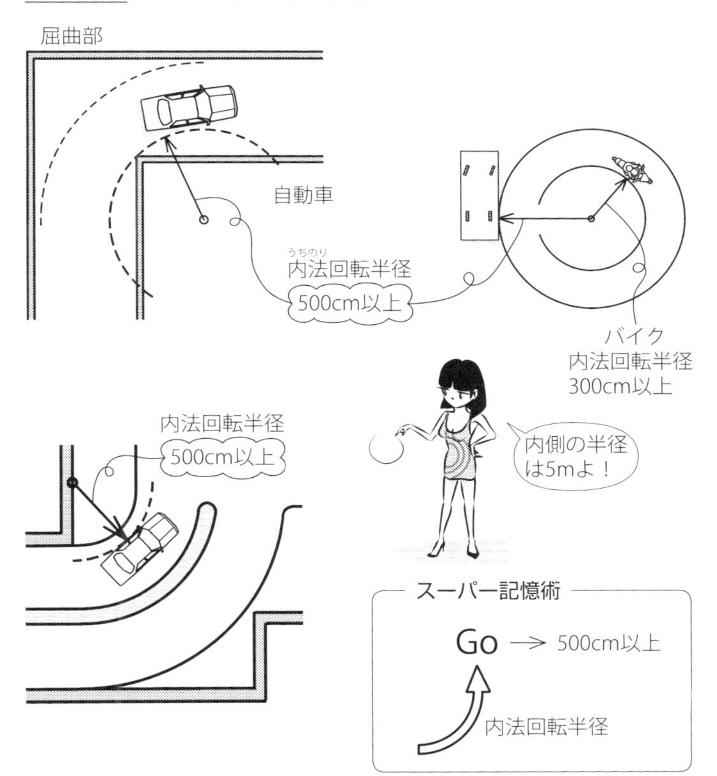
屈曲部
自動車
うちのり
内法回転半径
500cm以上
バイク
内法回転半径
300cm以上
内法回転半径
500cm以上
内側の半径は5mよ！

スーパー記憶術

Go → 500cm以上

内法回転半径

答え ▶ ○

Q 駐車場における梁下の高さを、200cmとした。

A 駐車場の梁下高さは、車路で230cm以上、駐車スペースで210cm以上とされています。ハイルーフのワゴン車で高さ210cmあるので、駐車スペースでも230cmあった方がベターです（答えは×）。

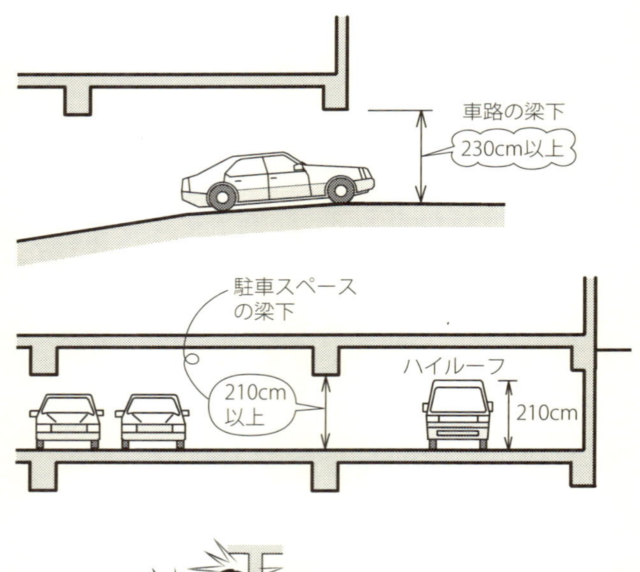
車路の梁下
230cm以上
駐車スペース
の梁下
210cm
以上
ハイルーフ
210cm

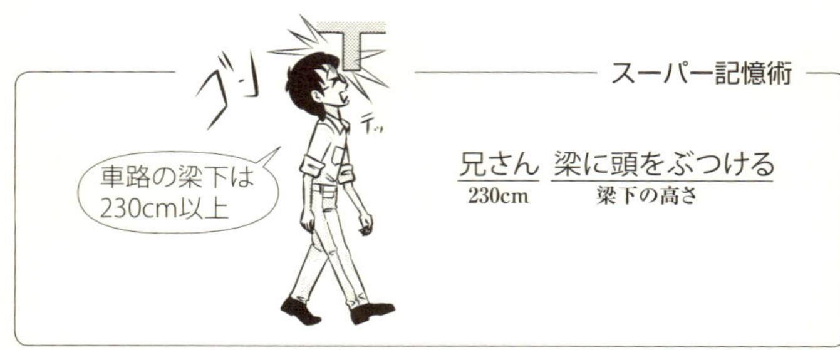
スーパー記憶術
ゴン
テッ
車路の梁下は
230cm以上
兄さん　梁に頭をぶつける
230cm　梁下の高さ

答え ▶ ×

Q 自走式の地下駐車場において、傾斜路のはじまりと終わりを緩和勾配とし、その勾配を本勾配の1/2とした。

A 水平から勾配に移る部分を約350cmずつ、本勾配の1/2以下として、スムーズに連続させます。本勾配は1/6（17%）以下です（答えは○）。

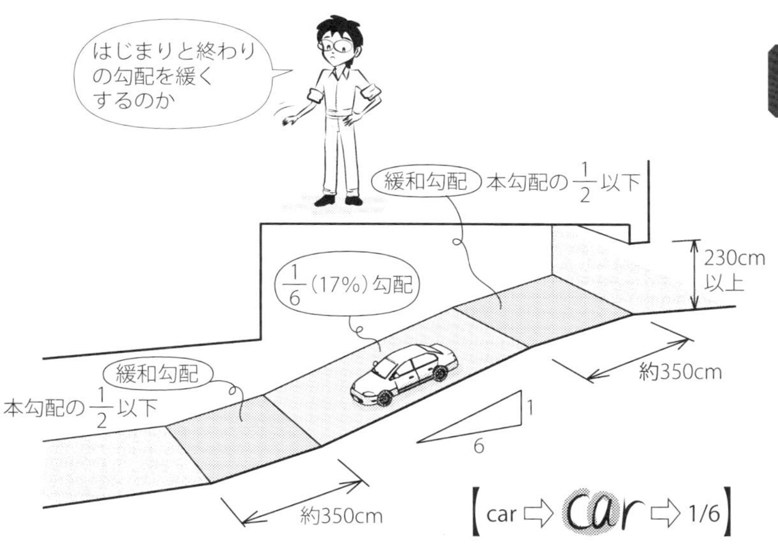
はじまりと終わりの勾配を緩くするのか
緩和勾配 本勾配の$\frac{1}{2}$以下
230cm以上
$\frac{1}{6}$(17%)勾配
約350cm
緩和勾配
本勾配の$\frac{1}{2}$以下
1
6
約350cm
【car ⇨ car ⇨ 1/6】

【　】内スーパー記憶術

答え ▶ ○

Q 駐車場の出入口を、交差点から6m、小学校の出入口から23m離れたところに設けた。

A 駐車場の出入口は、人や車の動線と交差するので、非常に危険です。さまざまな規制がされていますが、交差点から5m以内、幼稚園や小学校の出入口から20m以内はつくれないという2点は覚えておきましょう（答えは○）。

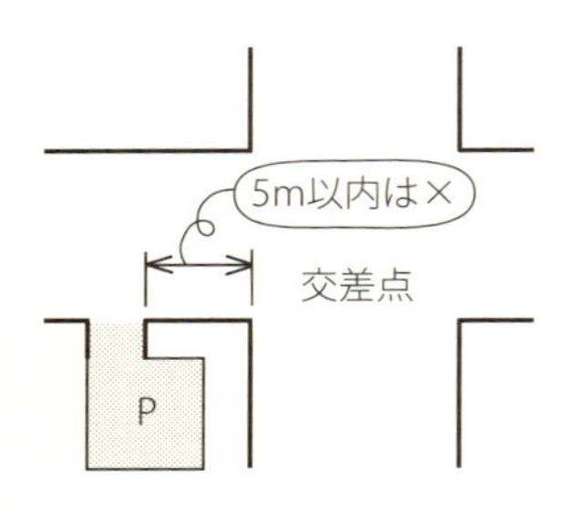
5m以内は×
交差点
P

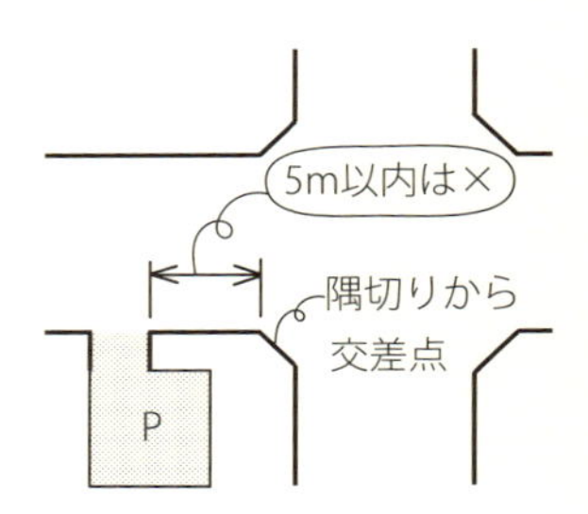
5m以内は×
隅切りから
交差点
P

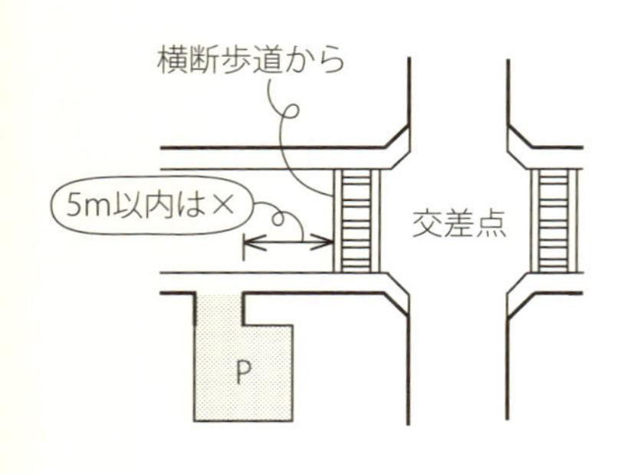
横断歩道から
5m以内は×
交差点
P

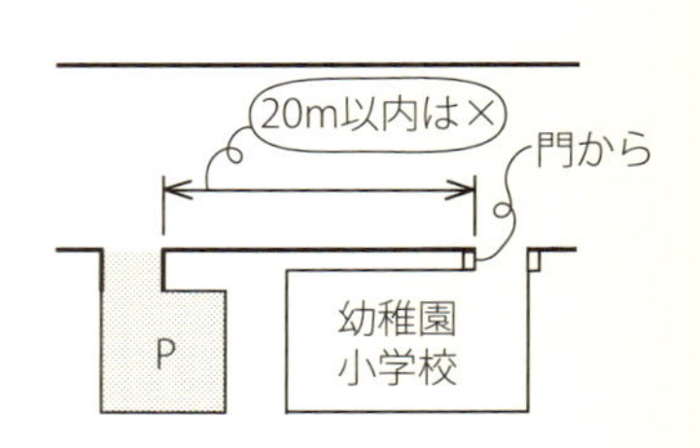
20m以内は×
門から
幼稚園
小学校
P

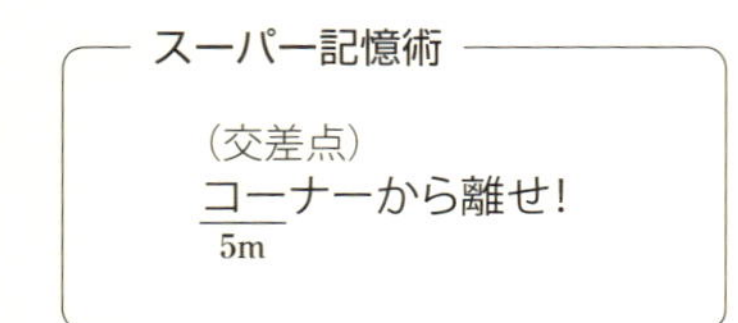
スーパー記憶術
（交差点）
コーナーから離せ!
5m

車の出入口は
あぶないのか

答え ▶ ○

Q 小型自動二輪車（バイク）1台当たりの駐車スペースを、幅55cm、奥行き190cmとした。

A バイクの大きさは大小さまざまですが、幅90cm×奥行き230cm程度あればOKです（答えは×）。奥行きの230cmは、車のスペースの幅と同じです。

バイクは大小さまざまよ
約90cm
約230cm

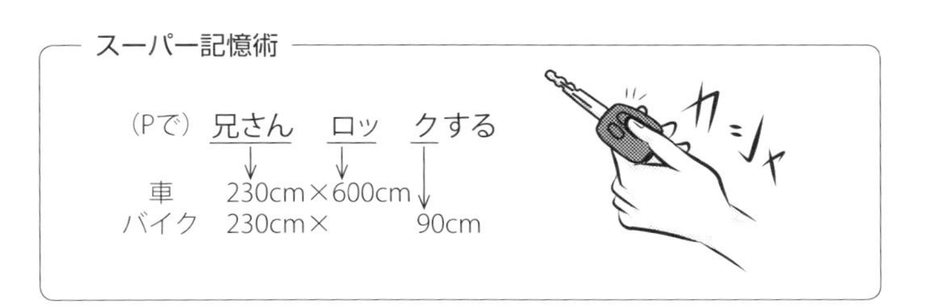

スーパー記憶術
（Pで）兄さん　ロッ　クする
車　230cm×600cm
バイク　230cm×　90cm
カシャ

答え ▶ ×

Q 自転車1台当たりの駐輪スペースを、幅60cm、奥行き190cmとした。

A 駐輪場の1台当たりのスペースは、自転車で60cm×190cm、バイクで90cm×230cm程度です（答えは○）。自転車の場合、ハンドルどうしが当たらないように前後、上下にずらす駐輪機（ラック）を使うと、幅方向の間隔を30cm以下に縮めることができます。

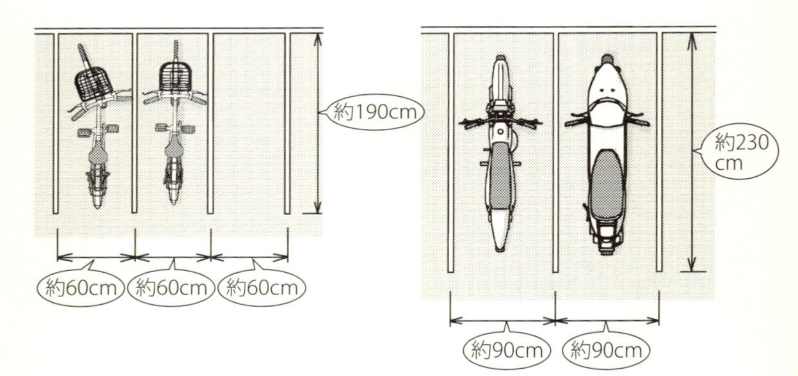
約190cm
約60cm
約60cm
約60cm
約230cm
約90cm
約90cm

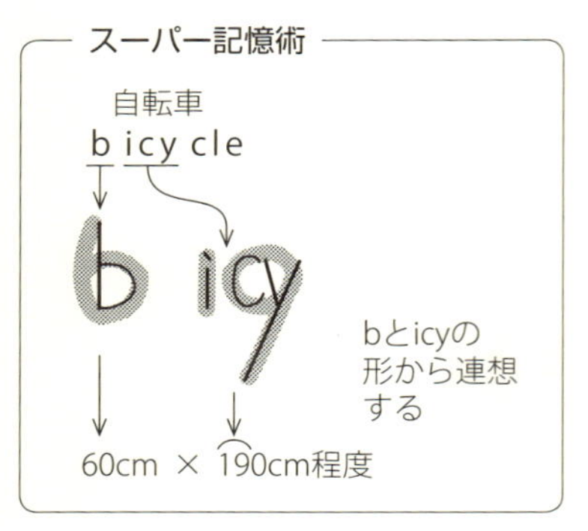
スーパー記憶術
自転車
b icy cle
b icy
bとicyの形から連想する
60cm × 190cm程度

スペースをくうんだな

答え ▶ ○

Q 大規模商業店舗の計画において、地下階に設ける駐車場の各柱間に、普通自動車が並列に3台駐車できるように、柱スパンを7m×7mと設定した。

A 図のように、約6mスパンで2台、約8mスパンで3台駐車できます。設問の7mでは、2台しか入りません（答えは×）。

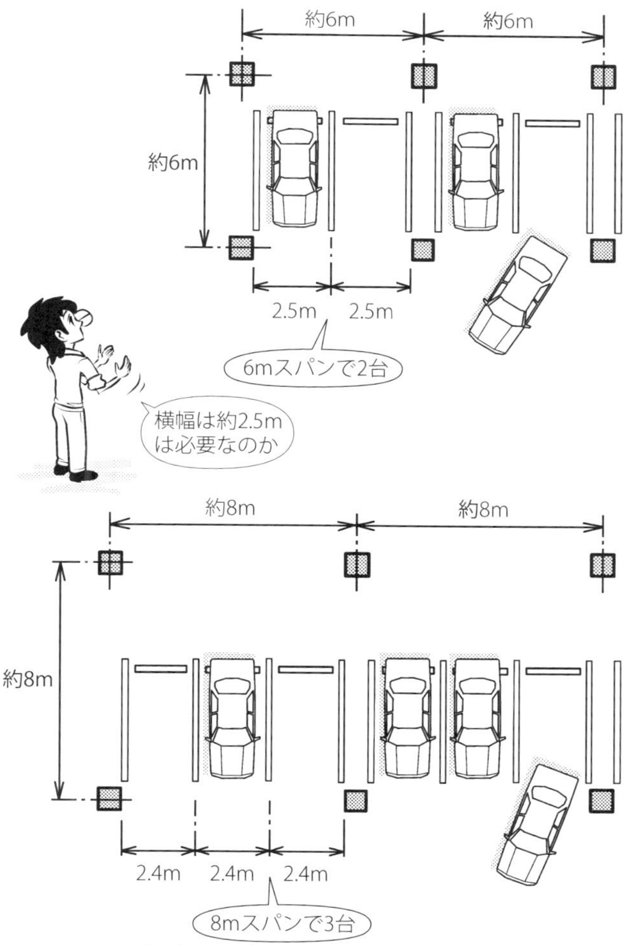
約6m
約6m
約6m
2.5m
2.5m
6mスパンで2台
横幅は約2.5m
は必要なのか
約8m
約8m
約8m
2.4m
2.4m
2.4m
8mスパンで3台
柱の太さ0.8mとすると(8−0.8)÷3=2.4m

答え ▶ ×

車	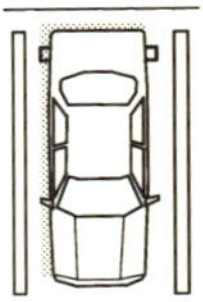 230cm×600cm　程度 【兄さん ロックする】 230cm × 600cm
バイク	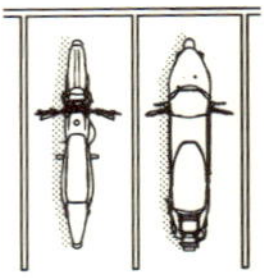 90cm×230cm　程度 【兄さん ロックする】 230cm × 90cm
自転車	 60cm×190cm　程度 【bicycle → b icy 60cm 190cm】
身障者用	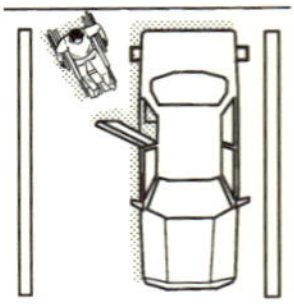 350cm以上×600cm程度 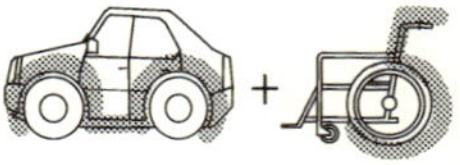 【 + 】
車路の幅 （相互通行）	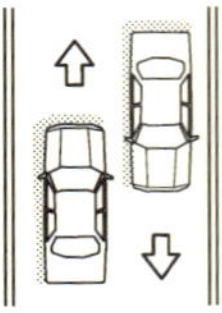 550cm以上 【Go Go → 550cm以上】 （片側通行　350cm以上）
内法回転半径	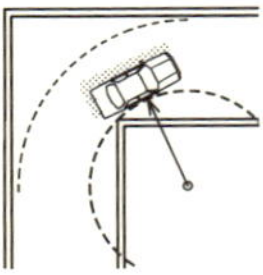 500cm以上 【Go → 500cm以上】

【　】内スーパー記憶術

Q 病室における患者4人用一般病室の面積を、内法（うちのり）寸法で$28m^2$とした。

A 病院、診療所の一般病室は、患者1人当たり$6.4m^2$以上必要です。設問の場合$28m^2 \div 4$人$=7m^2$/人となり、基準を満たします（答えは○）。この面積は内法による測定と、医療法施行規則に書かれています。建築の場合、面積といったら、普通は心一心によります。

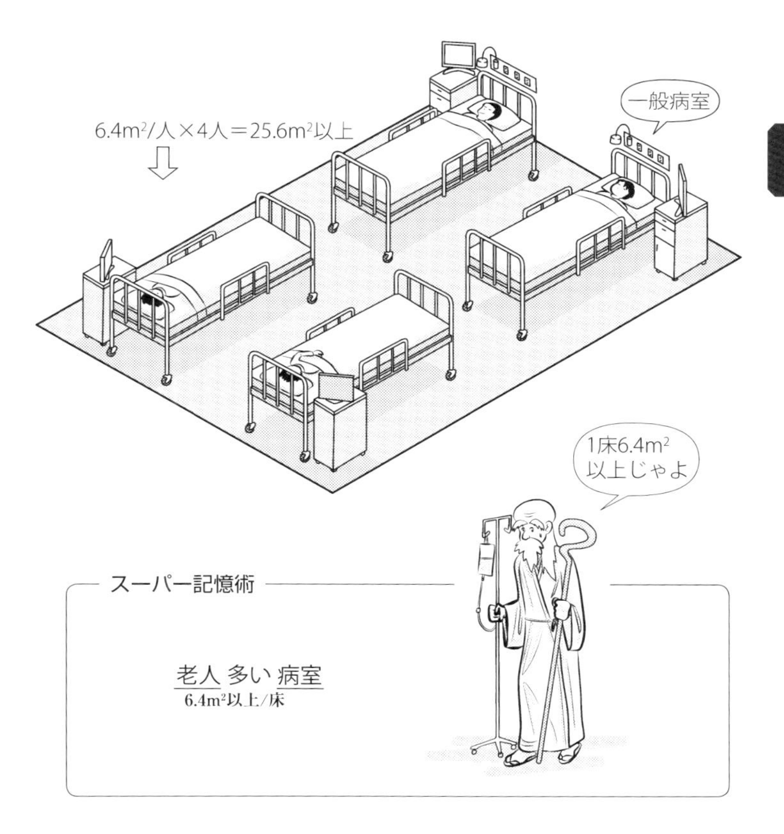
6.4m²/人×4人＝25.6m²以上
一般病室
1床6.4m²
以上じゃよ

スーパー記憶術

老人 多い 病室
6.4m²以上/床

答え ▶ ○

Q 特別養護老人ホームにおいて、定員**2**人の入居者専用居室の床面積を、**16m²**とした。

A 特別養護老人ホームにおける専用居室の面積は、**10.65m²/人以上**とされています。設問の場合は、**16m²÷2人＝8m²/人**となり、基準（老人福祉法省令）に満たないので不可です（答えは×）。

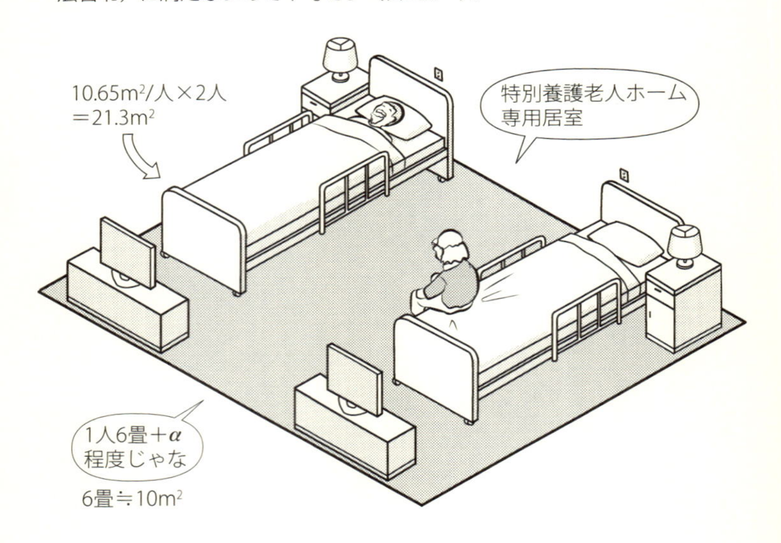
10.65m²/人×2人
＝21.3m²
特別養護老人ホーム
専用居室
1人6畳＋α
程度じゃな
6畳≒10m²

スーパー記憶術

転　々 ⇨ 老後はホームへ
10　.　　6 5 m²/人
(ten 点)

答え ▶ ×

Q 保育所における定員30人の保育室の床面積を、$36m^2$とした。

A 保育室の床面積は、1人当たり$1.98m^2$以上とされています。設問の場合$36m^2 \div 30$人$=1.2m^2$/人となり、基準に満たないので不可です（答えは×）。

1人当たり1.98m²だよ
6歳になったら小学生さ

1.98m²/人×10人＝19.8m²（約12畳）以上
保育所保育室

スーパー記憶術

行くわ！ むかえに
1．9 8 m²/人

答え ▶ ×

Q 小学校における35人学級の普通教室の面積を、$56m^2$とした。

A 小・中学校の普通教室は、<u>$1.2\sim2.0m^2$/人</u>とされています。設問の場合 $56m^2\div35$人$=1.6m^2$/人となり、基準を満たします（答えは○）。

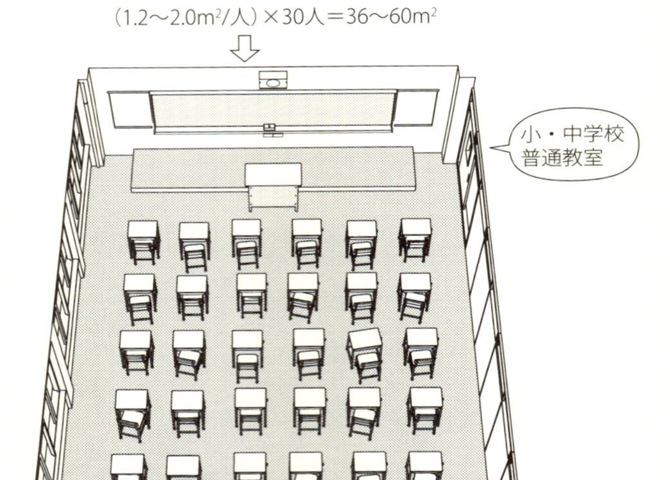
(1.2～2.0m²/人)×30人＝36～60m²
小・中学校
普通教室

1.2m²/人から
2.0m²/人よ
スーパー記憶術
1、2年生には先生2人必要
1.2 m² ～ 2.0 m²/人

答え ▶ ○

Q 地域図書館において、書架のない50人収容の一般閲覧室の面積を、$125m^2$とした。

A 市長村レベルで住民に直接サービスを提供するのが、地域図書館です。閲覧室とは本を調べたり読んだりする部屋（スペース）で、$1.6\sim3.0m^2$/人が必要とされています。設問の場合は、$125m^2\div50$人$=2.5m^2$/人となり、基準を満たします（答えは○）。

えつらん
閲覧とは調べたり読んだりすることなのか
一般閲覧室
reading room
児童に対して一般
閲覧室は1.6～3.0m²/人必要よ！
スーパー記憶術
色 見本 を 閲覧 する
1.6～3.0m²/人 閲覧室
パラッ

答え ▶ ○

Q 一般的な事務所の12人が執務する事務室の面積を、120m²とした。

A 事務室の面積は、8～12m²/人とされています。1人当たり約6畳（約10m²）と覚えておきましょう。10m²±2m²から、8～12m²となります。設問の場合120m²÷12＝10m²/人となり、基準を満たします（答えは○）。

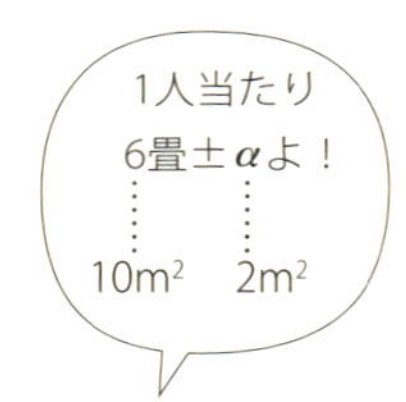
1人当たり
6畳±αよ！
10m²
2m²

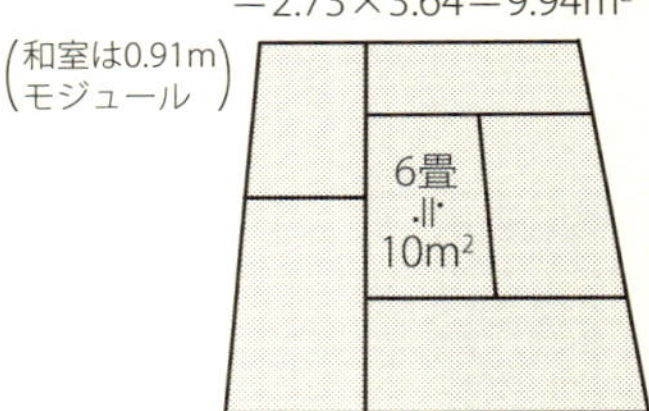
6畳の面積：(0.91×3)×(0.91×4)
＝2.73×3.64＝9.94m²
（和室は0.91m モジュール）
6畳
≒
10m²

事務室
8～12m²/人
通路、OA機器置場、
棚などを含めて

スーパー記憶術

6畳一間（ひとま）、ひとりのオフィス
10m²±2m²

10m²＋2m²＝12m²
～
10m²－2m²＝8m²

答え ▶ ○

Q **1**. 収容人員12人程度の会議室の内法寸法を、5m×10mとした。
2. 収容人員20人程度の、ロの字形に机を配置する会議室の広さを、3.6m×7.2mとした。

A 会議室は2〜5m²/人必要となり、1は、(5m×10m)/12人≒4.2m²/人、2は、(3.6m×7.2m)/20人≒1.3m²/人なので、答えは1は○、2は×となります。

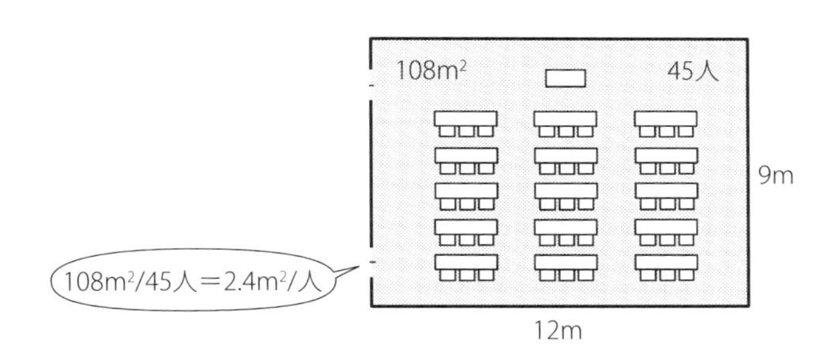
108m²
45人
9m
12m
108m²/45人＝2.4m²/人

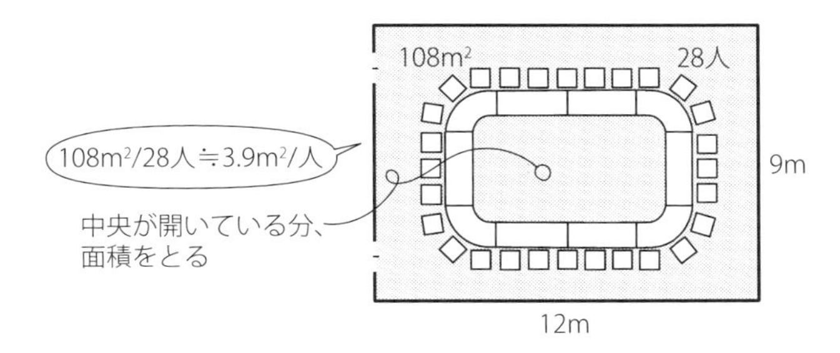
108m²
28人
9m
12m
108m²/28人≒3.9m²/人
中央が開いている分、
面積をとる

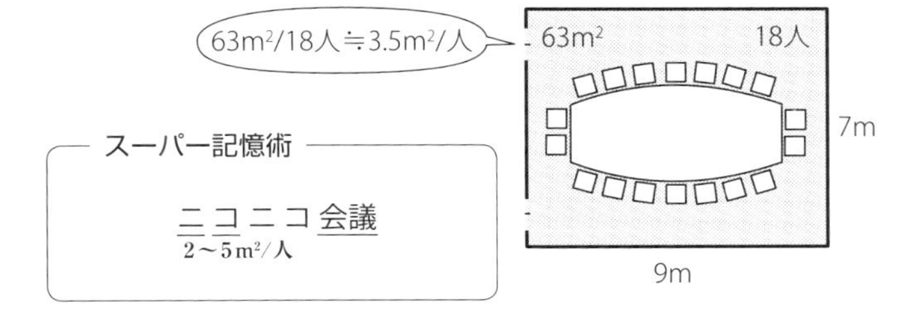
63m²/18人≒3.5m²/人
63m²
18人
7m
9m
スーパー記憶術
ニコニコ会議
2〜5m²/人

答え ▶ 1. ○　2. ×

Q 映画館における定員600人の客席の面積を、420m²とした。

A 映画館、劇場の客席面積は、通路を含めて0.5〜0.7m²/人とされています。設問の場合、420m²÷600人＝0.7m²/人となり、基準を満たします（答えは○）。

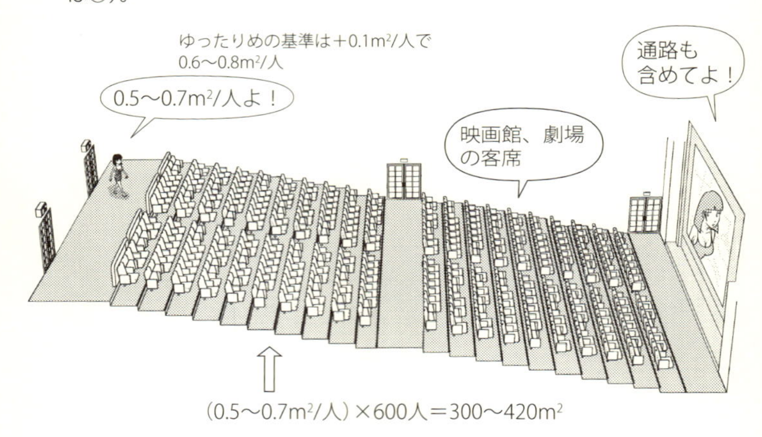
ゆったりめの基準は＋0.1m²/人で
0.6〜0.8m²/人
0.5〜0.7m²/人よ！
通路も
含めてよ！
映画館、劇場
の客席
（0.5〜0.7m²/人）×600人＝300〜420m²

スーパー記憶術

（映画館で）
おなら、おこられる!
0.7　〜　0.5 m²/人
コラッ
ブッ

答え ▶ ○

Q 1. 映画館において、座席の幅（1人分の間口）を50cm、前後間隔を100cmとした。

2. 映画館において、座席の前後間隔が110cm確保されれば、比較的ゆったりとしたスペースである。

A 劇場、映画館の座席のスペースは、幅50cm×前後間隔100cm以下とすることが多いです。狭い座席だと、幅45cm×前後間隔80cmもあります（1は○）。座面と前席背もたれの間は、35cm以上必要です。前後間隔110cmはゆったりとしたスペースとなります（2は○）。

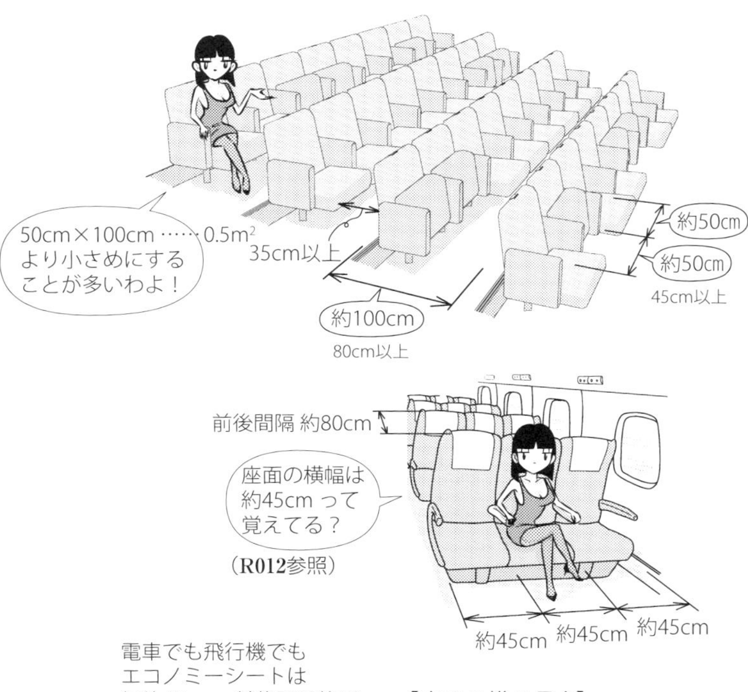
50cm×100cm……0.5m²
より小さめにすることが多いわよ！
35cm以上
約100cm
80cm以上
約50cm
約50cm
45cm以上
前後間隔 約80cm
座面の横幅は約45cm って覚えてる？
（R012参照）
約45cm
約45cm
約45cm

電車でも飛行機でも
エコノミーシートは
幅約45cm、前後間隔約80cm 【座面の横の長さ】
45cm

【 】内スーパー記憶術

答え ▶ 1. ○ 2. ○

Q ビジネスホテルにおいて、シングルベッドルーム1室当たりの面積を、15m²とした。

A ビジネスホテルのベッドルームは、最小限の面積にすることが多く、面積は12～15m²程度です（答えは○）。

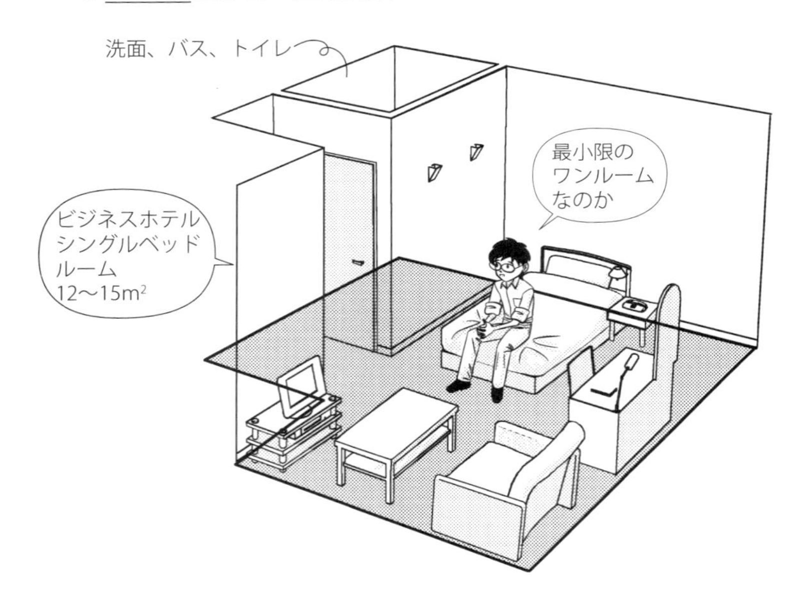
洗面、バス、トイレ
最小限のワンルームなのか
ビジネスホテルシングルベッドルーム12～15m²

- バブル期のマンションのワンルームは、3点ユニットと6畳の部屋で、16m²程度が多くありました。今のワンルームは、風呂トイレ別で25m²程度はあります。

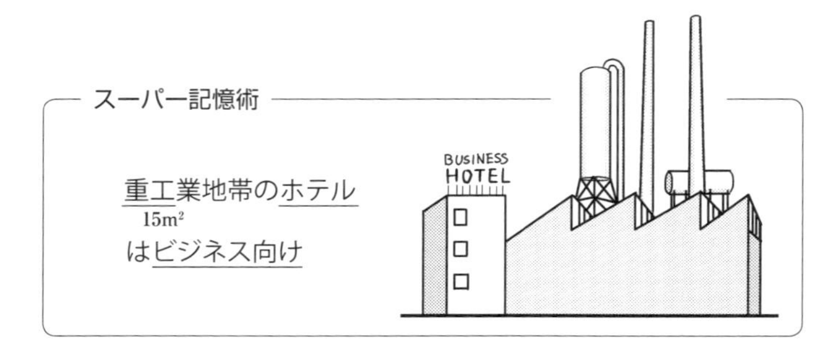
スーパー記憶術
重工業地帯のホテル
15m²
はビジネス向け
BUSINESS HOTEL

答え ▶ ○

Q シティホテルにおいて、ツインベッドルーム1室当たりの面積を、$30m^2$とした。

A シティホテルはビジネスホテルよりも広めにつくられていて、ツインベッドルーム（シングルベッド2つの部屋）は約$30m^2$です（答えは○）。

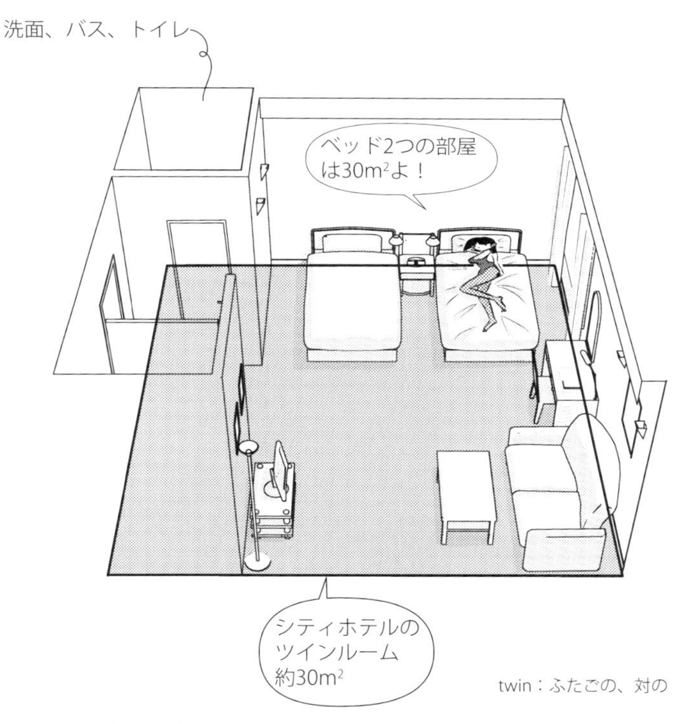
洗面、バス、トイレ
ベッド2つの部屋は30m²よ！
シティホテルのツインルーム約30m²

twin：ふたごの、対の

スーパー記憶術

（ビジネス）シングル $15m^2$ ⇨ （シティ）ツイン $15\times2=30m^2$

答え ▶ ○

Q シティホテルの計画において、収容人員**100**人程度の着席形式の結婚披露宴ができるように、宴会場の床面積を**250m²**とした。

A 宴会場は**1.5〜2.5m²/人**程度です。余裕のある配置で着席**2.5m²**/人、立食**2m²**/人程度です。設問では、**250m²/100**人＝**2.5m²**/人となり、基準を満たします（答えは○）。

着席
255m²/100人＝2.55m²/人

立食
255m²/120人≒2.1m²/人

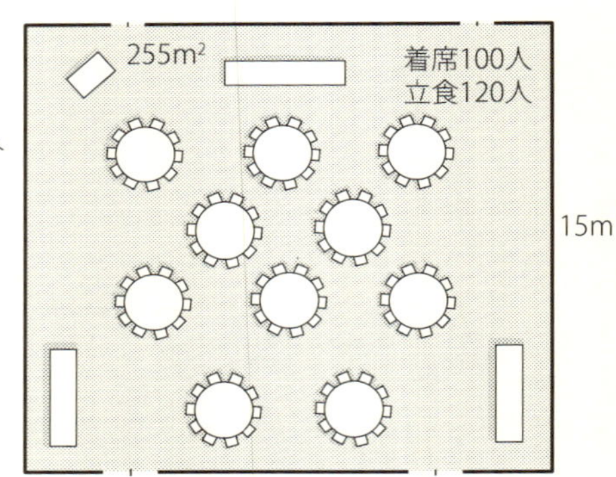
255m²
着席100人
立食120人
15m
17m

スーパー記憶術

2人でする結婚式
2m²/人前後　宴会場
1.5〜2.5m²/人

答え ▶ ○

Q 洋食レストランにおいて、50席ある客席部分の面積を、80m²とした。

A レストランの客席部分の面積は、1～1.5m²/人程度です。宴会場の1.5～2.5m²/人よりも0.5m²/人だけ小さく、少し詰めたレイアウトです。「宴会場2m²－0.5m²」と覚えておきましょう。設問では80m²/50人＝1.6m²/人なので基準を満たします（答えは○）。

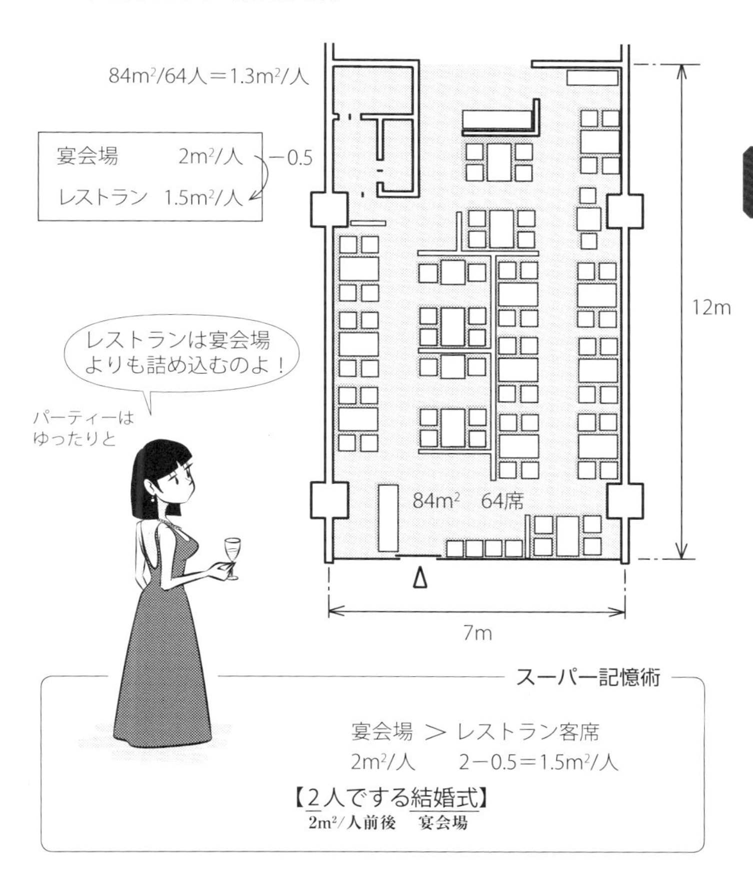
84m²/64人＝1.3m²/人
宴会場　2m²/人
－0.5
レストラン　1.5m²/人
レストランは宴会場よりも詰め込むのよ！
パーティーはゆったりと
84m²　64席
12m
7m

スーパー記憶術

宴会場 ＞ レストラン客席
2m²/人　2－0.5＝1.5m²/人

【2人でする結婚式】
2m²/人前後　宴会場

答え ▶ ○

R071 まとめ

病院における 一般病室		6.4m²/床以上 【老人 多い 病室】 6.4m²/床
特別養護老人ホーム における 入居者専用居室	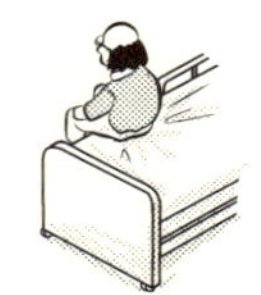	10.65m²/人以上 【転々 ⇨ 老後 はホームへ】 10．　65m²/人
保育所における 保育室		1.98m²/人以上 【行くわ！ むかえに】 1．98 m²/人
小・中学校における 普通教室		1.2〜2.0m²/人 【1、2年生には先生2人必要】 1.2m²　〜　2.0m²/人
図書館における 閲覧室		1.6〜3.0m²/人 【色 見本 を 閲覧する】 1.6〜3.0m²/人　閲覧室
事務室		8〜12m²/人 【6畳一間、ひとりのオフィス】 10m²±2m²

【　】内スーパー記憶術

会議室	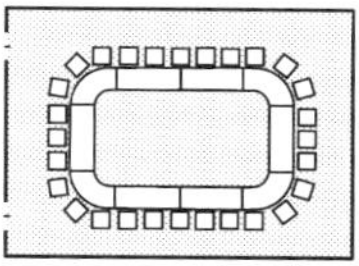 2〜5m²/人 【ニコニコ会議】 2〜5m²/人
劇場、映画館における客席	 0.5〜0.7m²/人 【(映画館で)おなら、 0.7 〜 おこられる!】 0.5m²/人
ビジネスホテルにおけるシングルベッドルーム	 12〜15m² 【重工業地帯のホテル 15m² はビジネス向け】
シティホテルにおけるツインベッドルーム	 約30m² 【シングル 15m² ⇨ ツイン 15×2＝30m²】
宴会場	 1.5〜2.5m²/人 【2人でする結婚式】 2m²/人前後 宴会場
レストラン客席部分	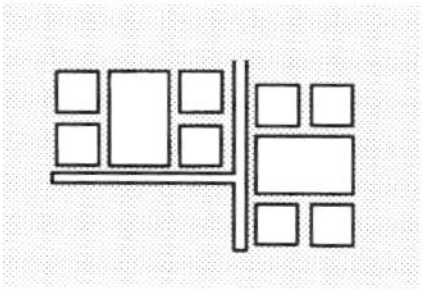 1〜1.5m²/人 【宴会場＞レストラン】 (2m²/人) (1.5m²/人)

いすのみを詰めると約 0.5m²/ 人、いす＋机だと約 1.5m²/ 人となります。

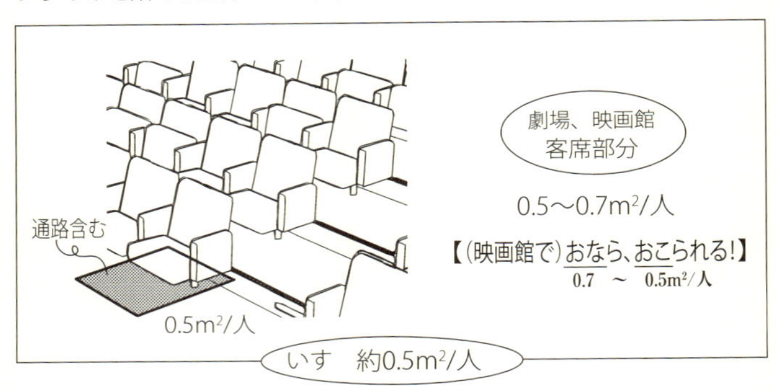
劇場、映画館
客席部分
0.5〜0.7m²/人
【(映画館で)おなら、おこられる!】
0.7 〜 0.5m²/人
通路含む
0.5m²/人
いす 約0.5m²/人

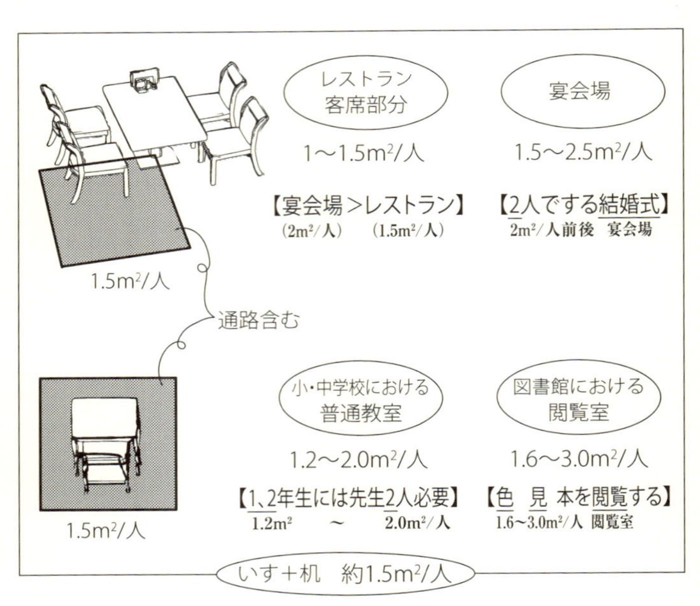
レストラン
客席部分
1〜1.5m²/人
【宴会場＞レストラン】
(2m²/人) (1.5m²/人)
宴会場
1.5〜2.5m²/人
【2人でする結婚式】
2m²/人前後 宴会場
1.5m²/人
通路含む
小・中学校における
普通教室
1.2〜2.0m²/人
【1、2年生には先生2人必要】
1.2m² 〜 2.0m²/人
図書館における
閲覧室
1.6〜3.0m²/人
【色 見 本を閲覧する】
1.6〜3.0m²/人 閲覧室
1.5m²/人
いす＋机 約1.5m²/人

【 】内スーパー記憶術

Q 住宅の収納スペースを、各個室の床面積の20%とした。

A 住宅の収納スペースは、各個室（居住空間）の15〜20%程度は確保します。ウォークインクローゼット（歩いて入れるクローゼット）も有効です。住宅全体に対する収納スペースは、約10%です（答えは○）。

20%は欲しいわ！

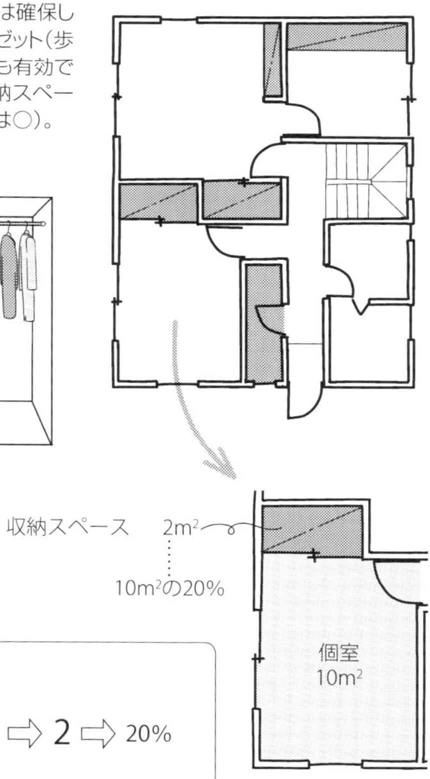

収納スペース　2m²
10m²の20%
個室
10m²

スーパー記憶術

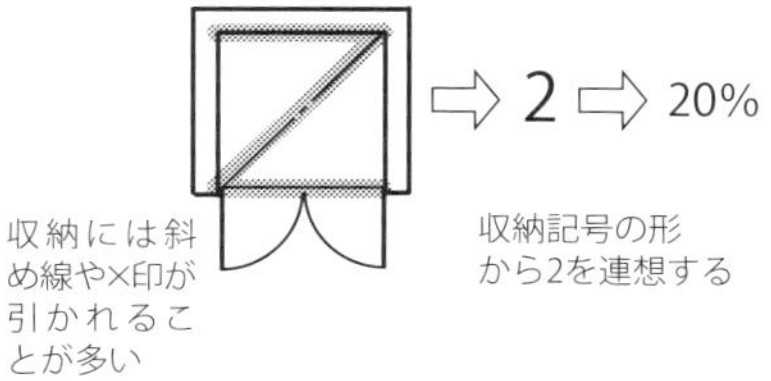

⇨ 2 ⇨ 20%

収納には斜め線や×印が引かれることが多い

収納記号の形から2を連想する

答え ▶ ○

Q 基準階の床面積が500m²の貸事務所ビルにおいて、基準階の貸室面積を400m²とした。

A 収益部分と全体（この場合は基準階）の比を、レンタブル比といいます。貸す（rent）ことができる（able）面積の比で、オフィスビル基準階のレンタブル比は、75～85%です。設問では400m²/500m²＝0.8＝80%となり、適合します（答えは○）。

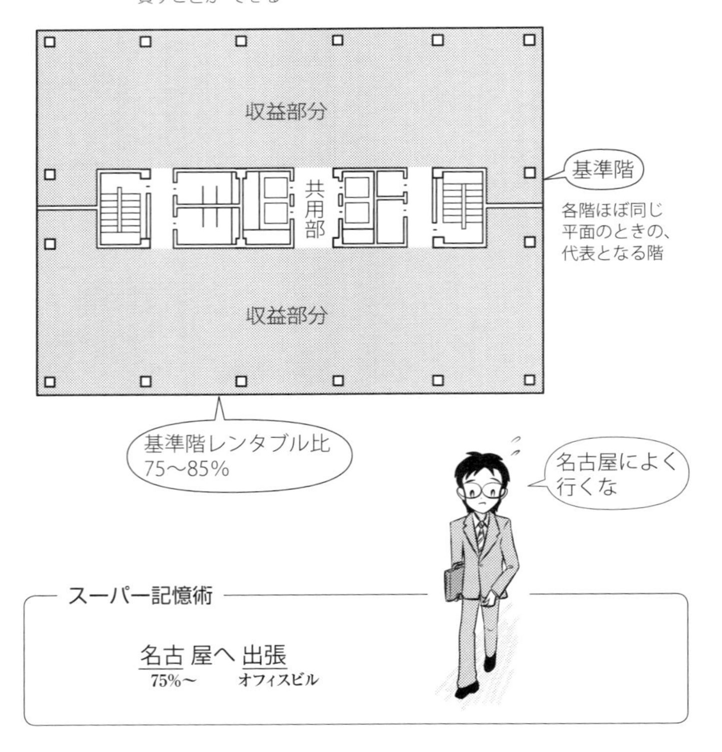

レンタブル比＝収益部分床面積／総床面積
rent 貸すことが
able できる
収益部分
共用部
収益部分
基準階
各階ほぼ同じ平面のときの、代表となる階
基準階レンタブル比 75～85%
名古屋によく行くな

スーパー記憶術

名古 屋へ 出張
75%～　オフィスビル

答え ▶ ○

Q 延べ面積が$5000m^2$の貸事務所ビルにおいて、貸室面積を$3500m^2$とした。

A オフィスビルのレンタブル比は、基準階に対して75〜85%ですが、延べ面積に対しては65〜75%です。入口ホール、機械室などが入るので、延べ面積に対するレンタブル比は小さくなります。75%±10%と覚えておきましょう。設問の場合、$3500m^2/5000m^2=0.7=70\%$となり、適合します（答えは○）。

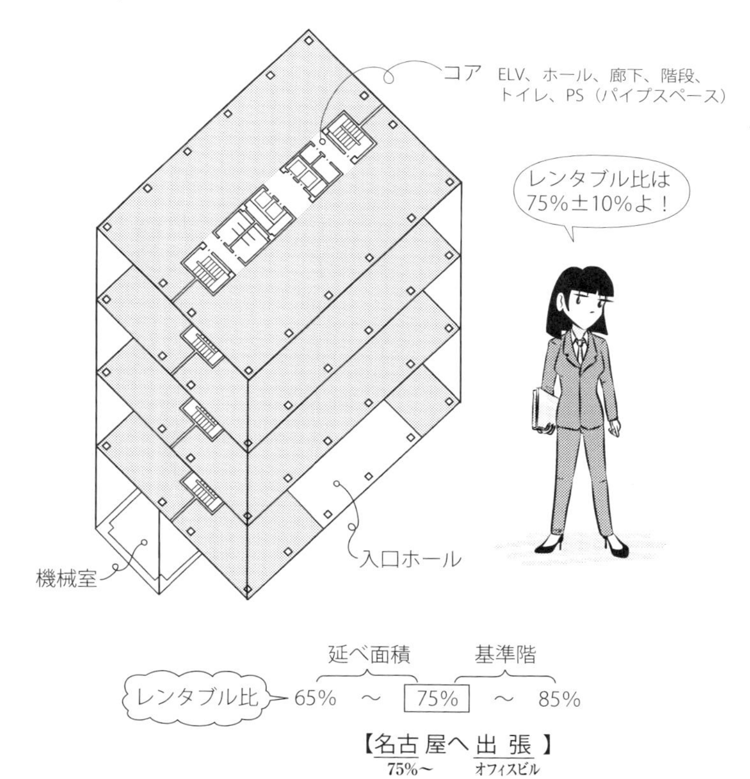
コア ELV、ホール、廊下、階段、トイレ、PS（パイプスペース）
レンタブル比は75%±10%よ！
機械室
入口ホール
延べ面積
基準階
レンタブル比 65% 〜 75% 〜 85%

【名古屋へ出張】
75%〜 オフィスビル

【 】内スーパー記憶術

答え ▶ ○

Q ビジネスホテルにおいて、延べ面積に対する客室部門の面積を75%とした。

A ビジネスホテルの客室面積は、オフィスビルと同様に、延べ面積に対しては約75%程度以下、基準階に対しては約75%以上です（答えは○）。

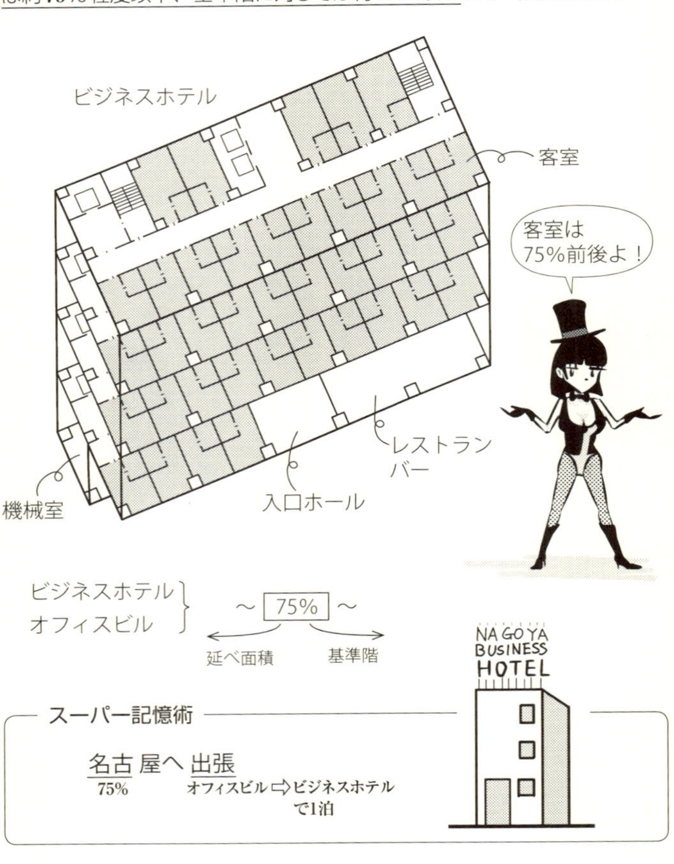
ビジネスホテル
客室
客室は
75%前後よ！
レストラン
バー
入口ホール
機械室
ビジネスホテル
オフィスビル
～ 75% ～
延べ面積
基準階
NAGOYA
BUSINESS
HOTEL
スーパー記憶術
名古 屋へ 出張
75%
オフィスビル ⇨ ビジネスホテル
で1泊

答え ▶ ○

Q ホテルにおける延べ面積に対する客室面積の割合は、ビジネスホテルよりシティホテルの方が大きい。

A ビジネスホテルは、泊まる機能を優先したホテルなので、客室面積の割合は大きめです。一方シティホテルは、宴会場、レストラン、カフェ、バーなどのポディウム部門を全体の約50%と広めにとるので、客室面積の割合はビジネスホテルに比べて小さくなります（答えは×）。ポディウムとは、ギリシャ神殿の基壇が原義です。

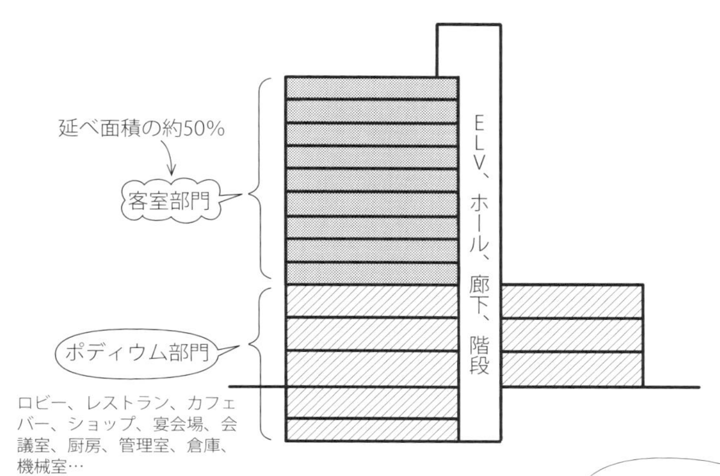
延べ面積の約50%
客室部門
ELV、ホール、廊下、階段
ポディウム部門
ロビー、レストラン、カフェバー、ショップ、宴会場、会議室、厨房、管理室、倉庫、機械室…

ギリシャ神殿
ポディウム
podium
（基壇）
宴会場なんかがある分、客室面積の割合が低いのか

答え ▶ ×

Q 宴会場を備えた客室数750室のシティホテルの計画において、客室1室当たり100m²として延べ面積の検討を行った。

A ホテル全体の延べ面積は、シティホテル、リゾートホテルで約100m²/室、ビジネスホテルで約50m²/室です（答えは○）。シティホテルはポディウム部門が大きいので、その分、1室当たりの延べ面積は大きくなります。

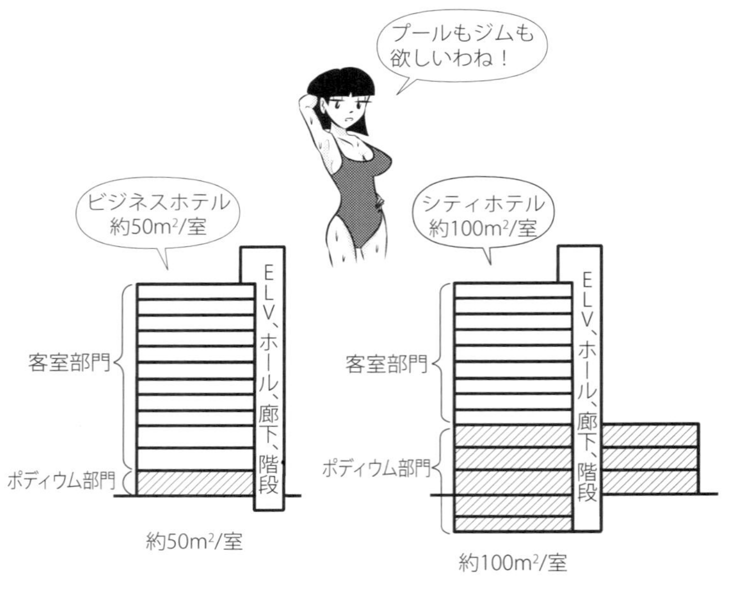
プールもジムも欲しいわね！
ビジネスホテル 約50m²/室
シティホテル 約100m²/室
客室部門
ポディウム部門
ELV、ホール、廊下、階段
約50m²/室
客室部門
ポディウム部門
ELV、ホール、廊下、階段
約100m²/室

スーパー記憶術

客室、宴会場、レストラン、カフェ、バー、ジム、プール

100%そろってるシティホテル

100m²/室

答え ▶ ○

Q 百貨店（デパート）の売り場面積（通路含む）を、延べ面積の60%とした。

A 百貨店の売り場面積は、延べ面積の50～60%程度です（答えは○）。入口ホール、エレベーター、エレベーターホール、階段、倉庫、管理室などは、残りの40～50%です。高級な百貨店ほど売り場面積を小さめにします。

百貨店 … $\dfrac{\text{（通路含む）売り場面積}}{\text{延べ面積}}$ = 50～60%

BARGAIN
BARGAIN

デパートの売り場は
50～60%程度よ

スーパー記憶術

売り場に群れるオバサンたち
（群れ＝60%）

答え ▶ ○

Q 1. 量販店（スーパーマーケット）において、床面積当たりの販売効率を高めるためには、低層の建築物とし、かつ延べ面積に対する売り場面積の割合を大きくする。

2. 延べ面積が$1000m^2$の量販店において、売り場面積の合計（売り場内通路含む）を$600m^2$とした。

A 百貨店に比べて量販店は、売り場面積を述べ面積に対して大きくして、60%強とします（1、2は○）。百貨店のゆったりめに対して、多少窮屈に詰め込むレイアウトです。60%を中心に上下と覚えておきましょう。

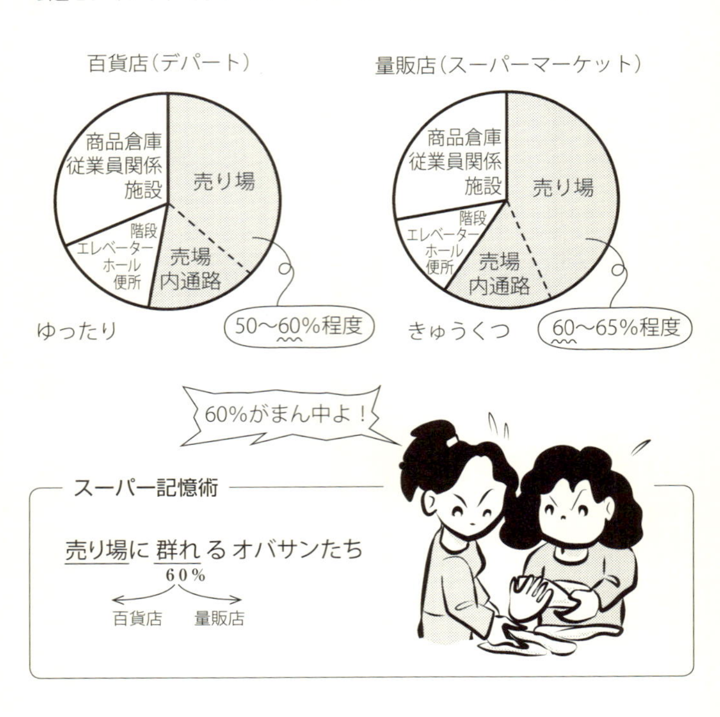
百貨店（デパート）
商品倉庫
従業員関係
施設
売り場
階段
エレベーター
ホール
便所
売場
内通路
ゆったり
50〜60%程度
量販店（スーパーマーケット）
商品倉庫
従業員関係
施設
売り場
階段
エレベーター
ホール
便所
売場
内通路
きゅうくつ
60〜65%程度
60%がまん中よ！
スーパー記憶術
売り場に群れるオバサンたち
60%
百貨店
量販店

答え ▶ 1. ○　2. ○

Q 床面積の合計が $200m^2$ のレストランにおいて、厨房の面積を $60m^2$ とした。

A レストランの厨房（キッチン）面積は、レストラン全体の約30%です。3割程は裏方となります。設問の場合は $60m^2 \div 200m^2 = 0.3 = 30\%$ で適合します（答えは○）。

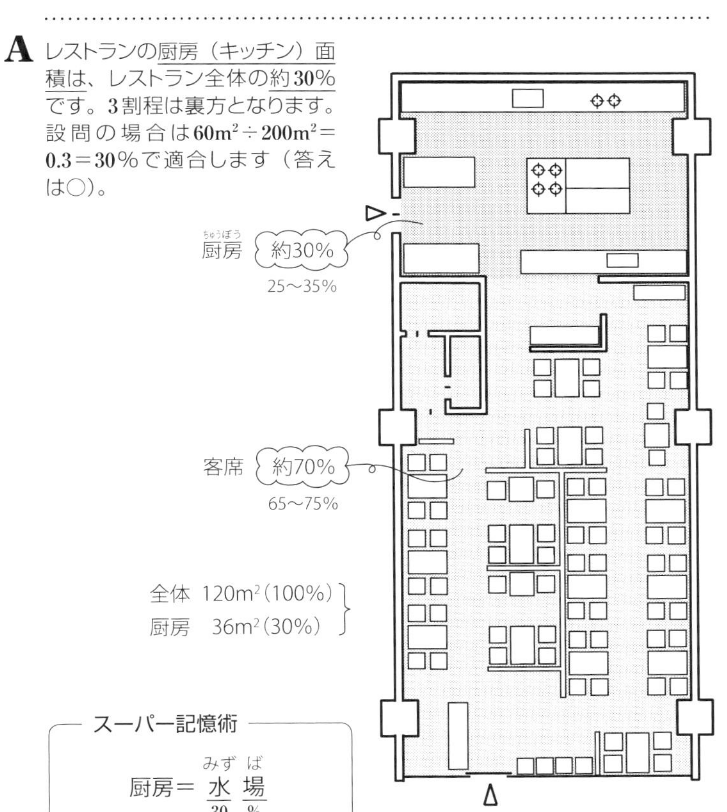
厨房
約30%
25〜35%
客席
約70%
65〜75%
全体 120m²(100%)
厨房 36m²(30%)

スーパー記憶術

厨房＝水（みず）場（ば）
30 %

答え ▶ ○

Q 床面積の合計が $100m^2$ の喫茶店において、厨房の面積を $15m^2$ とした。

A 料理をあまりしない喫茶店（カフェ）では、厨房面積は全体の15～20%程度です（答えは○）。レストランの30%に対して半分と覚えておきましょう。

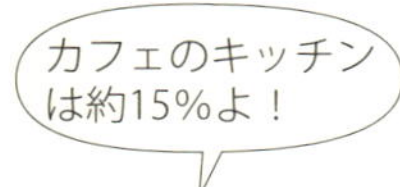
カフェのキッチンは約15%よ！

厨房 約15%
15～20%

スーパー記憶術

厨房＝水（みず）場（ば）

30 %（レストラン） ⟶ $\times\frac{1}{2}$ ＝ 15%（喫茶店）

答え ▶ ○

Q 美術館における展示室の面積は、延べ面積の30〜50%のものが多い。

A 美術館、博物館の展示室の面積は、延べ面積の30〜50%程度が多いです（答えは○）。入口ホール、廊下、休憩室などの共用部や、収蔵室にも多くの面積が必要となります。

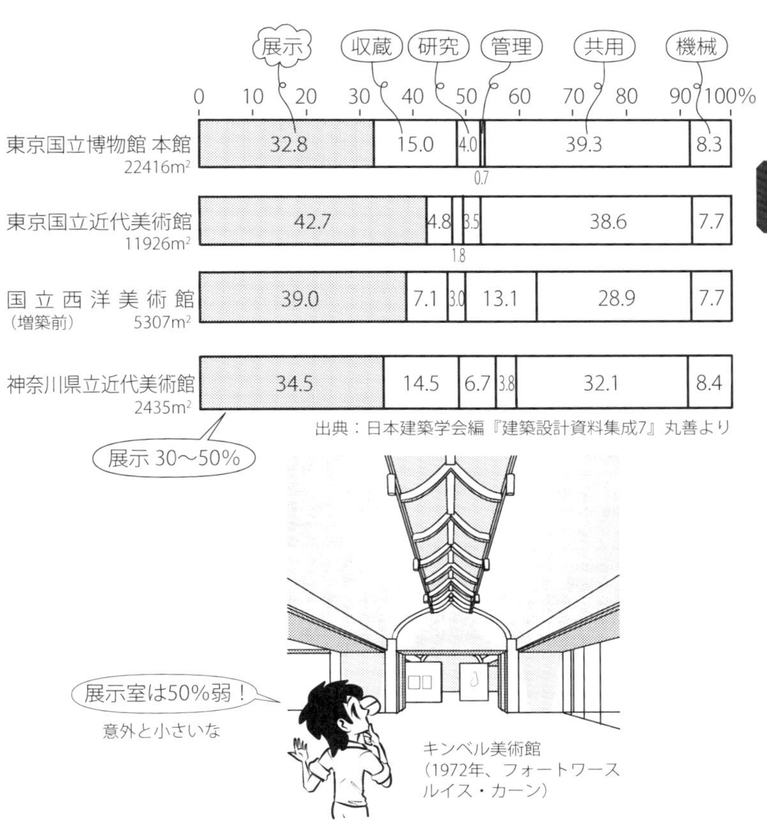
展示
収蔵
研究
管理
共用
機械
0 10 20 30 40 50 60 70 80 90 100%
東京国立博物館 本館 22416m²
32.8 15.0 4.0 0.7 39.3 8.3
東京国立近代美術館 11926m²
42.7 4.8 1.8 3.5 38.6 7.7
国立西洋美術館（増築前） 5307m²
39.0 7.1 3.0 13.1 28.9 7.7
神奈川県立近代美術館 2435m²
34.5 14.5 6.7 3.8 32.1 8.4
出典：日本建築学会編『建築設計資料集成7』丸善より
展示 30〜50%
展示室は50%弱！
意外と小さいな
キンベル美術館
（1972年、フォートワース
ルイス・カーン）

答え ▶ ○

面積比	割合	【 】内スーパー記憶術
住宅の収納スペース / 個室面積	15～20%	【⇨2⇨20%】
オフィスビルのレンタブル比（対 基準階）	75～85%	【名古屋へ出張】（名古＝75%～　出張＝オフィスビル）
オフィスビルのレンタブル比（対 延べ面積）	65～75%	
ビジネスホテルの客室面積 / 延べ面積	約75%	【名古屋へ出張】（名古＝75%　出張＝オフィスビル⇨ビジネスホテルで1泊）
シティホテルの客室面積 / 延べ面積	約50%	
百貨店の売り場面積 / 延べ面積	50～60%	【売り場に群れるオバサンたち】（群れ＝60%）
量販店の売り場面積 / 延べ面積	60～65%	【売り場に群れるオバサンたち】（群れ＝60%）
レストランの厨房面積 / レストランの面積	約30%	【厨房＝水場】（水＝30　場＝%）
喫茶店の厨房面積 / 喫茶店の面積	15～20%	【30%（水場）$\times \frac{1}{2}$】
美術館の展示室面積 / 延べ面積	30～50%	

【　】内スーパー記憶術

答え ▶ ○

Q 食寝分離とは、ふとんのホコリを避けるなどの衛生上の理由から、食事室と寝室を分けることである。

A ふとんを上げた同じ部屋で食事するのは衛生上好ましくないので、戦前に「食寝分離」が提唱されました（答えは○）。戦後の公営住宅、独立住宅でnDKの平面が出る契機となった考え方です。

和気あいあいは
いいけど
食と寝を分離
するのよ！
ホコリがイヤ
だからな
ふとんを上げたとき
のホコリが×
ちゃぶ台

食と寝室が一室

B
（寝）
B
（寝）
DK
（食）
食寝分離

旧住宅公団 2DK（40.6m²）

- 戦前、1942年に西山夘三（うぞう）が衛生上、食寝分離は最低条件と提唱。戦後に旧住宅公団がnDK型の公営住宅として発展させました。最初は風呂なしの2DK、次に左のような平面となり、以後3DK、3LDK、4LDKへと発展していきます。

参考：日本建築学会編『建築設計資料集成6 建築ー生活』丸善、1981年

答え ▶ ○

Q 就寝分離とは、居間などの共同的空間と寝室などの個人的空間とを分けることである。

A 就寝分離とは、両親と子供の寝室を分離すること、男女の子供の寝室を分離することをいいます（答えは×）。設問は公私室分離のことです。

食寝分離	…DとBを分離	⇨nLDK
就寝分離	…BとBを分離	
公私室分離	…LDとBを分離	

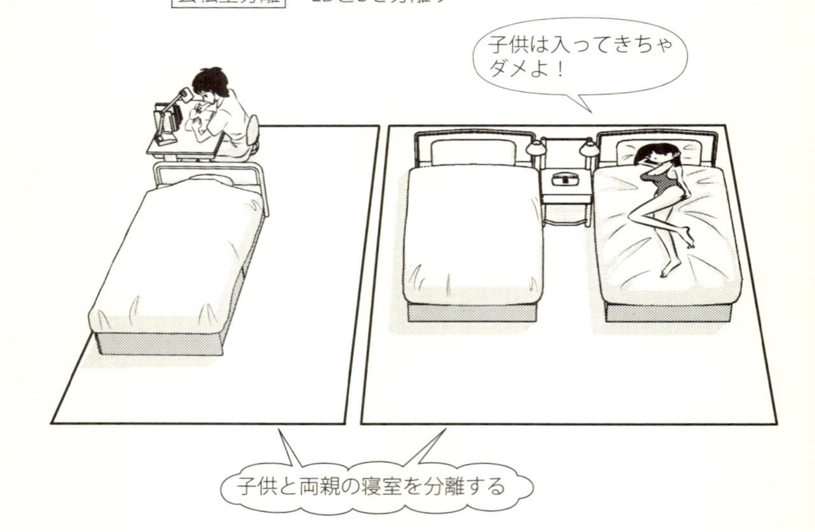
子供は入ってきちゃダメよ！
子供と両親の寝室を分離する

- nLDKの考え方に対抗するように、戦後の建築家はB、L、D、Kを一体とするような空間構成を多く試みました。中廊下、片廊下によって連結されたnLDKの単調な構成への抵抗でした。吹き抜け、スキップフロア、中庭などを多用し、風呂、トイレまでオープンにすることまでされています。

答え ▶ ×

Q 最小限住宅とは、生活に必要な最小限の要素を抽出し、これによって設計を行った住宅のことである。

A 必要最小限の要素でつくられた最小限住宅は、1950年代に建築家たちによって数多くつくられました（答えは○）。住宅公団のnDKプランに対抗するように、オープンプランが追求されました。狭さゆえにオープンにせざるをえない戦後すぐの状況のほかに、様式表現ではなく空間構成で勝負する建築デザインの状況にも合っていました。

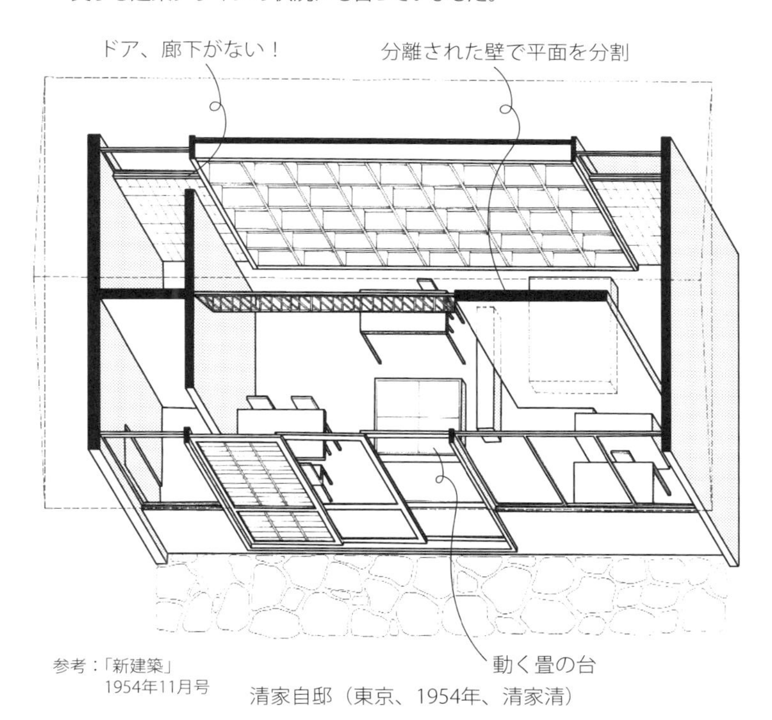
ドア、廊下がない！
分離された壁で平面を分割
動く畳の台
参考：「新建築」
1954年11月号
清家自邸（東京、1954年、清家清）

- 図の清家自邸は、箱型に閉じていない独立して立つ壁をたくみに構成し、平面を分割するとともに、*XY*方向に構造壁を確保しています。廊下、ドアのないワンルーム、オープンプランの優れた実例です。日本のオープンプランについては、拙著『20世紀の住宅』（鹿島出版会、1994年）に詳述してありますので、ぜひ参照して下さい。

答え ▶ ○

吹き抜けをつくることで、最小限の床面積でも広がりを感じさせることができます。吹き抜けをもつ最小限住宅に、優れた作品が多く見られます。

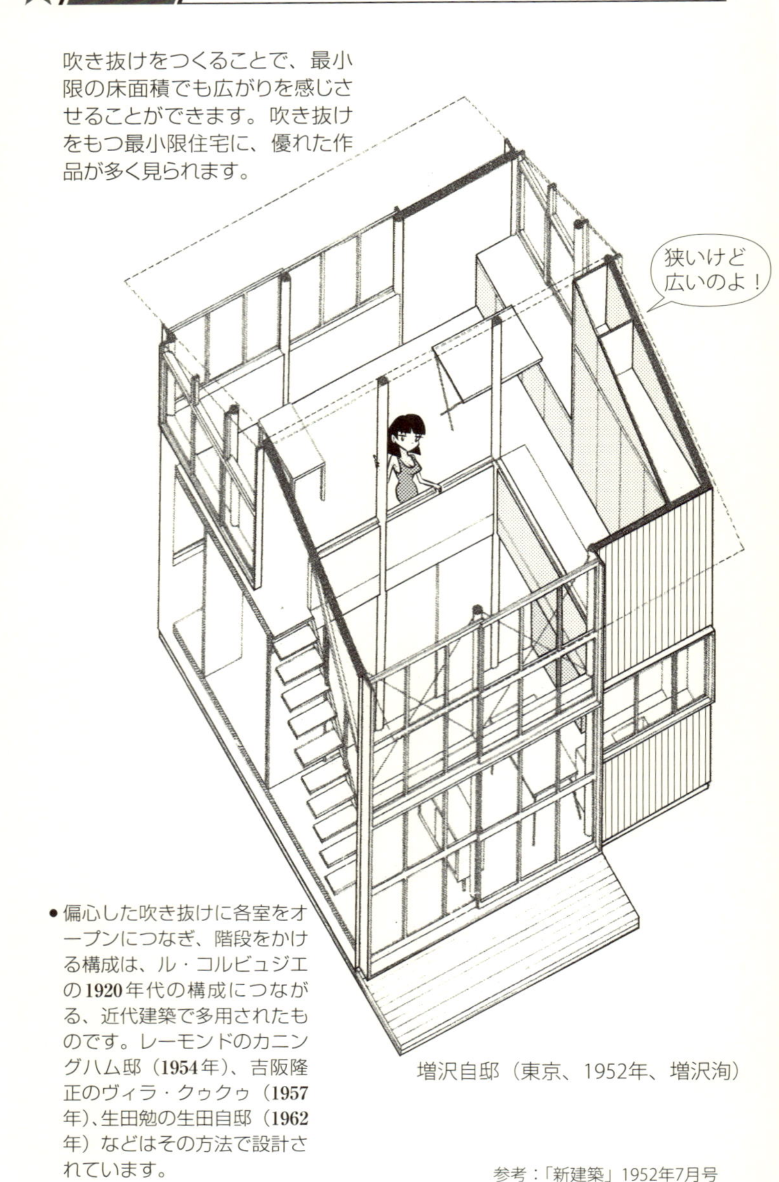
狭いけど
広いのよ！

増沢自邸（東京、1952年、増沢洵）

- 偏心した吹き抜けに各室をオープンにつなぎ、階段をかける構成は、ル・コルビュジエの1920年代の構成につながる、近代建築で多用されたものです。レーモンドのカニングハム邸（1954年）、吉阪隆正のヴィラ・クゥクゥ（1957年）、生田勉の生田自邸（1962年）などはその方法で設計されています。

参考：「新建築」1952年7月号

吹き抜けを使った最小限住宅に、ル・コルビュジエによる職人のための住宅計画案（1924年）があります。正方形を45°にカットして、一方を吹き抜けとした明解な構成で、印象に残ります。

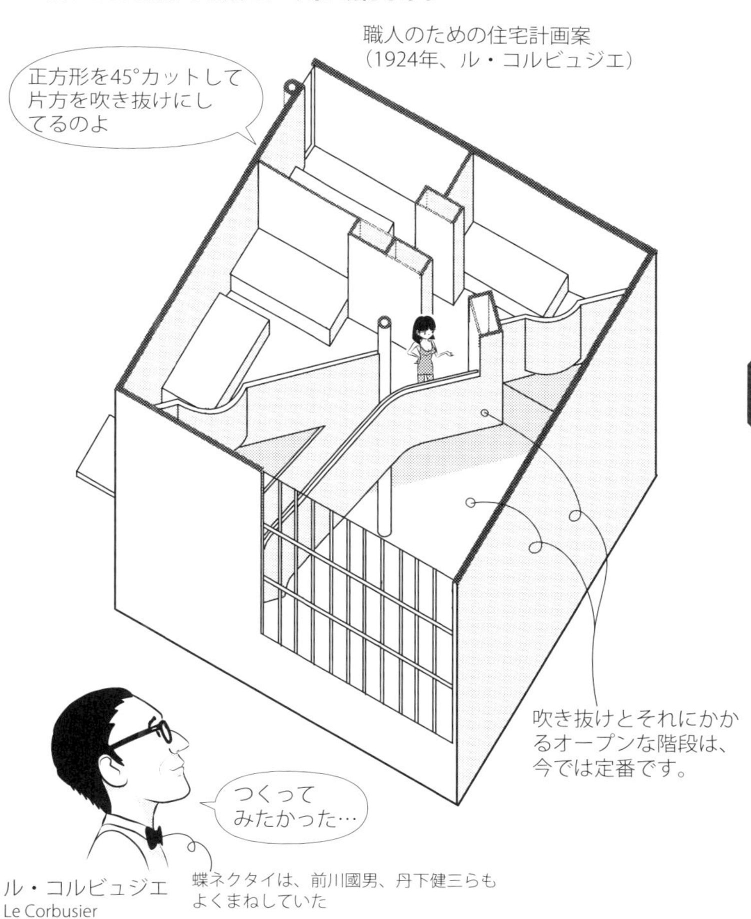
職人のための住宅計画案
（1924年、ル・コルビュジエ）
正方形を45°カットして片方を吹き抜けにしてるのよ
吹き抜けとそれにかかるオープンな階段は、今では定番です。
つくってみたかった…
蝶ネクタイは、前川國男、丹下健三らもよくまねしていた
ル・コルビュジエ
Le Corbusier
（これはペンネーム）

参考：W.Boesiger編 "Le Corbusier" Artemis,1964

Q 住宅において、設備コアによるコアプランは、外周部に居室部分を計画することができる。

A コア（core）とは芯、核のことで、建築ではトイレ、浴室などの閉鎖的空間を1カ所に集約する設備コアや、構造的強度を集約する構造コアがあります。住宅では設備コアの周囲に居室を配することがあり、そのやり方を極端なまでに実現したのがミースによるファンズワース邸です（答えは○）。

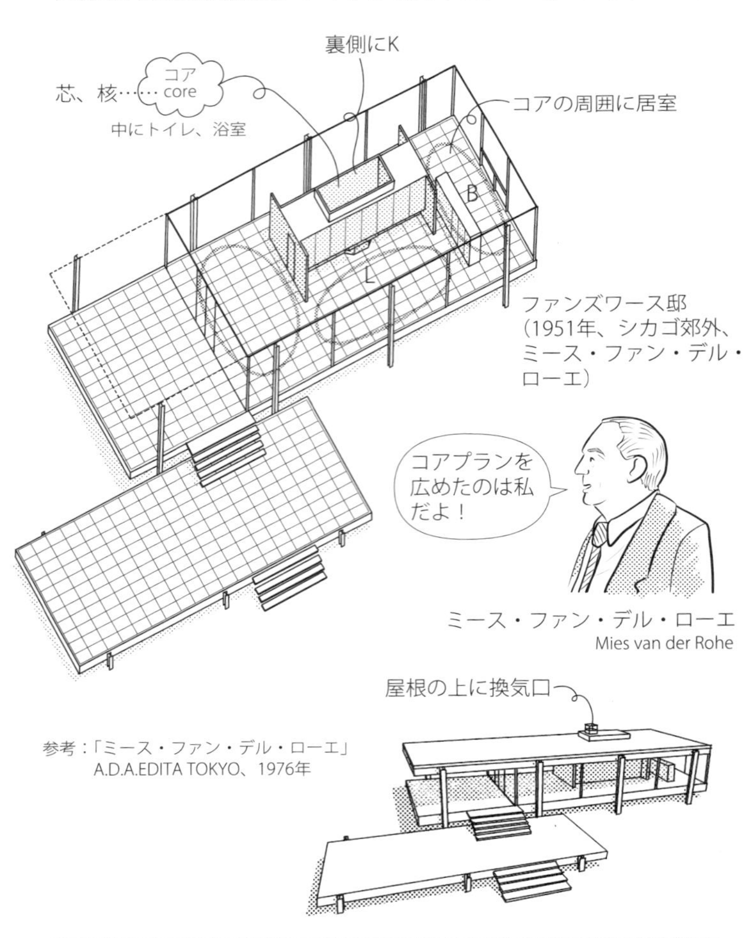
裏側にK
芯、核……コア core
中にトイレ、浴室
コアの周囲に居室
B
L
ファンズワース邸（1951年、シカゴ郊外、ミース・ファン・デル・ローエ）
コアプランを広めたのは私だよ！
ミース・ファン・デル・ローエ
Mies van der Rohe
屋根の上に換気口

参考：「ミース・ファン・デル・ローエ」A.D.A.EDITA TOKYO、1976年

答え ▶ ○

池辺陽（きよし）によるNo.20は、T 字型平面の中央にコアを置いています。切妻屋根を高さを変えて架けて、コアへの窓をつくっています。増沢洵によるコアのあるH氏邸（1953年）、丹下健三による丹下自邸（1953年）、林雅子による林自邸（1955年）などもコアプランの実作です。

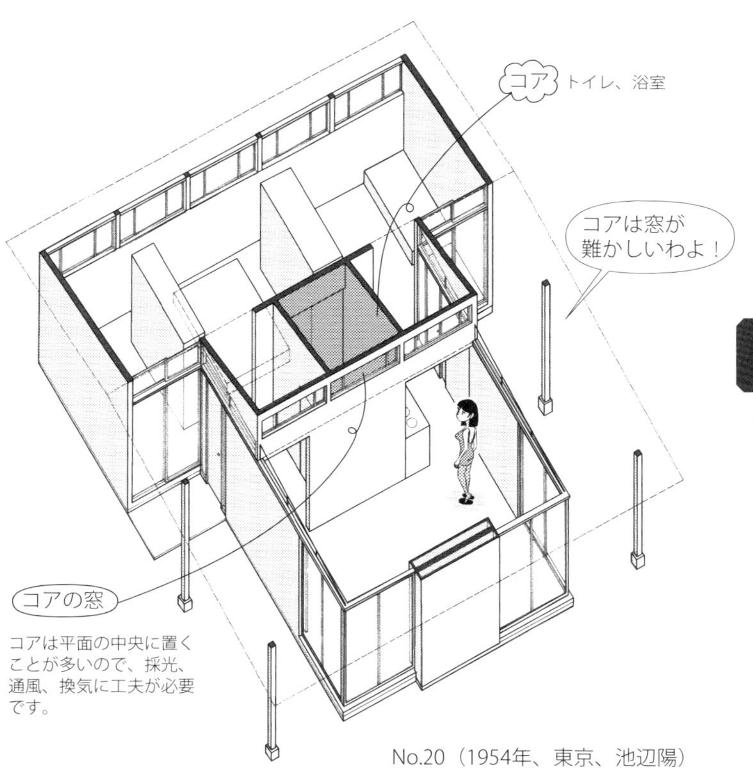
コア トイレ、浴室
コアは窓が
難かしいわよ！
コアの窓
コアは平面の中央に置くことが多いので、採光、通風、換気に工夫が必要です。

No.20（1954年、東京、池辺陽）

参考：「新建築」1954年11月号

Q コートハウスとは、建築物や塀で囲まれた中庭をもつ形式の住宅のことである。

A コート（court）とは中庭のことで、コートハウスは中庭を取り込んだ家です（答えは○）。ミースは1930年代に多くのコートハウス計画をつくりましたが、近現代のコートハウスに最も影響を与えたのは、ル・コルビュジエによるサヴォア邸（1931年）だと思われます。全体の輪郭の一部をくり抜いて中庭（テラス）として、居室や壁で囲い、大ガラス面で居間と中庭を連続させる手法は、いまだに多くの住宅で使われています。

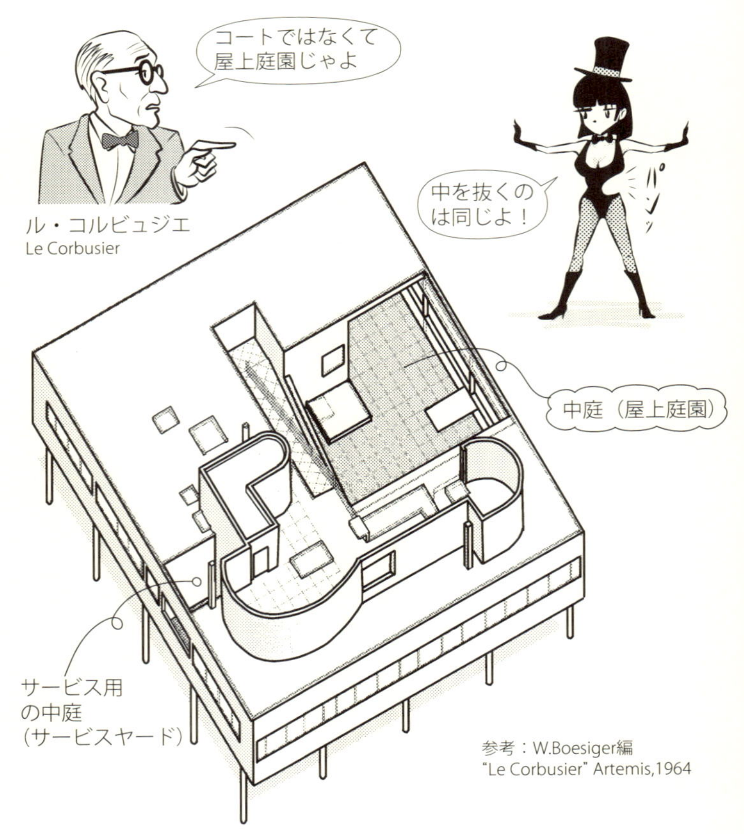
コートではなくて
屋上庭園じゃよ
ル・コルビュジエ
Le Corbusier
中を抜くの
は同じよ！
パン
中庭（屋上庭園）
サービス用
の中庭
（サービスヤード）
参考：W.Boesiger編
"Le Corbusier" Artemis,1964

サヴォア邸（1931年、パリ郊外ポワシー、ル・コルビュジエ）

答え ▶ ○

1960年代に、日本では多くのコートハウスがつくられました。西沢文隆による正面のない家（1960年）は、等ピッチに並べられた梁のグリッドに合わせて、中庭がくり抜かれています。周囲の壁は、塀というよりも建築と一体となった壁にされています。

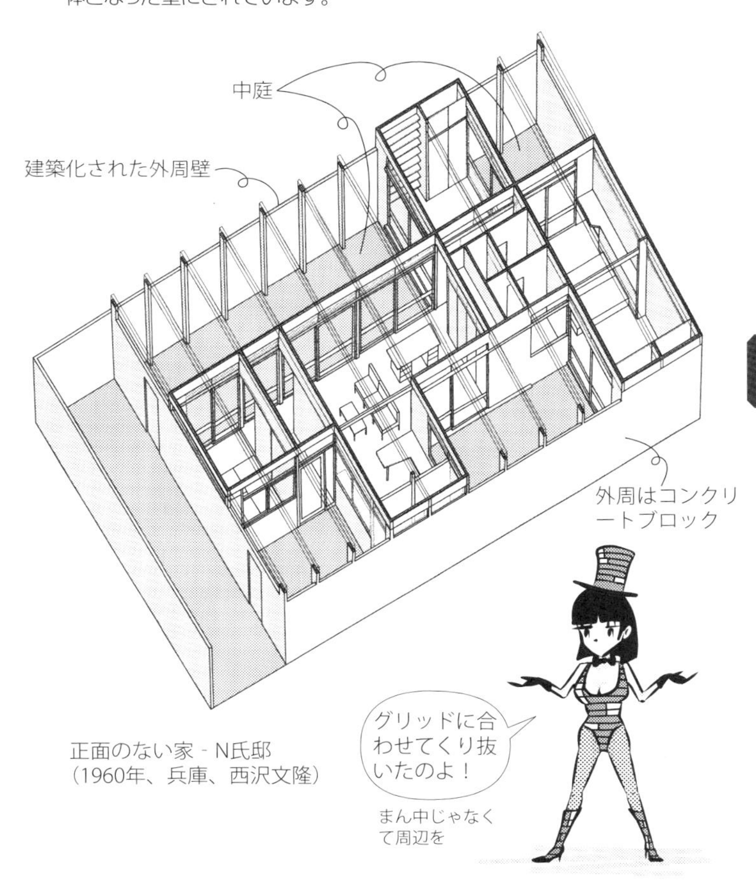
中庭
建築化された外周壁
外周はコンクリートブロック
グリッドに合わせてくり抜いたのよ！
まん中じゃなくて周辺を

正面のない家 - N氏邸
（1960年、兵庫、西沢文隆）

参考：「新建築」1961年1月号

Q 1. 住宅におけるユーティリティは、家事を能率的に行うために設ける。
2. ユーティリティとの動線を考慮して、サービスヤードを配置した。

A ユーティリティは調理以外の洗濯、アイロン、帳簿づけなどの家事を行う部屋で、物干しなどをするサービスヤードやキッチンとつながっていると便利です（1、2は○）。

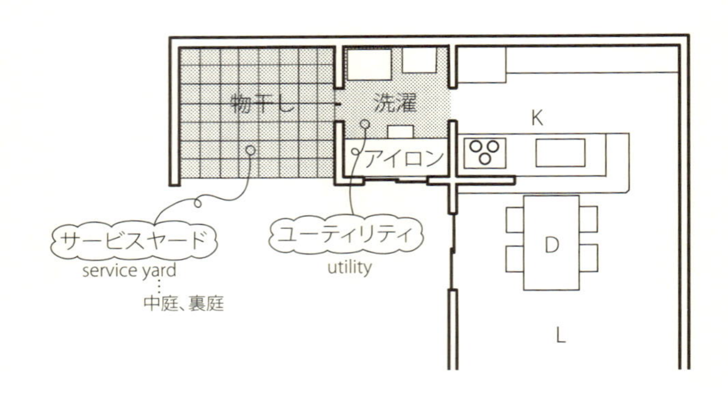
物干し
洗濯
K
アイロン
D
L
サービスヤード
service yard
中庭、裏庭
ユーティリティ
utility

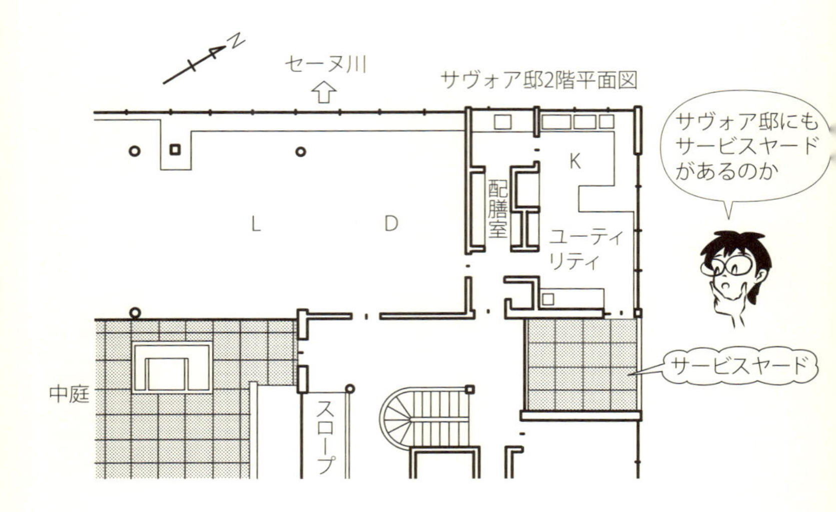
N
セーヌ川
サヴォア邸2階平面図
サヴォア邸にもサービスヤードがあるのか
K
配膳室
L
D
ユーティリティ
中庭
スロープ
サービスヤード

答え ▶ 1. ○ 2. ○

Q 住宅の計画において、地階の居室に採光と通風を得るために、ドライエリアを設け、それに面して開口部を設置した。

A 住宅における地階の居室には、採光、通風のために、ドライエリア（光庭、空堀）が必要です（答えは○）。建築基準法では一定の条件を満たせば、延べ面積に算入しなくてよい緩和規定があります。地下は2重壁にして水や湿気を室内に入れない、入ってきたら追い出す工夫が必要です。筆者が以前設計したRC造の住宅で地下に仕事部屋をつくった際、壁を2重にして換気扇を付けましたが、どうしても湿気がこもって、カビくさくなり、苦労しました。ただし、冬暖かく夏涼しい、外界の音が聞こえなくて静か、そして何といっても床面積の緩和があるというメリットは大きかったです。

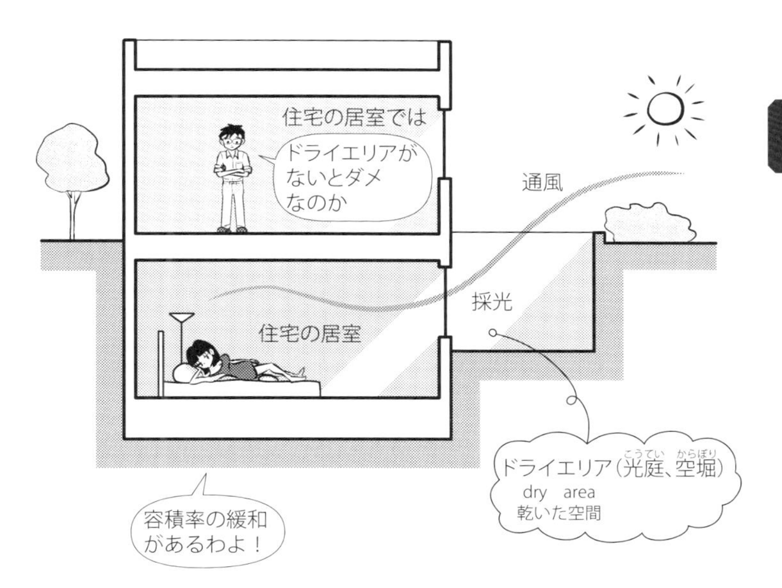

住宅の居室では
ドライエリアがないとダメなのか
通風
採光
住宅の居室
ドライエリア（光庭、空堀）
こうてい からぼり
dry area
乾いた空間
容積率の緩和があるわよ！

● 地階は床面積の合計の1/3を限度として、延べ面積に算入しなくても可です。くわしくは拙著『ゼロからはじめる建築の［法規］入門』か『建築法規スーパー解読術』（彰国社）を参照して下さい。

答え ▶ ○

Q ウォークインクローゼットとは、人が出入りすることができる、衣類などの大型の収納空間である。

A ウォークインクローゼットは、文字通り歩いて入れるクローゼット（衣類庫）です（答えは○）。狭い日本の住宅ではつくるのに苦労します。下図のブロイヤー邸（1851年）は、優れた実例です。

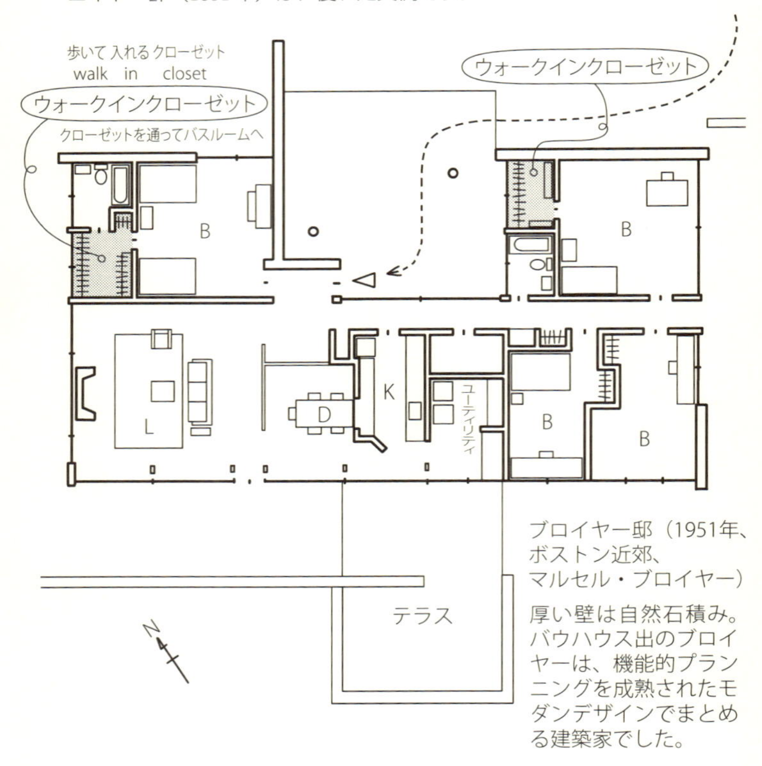
歩いて 入れる クローゼット
walk in closet
ウォークインクローゼット
クローゼットを通ってバスルームへ
ウォークインクローゼット
B
B
K
D
L
ユーティリティ
B
B
テラス
N

ブロイヤー邸（1951年、ボストン近郊、マルセル・ブロイヤー）

厚い壁は自然石積み。バウハウス出のブロイヤーは、機能的プランニングを成熟されたモダンデザインでまとめる建築家でした。

参考：日本建築学会編『コンパクト建築設計資料集成〈住居〉』丸善、1993年

答え ▶ ○

Q 調理をしながら家族や来客と会話しやすいように、台所の形式をアイランド型とした。

A 島状、アイランド（island）状にキッチンを壁から離してレイアウトするのが、アイランドキッチンです。調理、食事をみなで楽しむという発想です（答えは○）。

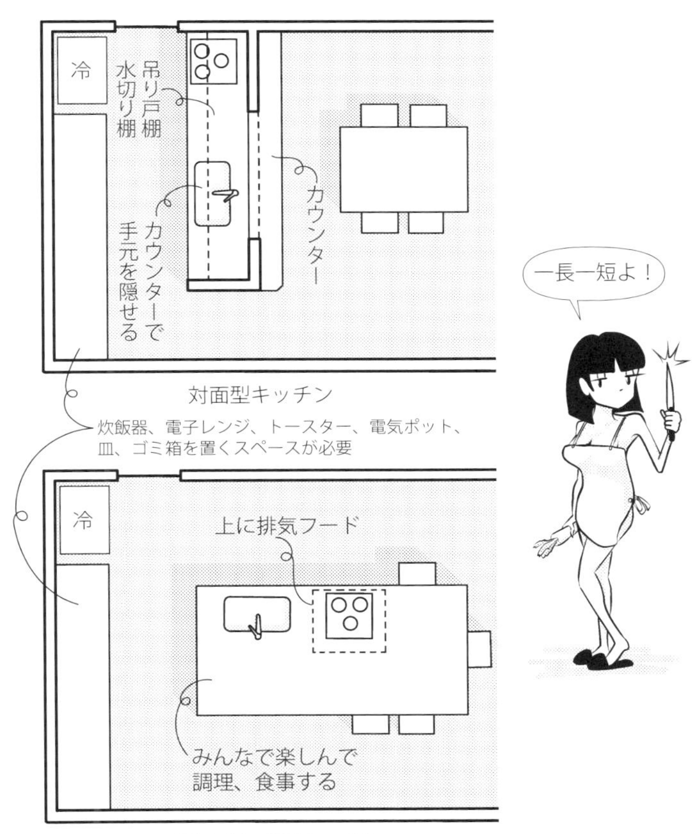
冷
吊り戸棚
水切り棚
カウンター
カウンターで手元を隠せる
対面型キッチン
炊飯器、電子レンジ、トースター、電気ポット、皿、ゴミ箱を置くスペースが必要
冷
上に排気フード
みんなで楽しんで調理、食事する
アイランド型キッチン
一長一短よ！

- 水場を完全にオープンにすると、洗い物をそのままにできず、いつもきれいにしなければならないと不評のケースもあります。

答え ▶ ○

東孝光による粟辻邸（1972年）では、キッチンの水場とテーブルが一体とされ、アイランド状に置かれています。作業する場合の高さ（約85cm）とテーブルの高さ（約70cm）の落差を、カウンターを斜めにすることで解消しています。現在ではカウンター用の高めのいすを使うことで、高さをそろえるのが一般的です。

粟辻邸（1972年、東孝光）
参考：「新建築」1972年2月号

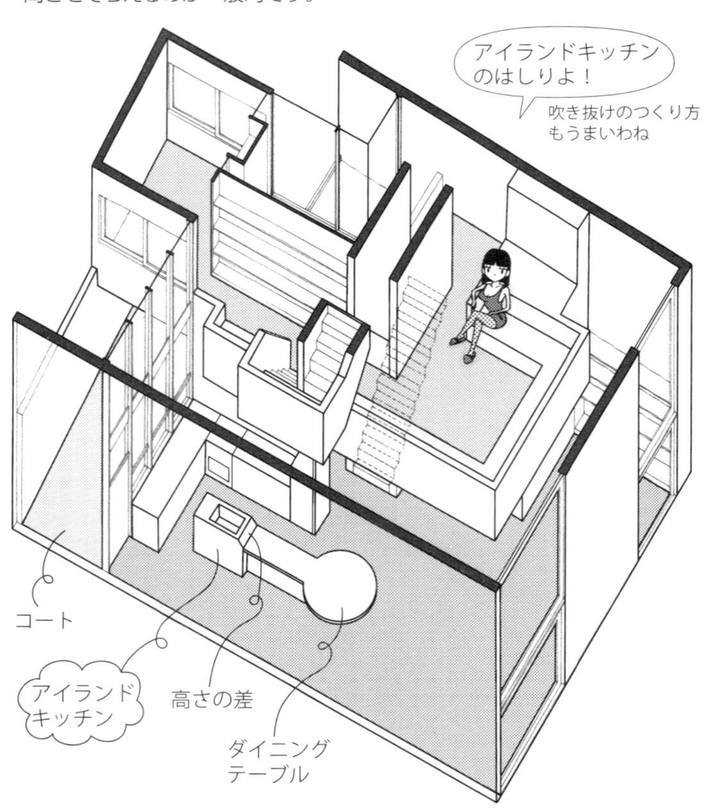
アイランドキッチンのはしりよ！
吹き抜けのつくり方もうまいわね
コート
アイランドキッチン
高さの差
ダイニングテーブル

- 筆者は東孝光氏のお嬢さんと大学院が一緒だったので、東氏の多くの住宅作品を見させていただきました。粟辻邸などの初期作品群の、吹き抜けやコートのチャールズ・ムーアを思わせる構成は、秀逸でした。

Q モデュラーコーディネーションは、モデュロールの寸法を基本として寸法体系を定めることである。

A モデュールは基準寸法、モデュラーコーディネーションは基準寸法に各部寸法を調整して合わせること。木造で**910mm**グリッド（格子）で柱や壁を立てますが、その場合は**910mm**がモデュールとなります。モデュロールはル・コルビュジエのつくった寸法体系のことです（答えは×）。

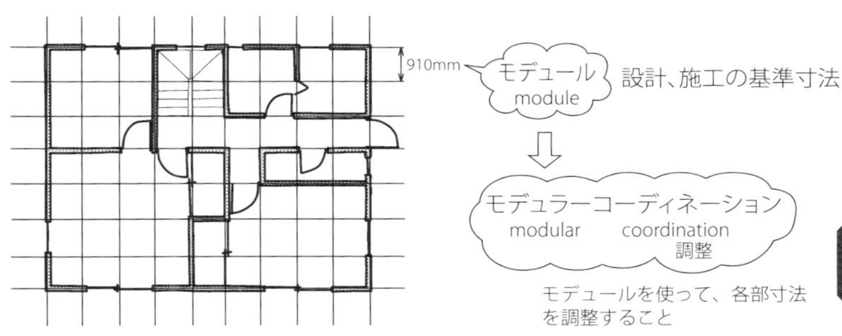

910mm
モデュール
module
設計、施工の基準寸法
モデュラーコーディネーション
modular coordination
調整
モデュールを使って、各部寸法を調整すること

木造の3尺モデュールについては、拙著『ゼロからはじめる［木造建築］入門』を参照してください。

432
698
1130
1829
1397
1139
883
698
634
492
330
267
204
165
102
863
534
330
204
126
モデュロール
Modulor
ル・コルビュジエが、人体寸法と黄金分割から導いた寸法体系。モデュロールはmodule とsection d'or（黄金分割）からコルビュジエがつくった造語。
モデュロールは私のつくった寸法体系だ！
ル・コルビュジエ
Le Corbusier

答え ▶ ×

モデュールは正方形グリッドで組まれるのが一般的ですが、大小大小というダブルグリッドはフランク・ロイド・ライトの前期、ルイス・カーンらの作品によく見られます。また3角形、6角形、平行4辺形グリッドも使われます。ここではライトのハナ邸（1936年）を、6角形グリッド（ハニカムグリッド）の例として挙げます。

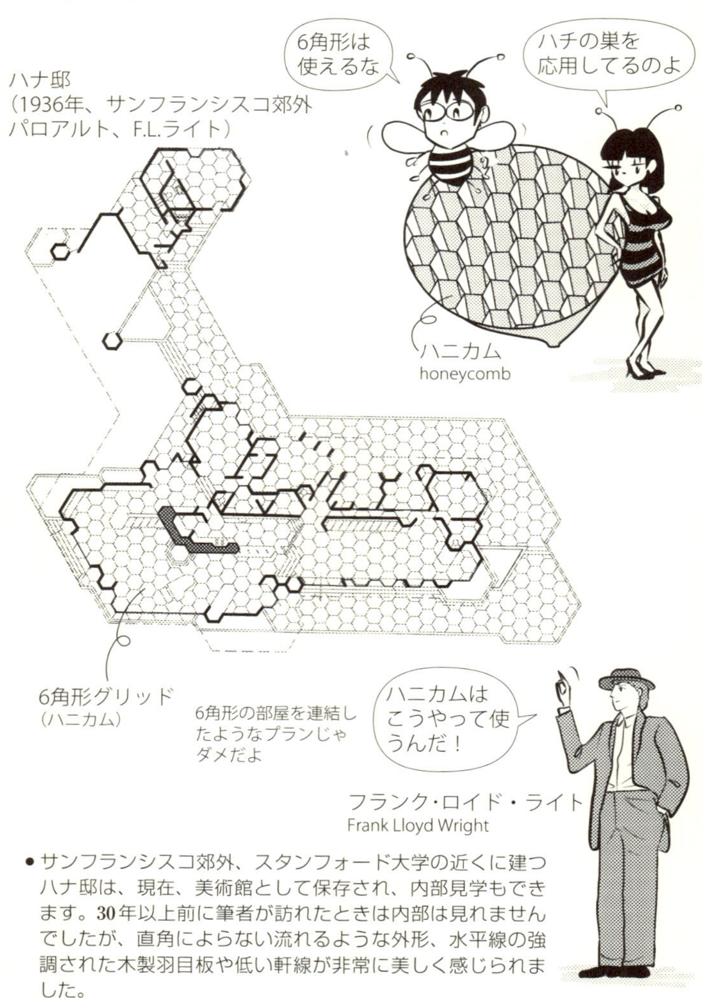
6角形は使えるな
ハチの巣を応用してるのよ
ハナ邸
（1936年、サンフランシスコ郊外パロアルト、F.L.ライト）
ハニカム
honeycomb
6角形グリッド
（ハニカム）
6角形の部屋を連結したようなプランじゃダメだよ
ハニカムはこうやって使うんだ！
フランク・ロイド・ライト
Frank Lloyd Wright

- サンフランシスコ郊外、スタンフォード大学の近くに建つハナ邸は、現在、美術館として保存され、内部見学もできます。30年以上前に筆者が訪れたときは内部は見れませんでしたが、直角によらない流れるような外形、水平線の強調された木製羽目板や低い軒線が非常に美しく感じられました。

Q テラスハウスは、各住戸がそれぞれ土地に接し、専用庭をもっている。

A 棟を縦に割った棟割長屋を、テラスハウスと呼びます。各戸は専用庭やテラスをもちます（答えは○）。建築基準法上は長屋となります。ちなみにアパート、マンションなどの各住戸がひとつの階にあるフラット（flat）は、基準法上は共同住宅です。

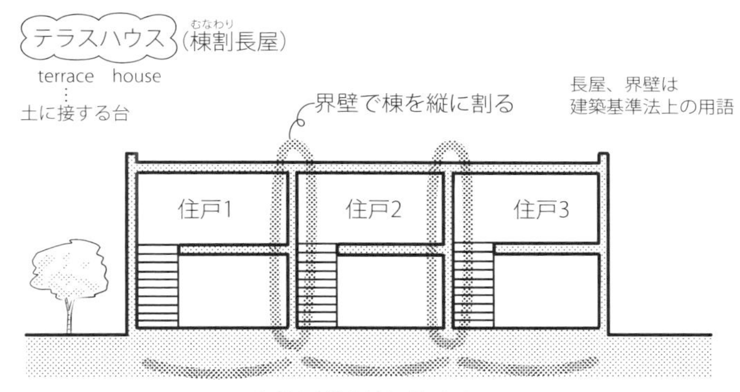
テラスハウス（棟割長屋）
むなわり
terrace house
土に接する台
界壁で棟を縦に割る
長屋、界壁は
建築基準法上の用語
住戸1
住戸2
住戸3
各住戸が土地に接する

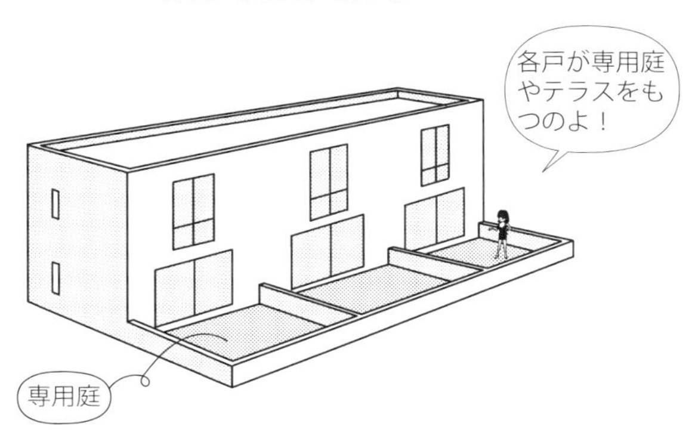
各戸が専用庭
やテラスをも
つのよ！
専用庭

● ラテン語でterraは大地という意味で、テラスは土に接する台です。

答え ▶ ○

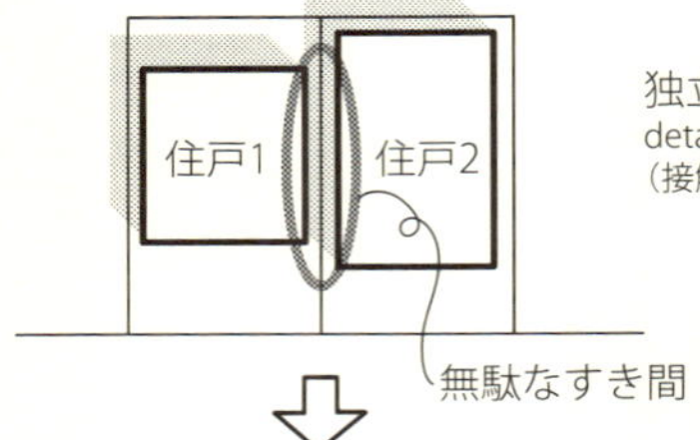
住戸1
住戸2
無駄なすき間

独立住宅
detached house
（接触（touch）しない（de）住宅）

小さな独立住宅を並べると、無駄なスペースができるのよ

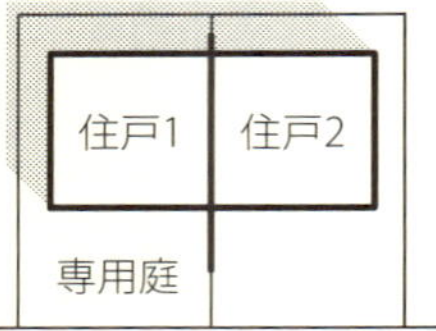
住戸1
住戸2
専用庭

2戸建て住宅
テラスハウスの一種
semi-detached house
（半独立住宅）
19世紀以降のイギリス郊外で、数多く建てられている。

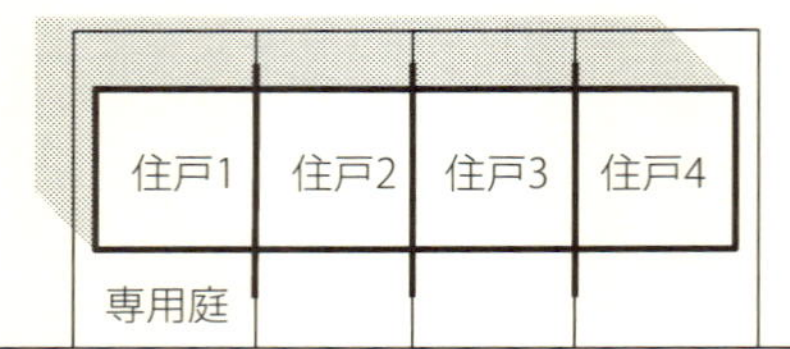
住戸1
住戸2
住戸3
住戸4
専用庭

テラスハウス
terrace house
棟割長屋

row house
（連続（row）住宅）

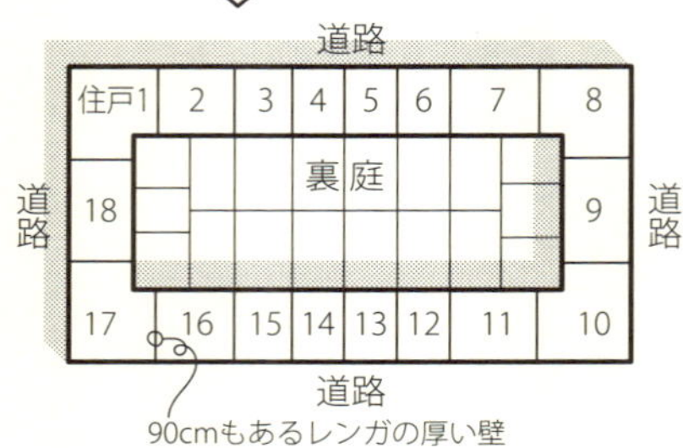
道路
住戸1 2 3 4 5 6 7 8
裏庭
道路
18
9
道路
17 16 15 14 13 12 11 10
道路
90cmもあるレンガの厚い壁
床や屋根は木造

街区をテラスハウスで構成

- テラスハウスは**17**世紀後半にイギリスで誕生。**18**世紀から**19**世紀、産業革命で人口が都市部に集中した時期、ロンドンを中心に数多く建てられました。カントリーハウスに対してタウンハウス（町屋）とも呼ばれますが、タウンハウスは現在では共用庭をもつ連続住宅（**R105**参照）に使われます。

18、19世紀ロンドンで多く建てられたテラスハウスは、戸建て住宅のような独立性を確保しながら密集させた集合住宅です。半地下を厨房や召使いの部屋として、掘った土は道路に盛りました。ドライエリア（空堀）を介して、歩道の下に暖房用の石炭を置く石炭庫を設けています。歩道のマンホールを開けて、石炭を上から落とし込める仕組みでした。歩道からは階段状のブリッジで玄関に入ります。居間と歩道はドライエリア分だけ離れ、プライバシー維持と防犯に役立っています。

戸建ての独立性を求めた集合住宅よ！
row house（連続住宅）
town house（町屋）
屋根裏
寝室
寝室
寝室
寝室
寝室
応接間
食堂
居間
台所
召使いの部屋
裏庭
GL
ドライエリア
石炭庫
道路
歩道
石炭を入れるマンホール
掘った土を道路に盛る

ロンドンの代表的なテラスハウス（18、19世紀）

テラスハウスは、プライバシーや通風、接地性などで、戸建て住宅に近い居住性を実現していました。しかし19世紀に工業労働者向けに地方の工業地域に建てられたテラスハウスは、住戸どうしを背中合わせにし、ドライエリアや裏庭がない、劣悪な環境でした。

通風
プライバシー
食堂
居間
接地性
裏庭
台所
召使室
ドライエリア
石炭庫
いやな環境よ
19世紀のイギリス工業労働者住宅
背中合わせ♪
屋根裏
屋根裏
寝室
寝室
裏庭の消失
ドライエリアの消失
居間、食堂
居間、食堂
道路
道路
台所
台所
住戸1
住戸2
バックトゥバックハウス
(back to back 背中合わせ)

Q 1. タウンハウスは、接地型の連続住宅のうち、共用庭（コモンスペース）を中心に各住戸を配置したものである。

2. コモンアクセスは、居住者が共用庭を通って各住戸に入ることにより、居住者どうしの交流を促しやすい。

A 接地型の連続住宅のうちで、共用庭のあるものをタウンハウスといいます（1は○）。共用庭を介して各住戸に入る形式をコモンアクセスといい、居住者どうしの交流を促す効果が期待されます（2は○）。

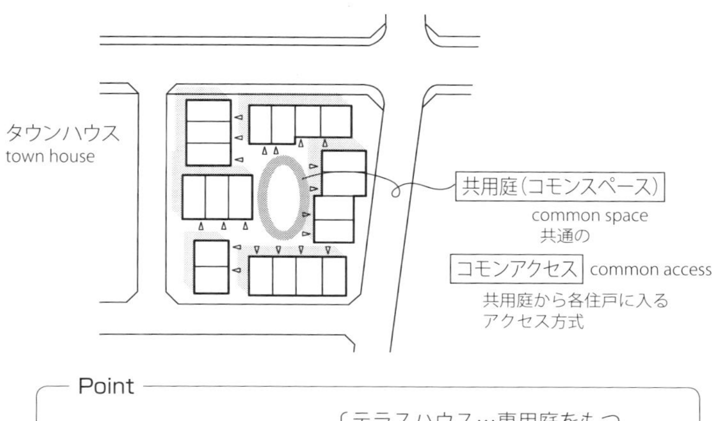
タウンハウス
town house
共用庭（コモンスペース）
common space
共通の
コモンアクセス
common access
共用庭から各住戸に入る
アクセス方式

Point

接地型の連続住宅（長屋）
- テラスハウス…専用庭をもつ
- タウンハウス…共用庭をもつ

- タウンハウスは直訳すると町の家で、貴族が農地経営するためのカントリーハウスの対となる名称でした。現在でもテラスハウスやアパートをタウンハウスと呼ぶこともあります。日本の建築計画では、上記のようにテラスハウスとタウンハウスを区別しています。1、2階を別住戸とし、外階段から直接各住戸に入る形式（重層長屋）も、広義にはテラスハウス、タウンハウスに入れることがあります。

答え ▶ 1. ○　2. ○

Q 町屋とは、奥行きの長い敷地に入口から奥に通じる通り庭に面して各室が配置された、伝統的な住宅形式のことである。

A 京都、大阪などに多く見られる江戸時代の町屋は、間口が短く奥行きが長い敷地割りに対して、奥へとつながる細長い土間=通り庭に面して部屋を配することで敷地の悪条件を解決しています（答えは○）。隣と壁一枚で接する町屋は、連続住宅の一種でもあります。

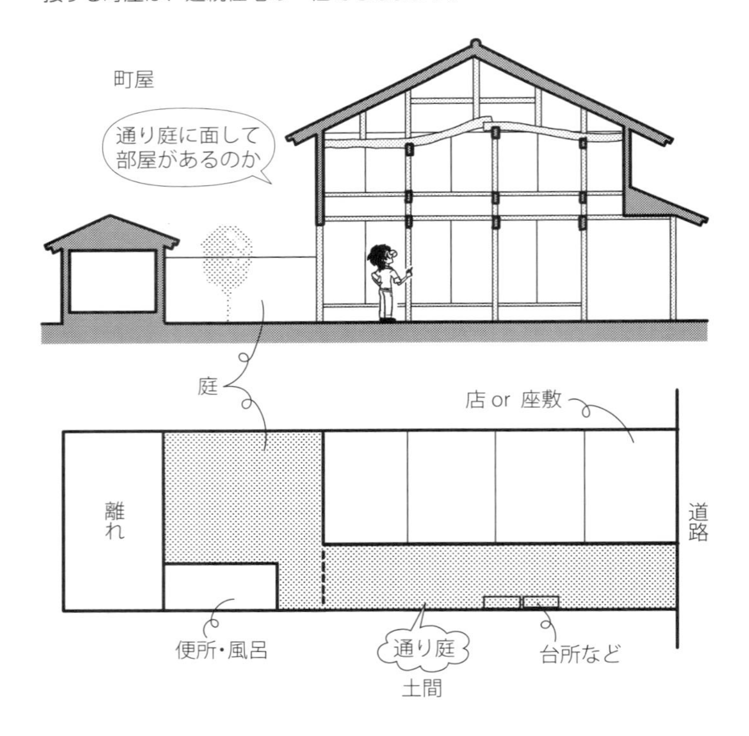
町屋
通り庭に面して部屋があるのか
庭
店 or 座敷
離れ
道路
便所・風呂
通り庭
土間
台所など

- 法令上、町屋とテラスハウスは「長屋」となります。町屋を直訳するとタウンハウスですが、建築計画でタウンハウスというと、コモンスペースをもつ連続住宅を指します（R105参照）。

答え ▶ ○

Q 共同住宅は、テラスハウス、タウンハウスに比べて土地に対する密度は高められるが、最下階を除いて非接地型住宅となる。

A 一般にアパート、マンションと呼ばれるような、住戸を積み重ねたタイプは、共同住宅といいます。連続住宅（長屋）のような接地性や独立性は望めず、上階の音の問題もあります（答えは○）。

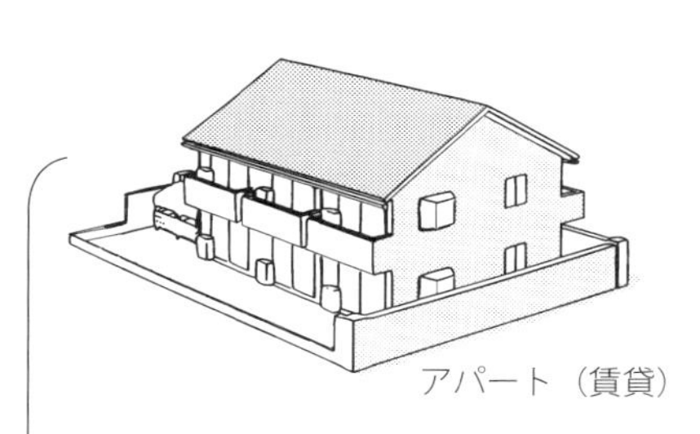
アパート（賃貸）

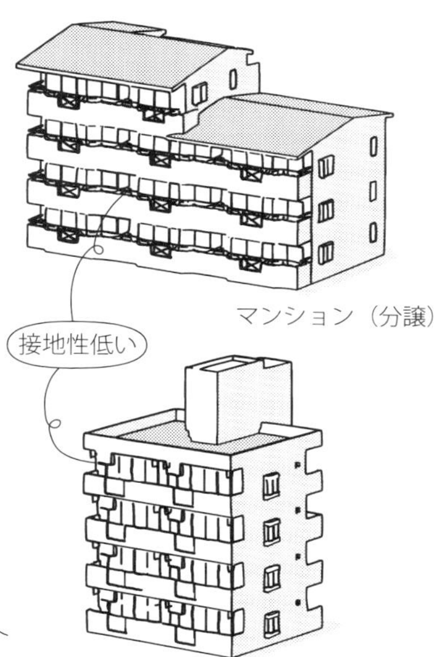
共同住宅
接地性低い
マンション（分譲）

ガタ
バタバタ
上に他人が住むのは…
音の問題

マンション（賃貸）

答え ▶ ○

Q 片廊下型の共同住宅は、各住戸の居住性は均質になるが、共用廊下側に居室を設けた場合、その居室のプライバシーを確保しにくい。

A 多くの共用住宅は、北側に外廊下を付けた片廊下型です。北側居室の窓は片廊下側に付き、採光、換気、通風をとります。そのためプライバシー確保が難しくなります（答えは○）。

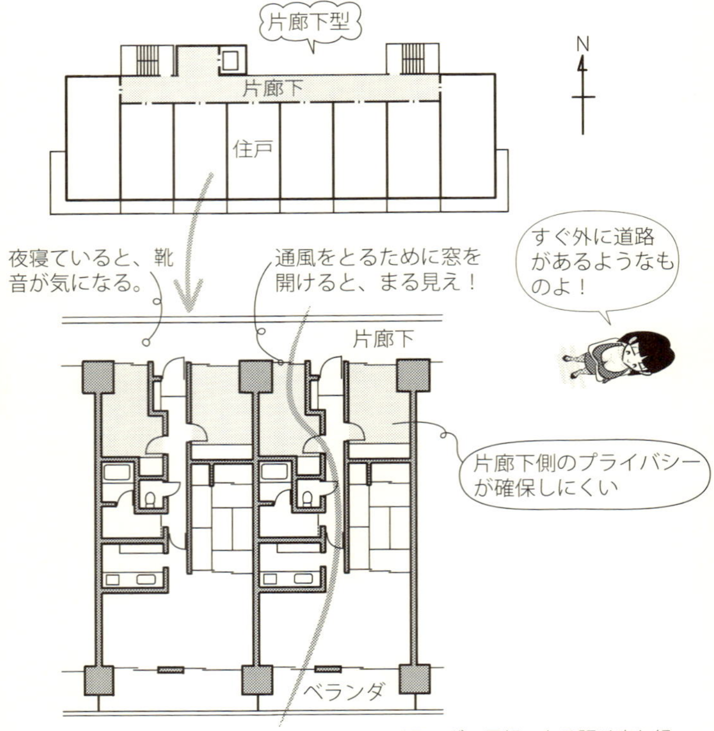
片廊下型
N
片廊下
住戸
夜寝ていると、靴音が気になる。
通風をとるために窓を開けると、まる見え！
すぐ外に道路があるようなものよ！
片廊下
片廊下側のプライバシーが確保しにくい
ベランダ

ベランダ：屋根のある張り出し縁
バルコニー：屋根のない張り出し縁
ルーフバルコニー（ルーフテラス）：屋根の上をバルコニーとした縁台
テラス：地面の上に置かれた縁台

ベランダ、バルコニーは混用されています。

答え▶ ○

Q 集合住宅において、共用通路の通行の妨げとならないように、各住戸の玄関前にアルコーブを設けた。

A 共用廊下からすぐに住戸に入る玄関では、住戸と共用部が隣接して近すぎる、外開きのドアが通行のじゃまになるなどの欠点があります。壁を少しへこましたアルコーブをつくることにより、住戸への距離感をつくると同時に、ドアがじゃまにならなくなります（答えは○）。

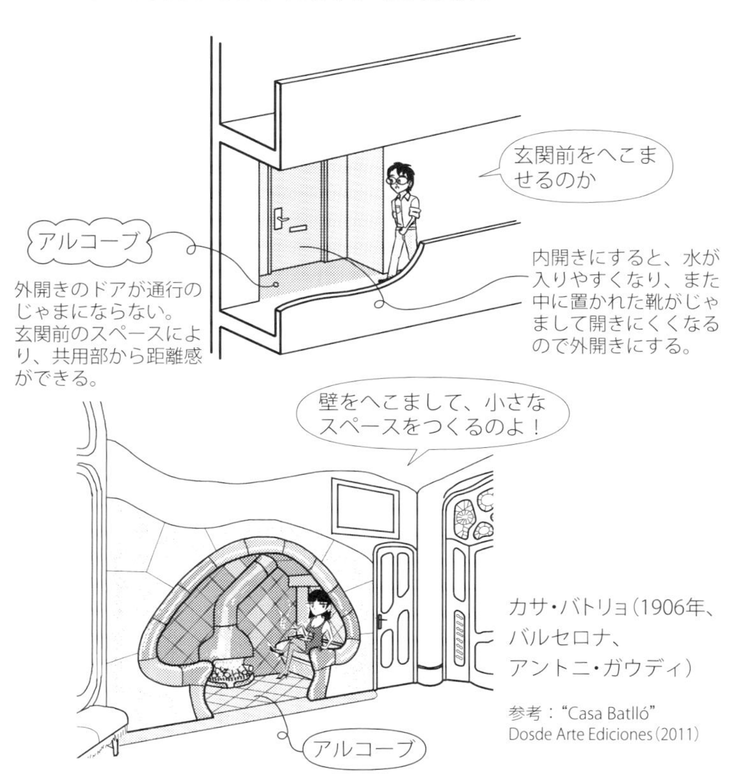
玄関前をへこませるのか
アルコーブ
外開きのドアが通行のじゃまにならない。玄関前のスペースにより、共用部から距離感ができる。
内開きにすると、水が入りやすくなり、また中に置かれた靴がじゃまして開きにくくなるので外開きにする。
壁をへこまして、小さなスペースをつくるのよ！
アルコーブ

カサ・バトリョ（1906年、バルセロナ、アントニ・ガウディ）

参考："Casa Batlló" Dosde Arte Ediciones (2011)

- アルコーブ（alcove）は、元は壁面のアーチ状、ヴォールト状、ドーム状のへこみを意味していました。現在では壁をへこました小さなスペースの総称です。

答え ▶ ○

Q リビングアクセス型の共同住宅は、一般に、各住戸の表情を積極的に表に出すことを意図して、共用廊下側に居間や食堂を配置する。

A 北側片廊下だと、どうしても玄関が裏口のようなイメージとなります。南側、LD側から入るリビングアクセス型は、生活の雰囲気が共用廊下側に表出します。プライバシー確保のため、共用廊下より床レベルを高くしたり、間に吹き抜けを配置したりといった工夫をします（答えは○）。

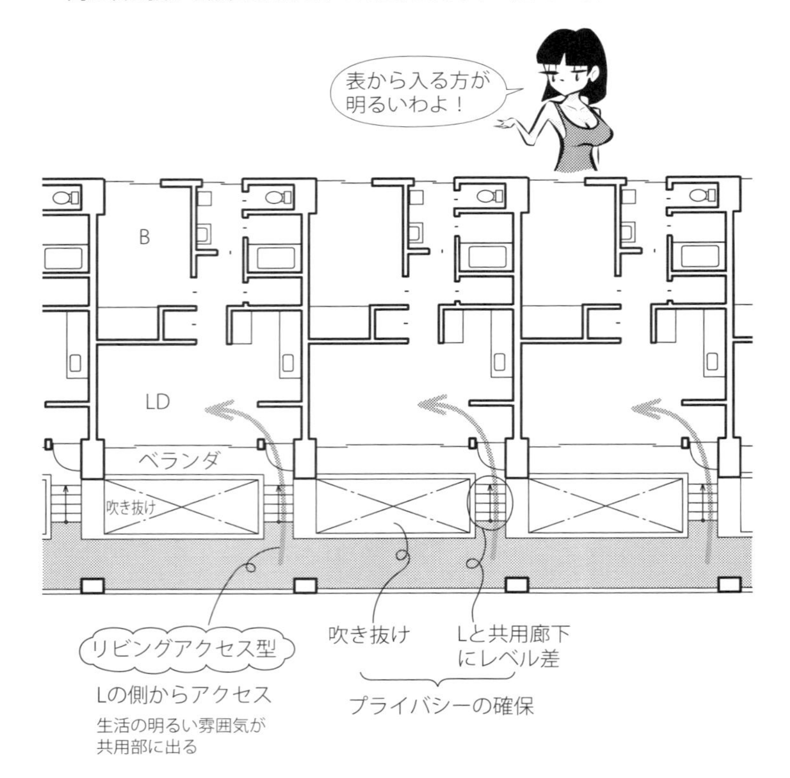
表から入る方が
明るいわよ！
B
LD
ベランダ
吹き抜け
リビングアクセス型
Lの側からアクセス
生活の明るい雰囲気が
共用部に出る
吹き抜け
Lと共用廊下
にレベル差
プライバシーの確保

答え ▶ ○

Q 階段室型は、片廊下型に比べて、北側居室のプライバシーを確保しやすい。

A 階段を上って左右に振り分けて入る階段室型は、北側に廊下がないので、北側居室のプライバシーは確保しやすくなります（答えは○）。1階の居室は半階分上がるため、地面に立ったときの視線よりかなり上になり、中は見られにくい仕組みです。

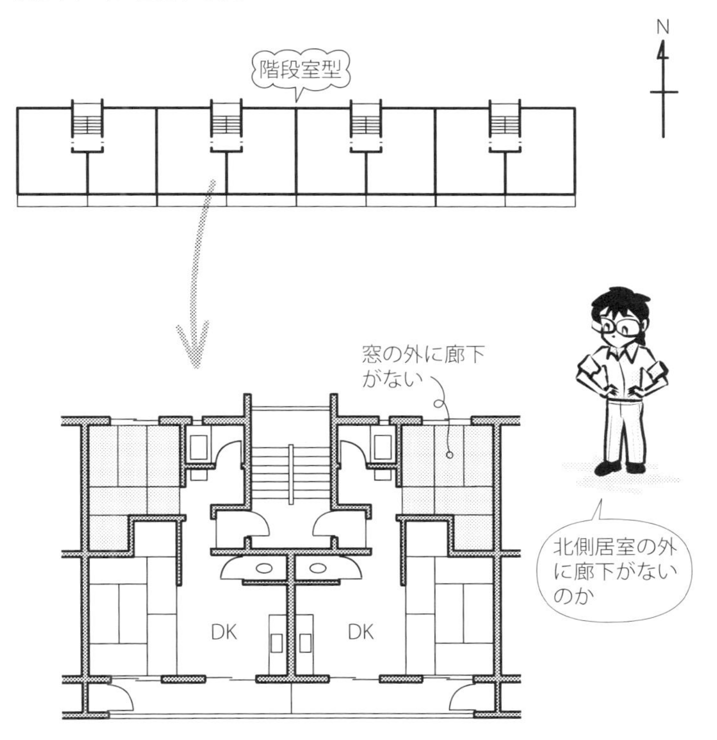
N
階段室型
窓の外に廊下がない
DK
DK
北側居室の外に廊下がないのか

旧住宅公団2DK（40.6m²）
2戸1（ニコイチ）型の平面 … 2戸で1組
…野球の投手・捕手のバッテリーのように、2つで1組なので、バッテリータイプと呼ばれることもある。

参考：日本建築学会編『建築設計資料集成６建築－生活』丸善、1981年

答え ▶ ○

Q 片廊下型は、一般的に階段室型に比べて、エレベーター1台当たりの住戸数を多くすることができる。

A 1層に8戸入った5階建ての共同住宅で、エレベーター1台当たりの住戸数を計算してみます。片廊下型では1台当たり40戸（エレベーター2台設置で20戸)、階段室型で1台当たり10戸となります。片廊下で多くの住戸を連結する片廊下型の方が、エレベーター1台当たりの住戸数は多くすることができます（答えは○)。

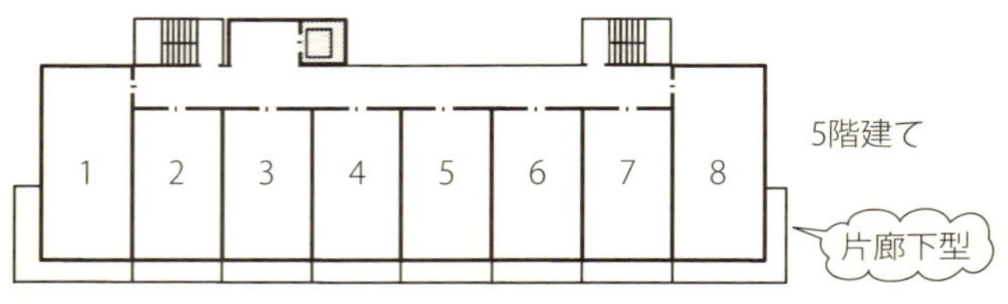
1
2
3
4
5
6
7
8
5階建て
片廊下型

・エレベーター 1台当たり　8戸×5階＝40戸

・エレベーター 2台にすると

エレベーター 1台当たり $\frac{(8\text{戸}\times 5\text{階})}{2}=20\text{戸}$

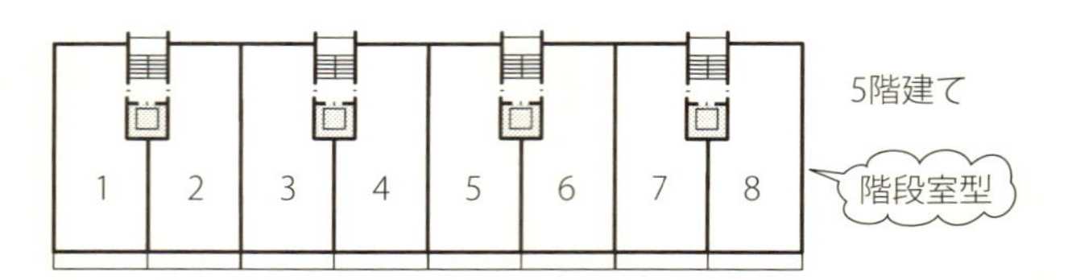
1
2
3
4
5
6
7
8
5階建て
階段室型

・エレベーター 1台当たり　2戸×5階＝10戸

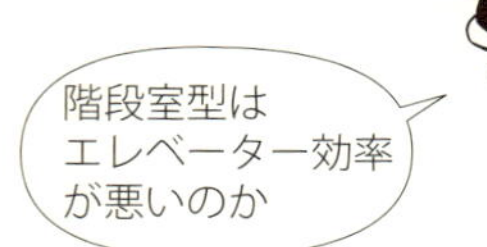
階段室型は
エレベーター効率
が悪いのか

答え ▶ ○

Q スキップフロア型は、共用廊下を介さずに、外気に接する2方向の開口部を有する住戸を設けることができる。

A スキップフロア型（スキップアクセス型）は、下のように、何層かごとに共用廊下をつくり、その上下階には階段でアクセスする、片側廊下型と階段室型を合わせたタイプです。エレベーターの止まらない階ができる欠点はありますが、階段でアクセスする住戸の北側居室では共用廊下を介さずに開口を設けられる、共用部の面積を小さくできるなどのメリットがあります（答えは○）。

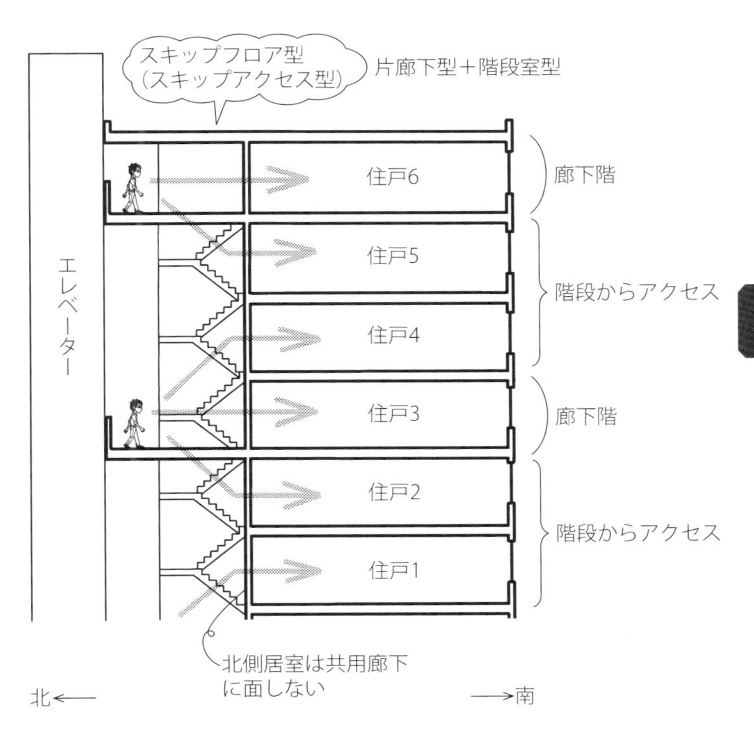
スキップフロア型
（スキップアクセス型）
片廊下型＋階段室型
エレベーター
住戸6
住戸5
住戸4
住戸3
住戸2
住戸1
廊下階
階段からアクセス
廊下階
階段からアクセス
北側居室は共用廊下
に面しない
北←
→南

答え ▶ ○

Q スキップフロア型は、一般に、エレベーターから各住戸への動線が長くなる。

A スキップフロア型には、階段を使って住戸へ入るので動線が長い、荷物を持って階段を上り下りするのが大変という欠点があります（答えは○）。
晴海高層アパート（1958年）は、スキップフロア型の巨大な共同住宅（169戸）です。RC打ち放しと張り出したバルコニーによる造形、複雑なアクセス方式は、ル・コルビュジエのユニテ・ダビタシオンを思わせるものがあります。

片廊下型
3、6、9階
階段室型
4、5、7、8、10階
片廊下
片廊下
片廊下
3層6住戸を1単位
片廊下
階段室
平面図

晴海高層アパート（1958年、1997年解体、前川國男）

参考：日本建築学会編『建築設計資料集成［居住］』、丸善、2001年

答え ▶ ○

Q 中廊下型は、住棟を南北軸に配置することが多い。

A 中廊下型では住棟を東西軸に配置すると、住戸の半数は北向きになってしまいます。そこで住棟を南北軸に置いて、住戸を東西に向けるのが一般的です（答えは○）。

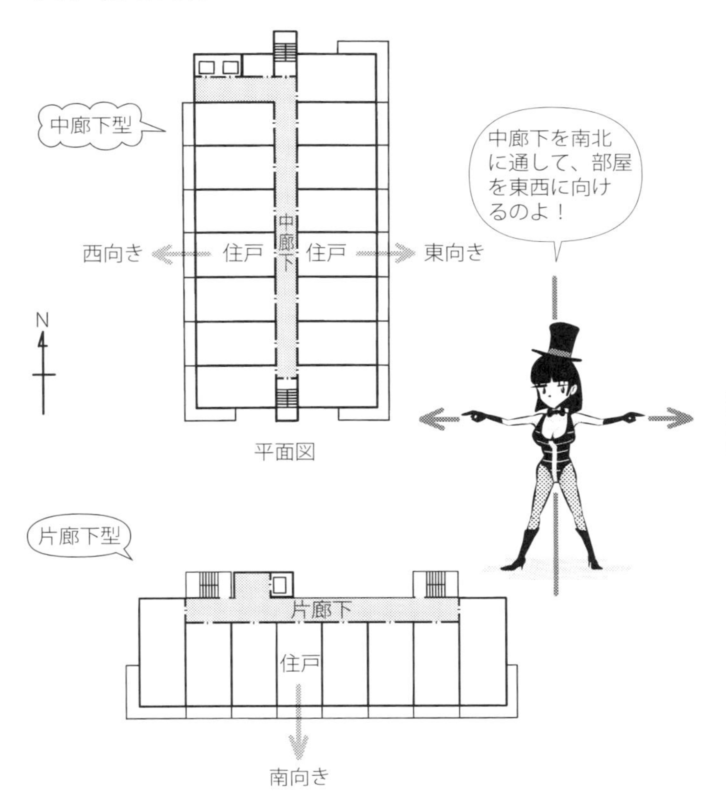
中廊下型
中廊下を南北に通して、部屋を東西に向けるのよ！
中廊下
西向き
住戸
住戸
東向き
N
平面図
片廊下型
片廊下
住戸
南向き

- ル・コルビュジエによるマルセイユのユニテ・ダビタシオンは、棟を南北軸にして、部屋を東西に向けています。ある住人にインタビューしたところ、南に窓がなくて東西に窓があることについて抵抗はないとのこと。乾燥した地中海沿岸という要素のほかに、メゾネットにして、各住戸において東西両方に窓が向く工夫をしたことも大きいように思えます（次頁参照）。

答え ▶ ○

中廊下型では東と西にしか窓が向かないという欠点がありますが、ル・コルビュジエによるユニテ・ダビタシオンは、メゾネット型住戸（複数階にわたる住戸）を互い違いに組み合わせることにより、1戸の住居において、東西両方向に窓を付けています。間口の狭さを解消するように窓際に吹き抜けが設けられています。

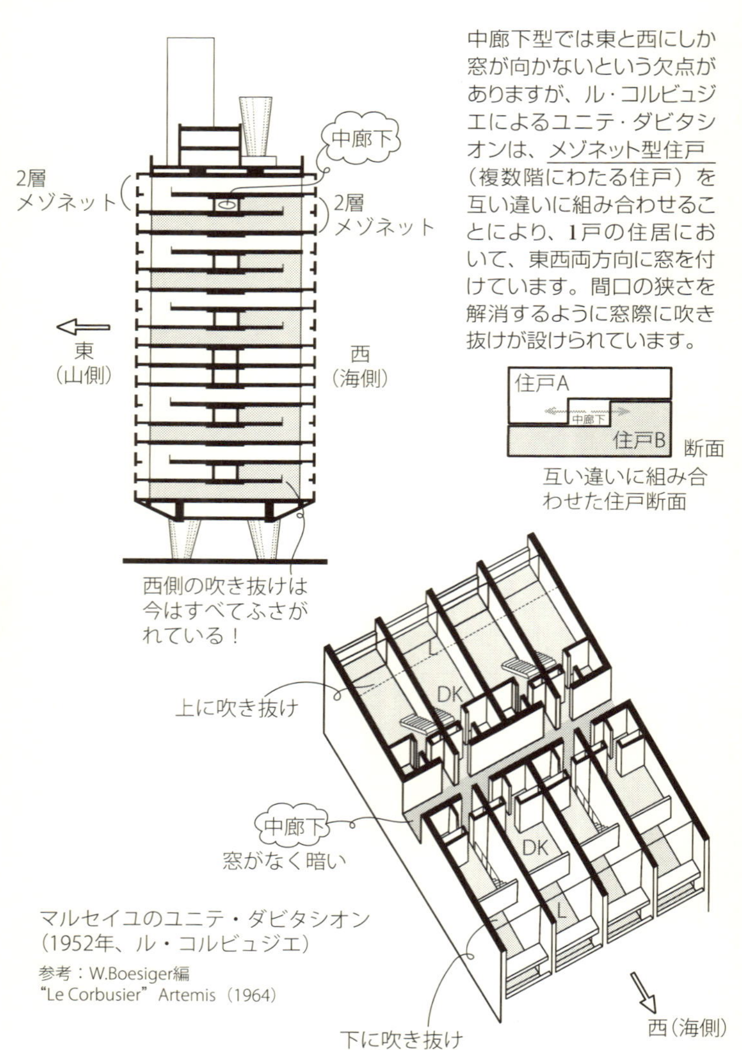

中廊下
2層
メゾネット
2層
メゾネット
東
（山側）
西
（海側）
西側の吹き抜けは
今はすべてふさが
れている！
住戸A
中廊下
住戸B
断面
互い違いに組み合
わせた住戸断面
L
DK
上に吹き抜け
中廊下
窓がなく暗い
DK
L
西（海側）
下に吹き抜け

マルセイユのユニテ・ダビタシオン
（1952年、ル・コルビュジエ）

参考：W.Boesiger編
"Le Corbusier" Artemis（1964）

こちらの吹き抜けは、今はふさがれています。上階のDKと下階のLのつながりが悪く、使いにくいためと思われます。

- ユニテ・ダビタシオンには、有料で見学させてくれる住戸があり、また中間階のホテルには泊まることもできます。

Q 中廊下型は一般に、階段室型に比べて、通風や日照を確保しにくい。

A 中廊下型は、風が中廊下へと抜けにくいので通風が悪く、住戸は東西に向けるので日照も良くありません（答えは○）。一方階段室型は、日当たり、通風、北側居室のプライバシーともに良好です。

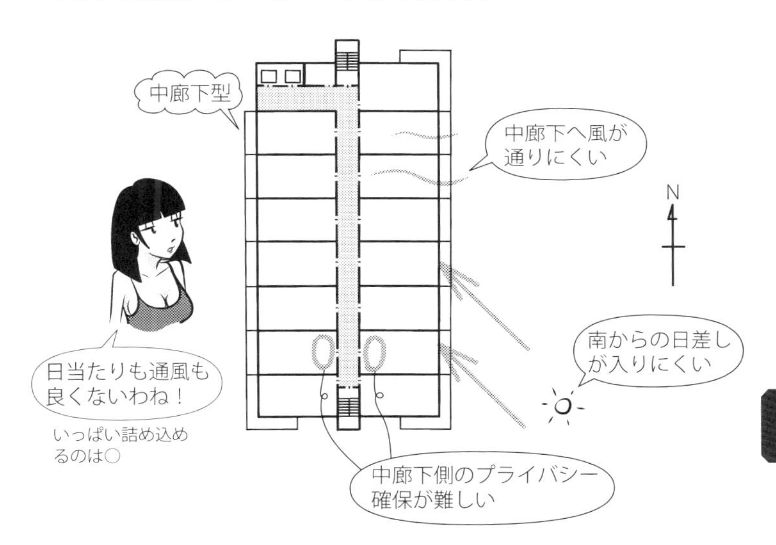
中廊下型
中廊下へ風が通りにくい
N
南からの日差しが入りにくい
日当たりも通風も良くないわね！
いっぱい詰め込めるのは○
中廊下側のプライバシー確保が難しい

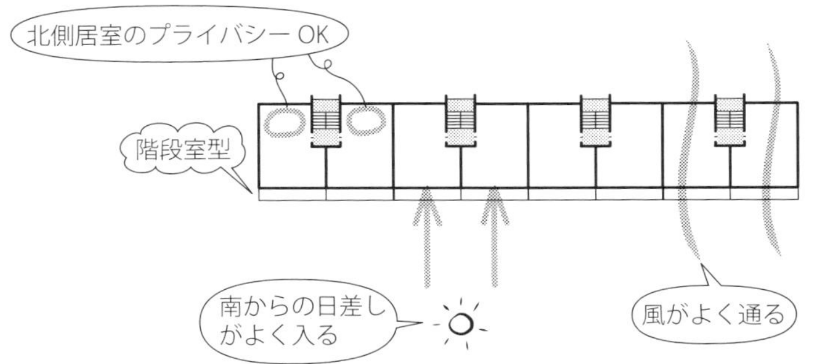
北側居室のプライバシー OK
階段室型
南からの日差しがよく入る
風がよく通る

答え ▶ ○

Q 1. ツインコリドール型とは、主要な2本の廊下を直角に交差させた平面型のことである。

2. ツインコリドール型は一般に、中廊下型に比べて通風や換気がしやすい。

A ツインコリドール型（ダブルコリドール型）は、廊下を平行に並べて、中央を外部とする形です（1は×）。中廊下と違って内側にも外部があるので、空気は流れやすくなります（2は○）。

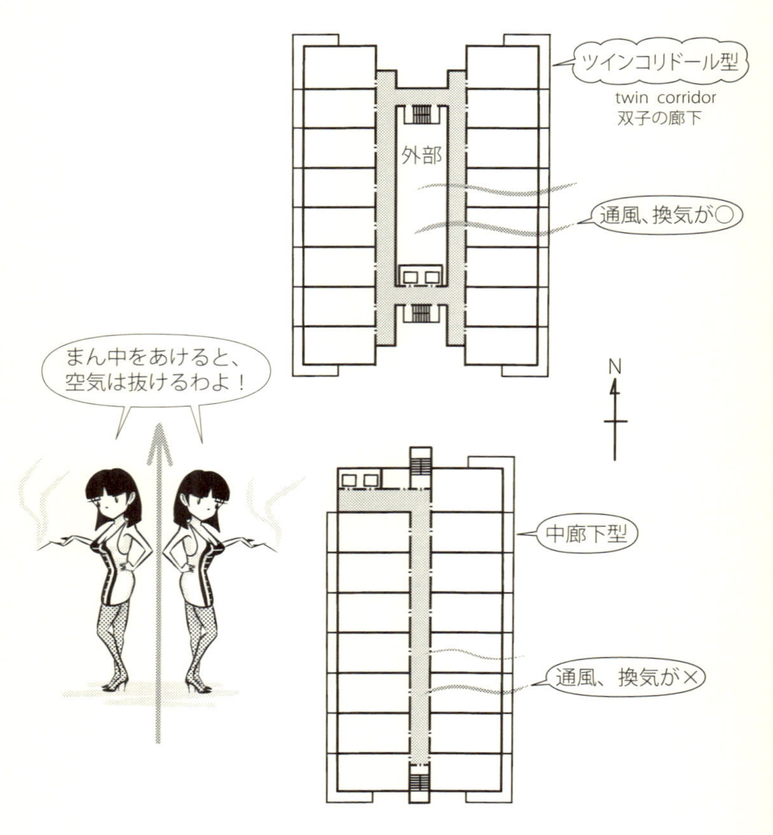
ツインコリドール型
twin corridor
双子の廊下
外部
通風、換気が○
N
まん中をあけると、空気は抜けるわよ！
中廊下型
通風、換気が×

答え ▶ 1. ×　2. ○

Q 1. 集中型は片廊下型に比べて、廊下などの共用部分の面積を少なくすることができる。

2. ポイントハウスは、階段、エレベーターをコアとし、その周囲に住戸を配置した塔状の集合住宅である。

A 住戸を、共用階段、共用エレベーターのまわりに集中させて配置したのが集中型です。板状の大きな住棟に対して、点（point）状になるので、ポイントハウスともいいます。星状の配置からスターハウス、外観が塔状になるので塔状住宅とも呼ばれます（2は○）。共用廊下が片側廊下に比べて短くてすみ、共用部分の面積を小さく抑えられる（1は○）一方で、南向き住戸が少ない、避難が中央に集中してしまうなどの欠点もあります。

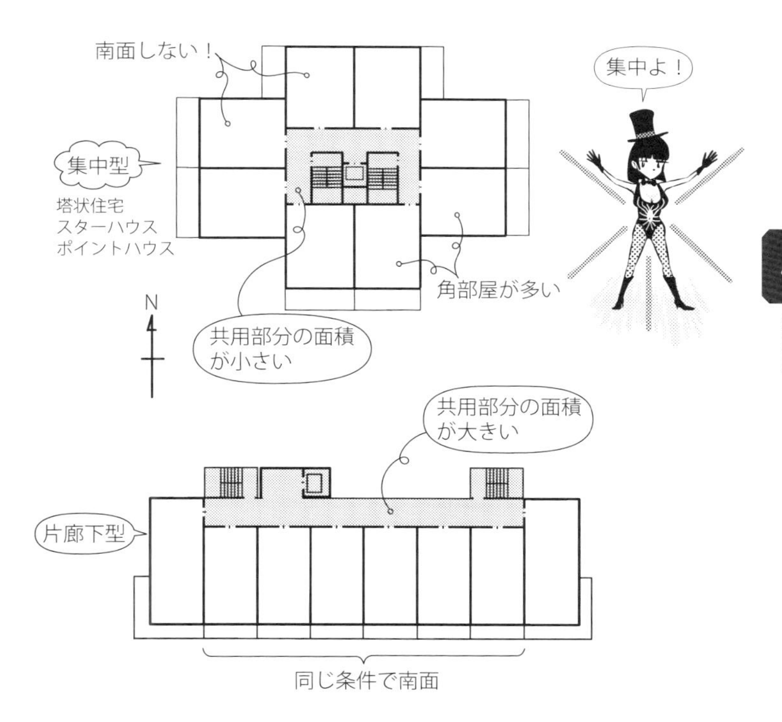
南面しない！
集中よ！
集中型
塔状住宅
スターハウス
ポイントハウス
角部屋が多い
N
共用部分の面積が小さい
共用部分の面積が大きい
片廊下型
同じ条件で南面

答え ▶ 1. ○　2. ○

Q 集中型は、一般に片側廊下型に比べて、避難計画が容易である。

A 共用階段を囲むように配置された集中型では、2方向避難がとりにくいレイアウトです（答えは×）。片廊下型では、廊下の東西端に共用階段を付ければ、2方向避難は容易に実現できます。

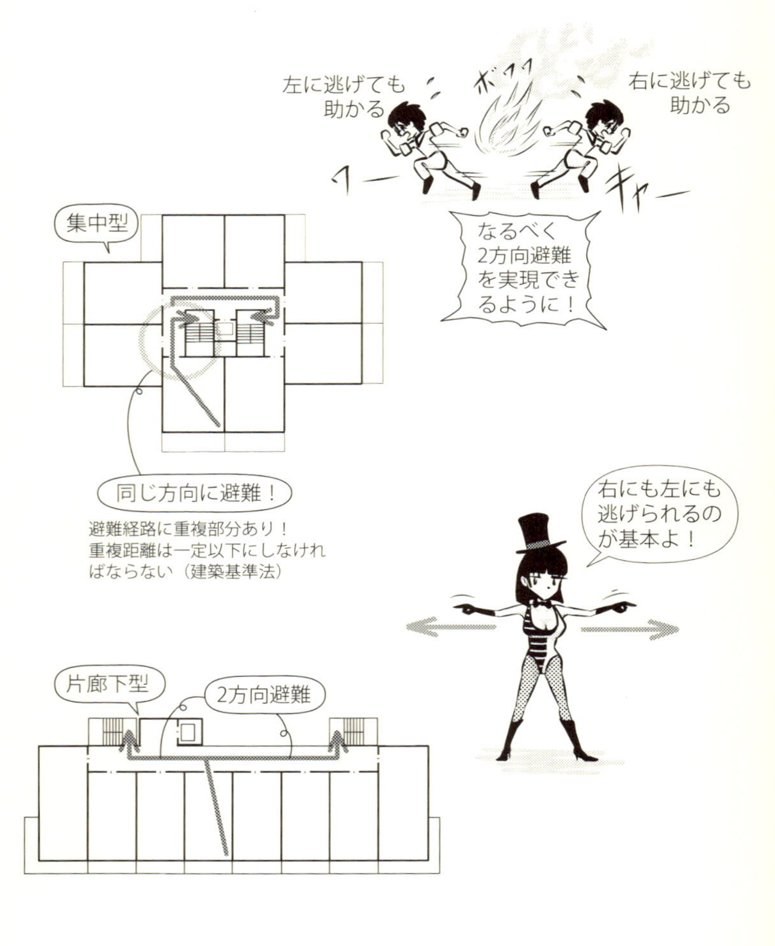
左に逃げても
助かる
ボワッ
右に逃げても
助かる
ワー
ギャー
なるべく
2方向避難
を実現でき
るように！
集中型
同じ方向に避難！
避難経路に重複部分あり！
重複距離は一定以下にしなければならない（建築基準法）
右にも左にも
逃げられるの
が基本よ！
片廊下型
2方向避難

答え ▶ ×

Q メゾネット型は各住戸が2層以上で構成された住戸形式で、専用面積の小さな住戸には適さない。

A 住戸が1層だけで構成されるのがフラット型、2層以上で構成されるのがメゾネット型です。メゾネット型は住戸内に階段が必要なので、小さな住戸には適しません（答えは○）。メゾネット型で共用廊下のない階では、北側居室のプライバシーが確保しやすくなります。

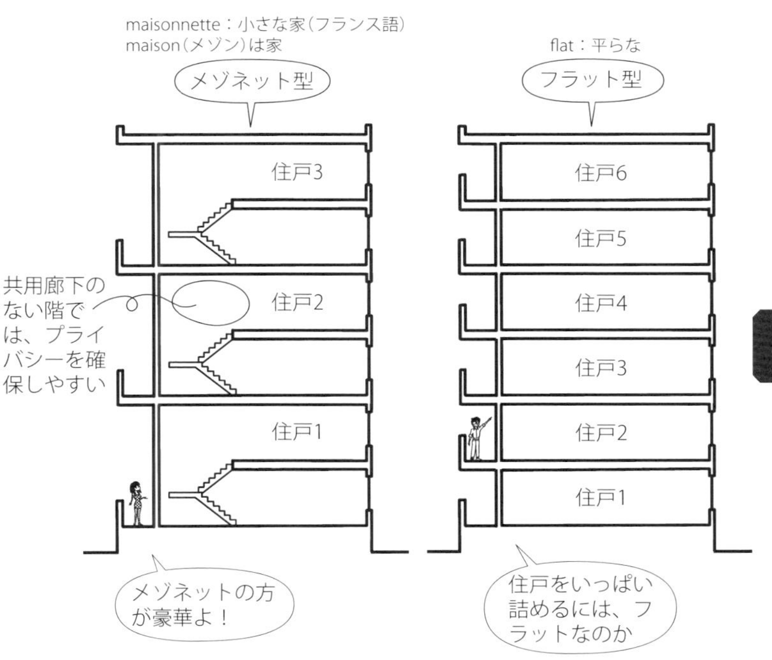
maisonnette：小さな家（フランス語）
maison（メゾン）は家
メゾネット型
flat：平らな
フラット型
住戸3
住戸2
住戸1
共用廊下のない階では、プライバシーを確保しやすい
住戸6
住戸5
住戸4
住戸3
住戸2
住戸1
メゾネットの方が豪華よ！
住戸をいっぱい詰めるには、フラットなのか

答え ▶ ○

Q メゾネット型は、一般に、フラット型に比べて、共用部分の通路の面積を少なくすることができる。

A メゾネット型はスキップフロア型と同様に共用廊下を1、2階おきにしかつくらなくてよいので、片廊下型などのフラット型に比べて共用部分の面積を少なくすることができます（答えは○）。

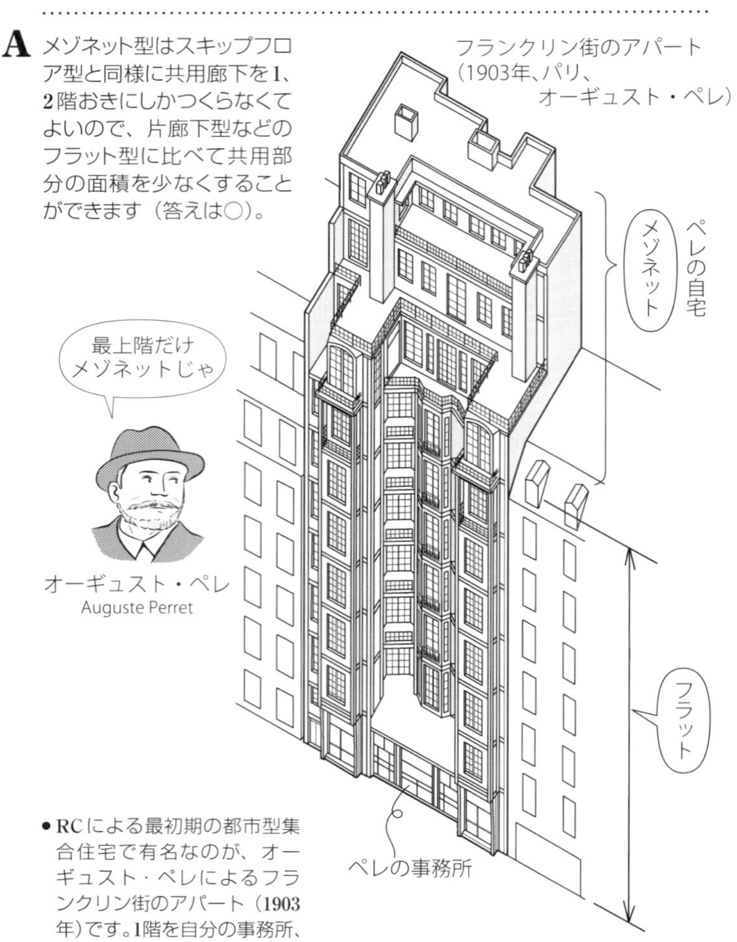
フランクリン街のアパート
(1903年、パリ、
オーギュスト・ペレ)
メゾネット
ペレの自宅
最上階だけ
メゾネットじゃ
オーギュスト・ペレ
Auguste Perret
フラット
ペレの事務所

- RCによる最初期の都市型集合住宅で有名なのが、オーギュスト・ペレによるフランクリン街のアパート（1903年）です。1階を自分の事務所、最上階を自宅とし、他の階をアパートとして貸していました。ペレは不動産経営者でもあったわけです。エッフェル塔の観賞ポイントであるシャイヨー宮のテラスから、歩いて5分程です。築1世紀以上の現在でも、きれいにメンテナンスされています。パリの旧市街の集合住宅は、ロンドンのようなテラスハウスは少なく、フラットがほとんどです。

答え ▶ ○

Q コーポラティブハウスとは、住宅入居希望者が集まって協同組合をつくり、協力して企画、設計から入居、管理までを運営していく方式である。

A 協同組合（コーポラティブ：coop）をつくって、土地の購入、企画、設計、施工、入居、管理をしていく方式やそのようにしてできた共同住宅を、コーポラティブハウスといいます（答えは○）。

この案でまとまりそうですね
私の部屋は3階、東南の角部屋よ！
決めてるの！
協同組合から委任された建築士
こういう人がいるとコーポラティブハウスはつくりにくい
co-operative（coop）協同組合
家を建てたい人が集まって組合をつくる
企画、設計
施工
入居
管理
こうしてできた共同住宅がコーポラティブハウス
この運営方式がコーポラティブハウス（協同組合運営方式）

答え ▶ ○

Q コレクティブハウスとは、個人のプライバシーを尊重しつつ、子育てや家事などの作業を共同で担い合う相互扶助的なサービスと住宅とを組み合わせた方式である。

A コレクティブハウス（**collective house**）とは、直訳すると「共同の家」で、共同キッチン、共同食堂、共同洗濯室、共同育児室などを有する共同住宅です。北欧にはじまり、共働き世帯、シングルマザー、単身高齢者などが、共に助け合いながら生活する場として構想されたものです（答えは○）。

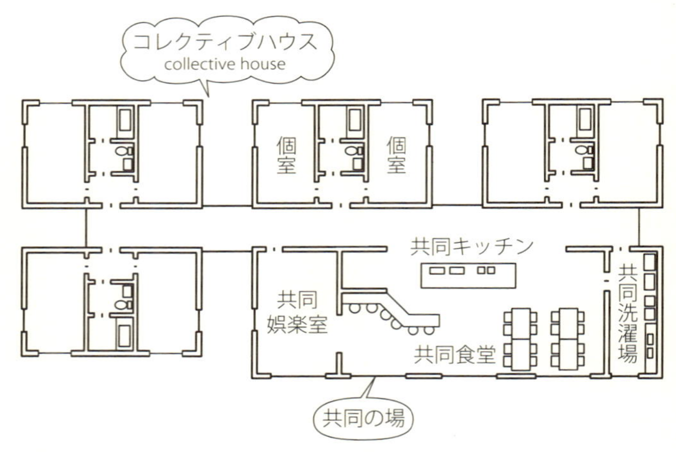

コレクティブハウス
collective house
個室
個室
共同キッチン
共同娯楽室
共同食堂
共同洗濯場
共同の場

- コーポラティブハウス、コレクティブハウスはまぎらわしいので、生協（生活協同組合）でおなじみの**coop**からコーポラティブを覚えてくとよいでしょう。

coopで
覚えるのよ！

Point

コーポラティブハウス（co-operative）… 協同組合でつくる「coop」

コレクティブハウス（collective）… 共同の場がある

答え ▶ ○

Q スケルトンインフィル方式とは、躯体（くたい）や共用設備部分と、住戸専用部分の内装や設備を分けることによって、耐久性、更新性および可変性を高めることができる方式である。

A 骨組み（スケルトン）を業者がつくり、入居者が決定してから入居者の要望に合わせて内装、設備（インフィル）を設計施工する、2段階供給方式が、スケルトンインフィル方式です（答えは○）。

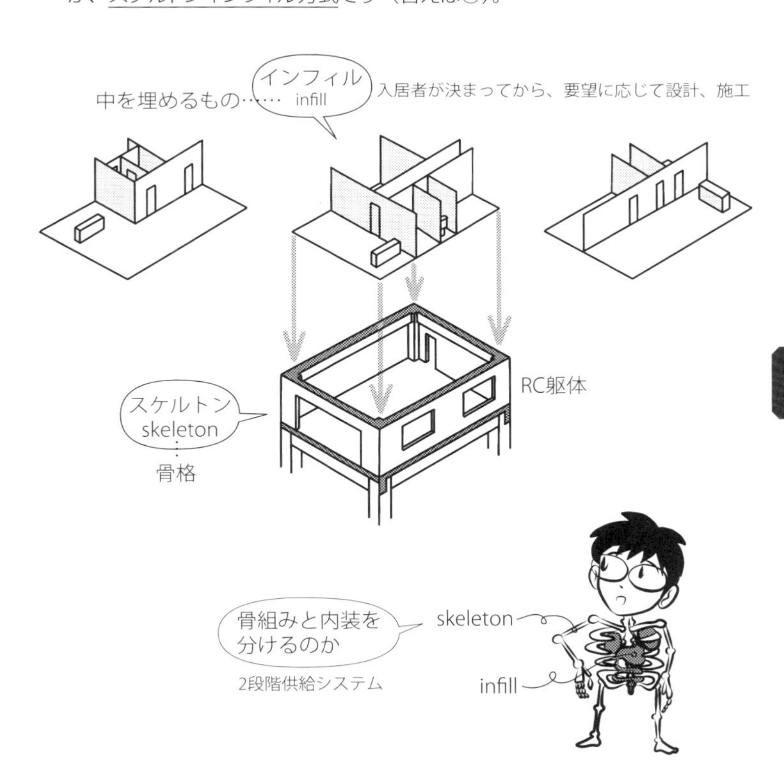

中を埋めるもの……
インフィル
infill
入居者が決まってから、要望に応じて設計、施工
RC躯体
スケルトン
skeleton
骨格
骨組みと内装を分けるのか
2段階供給システム
skeleton
infill

答え ▶ ○

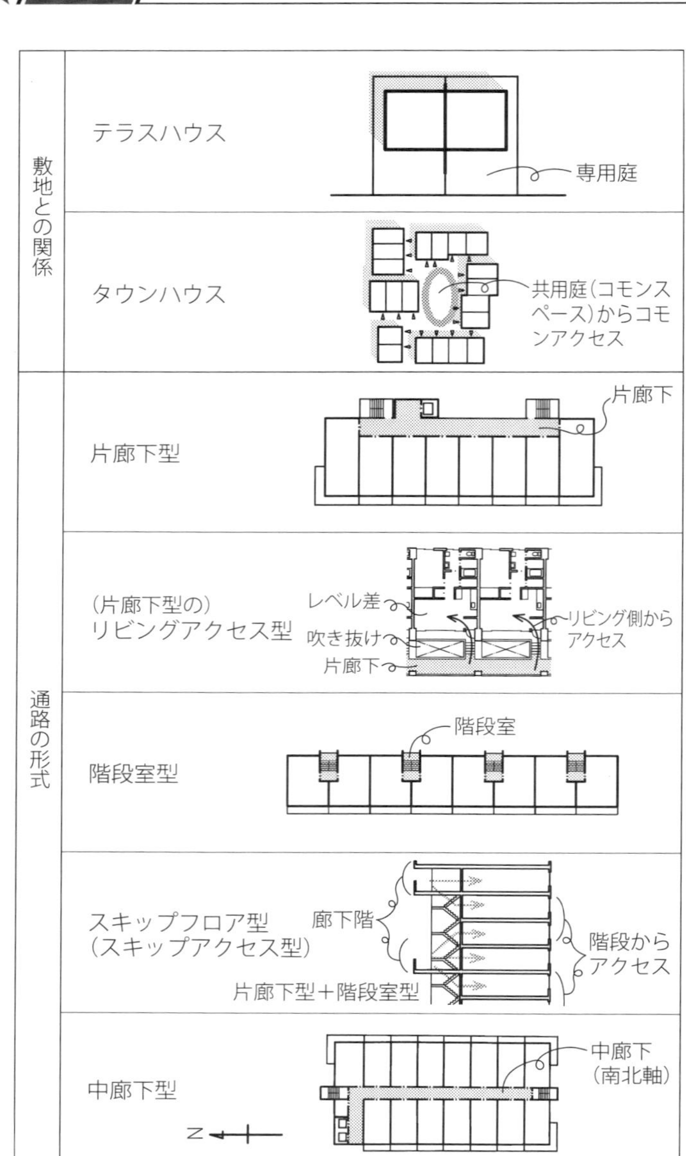
敷地との関係
テラスハウス
専用庭
タウンハウス
共用庭(コモンスペース)からコモンアクセス
通路の形式
片廊下型
片廊下
(片廊下型の)
リビングアクセス型
レベル差
吹き抜け
片廊下
リビング側からアクセス
階段室型
階段室
スキップフロア型
(スキップアクセス型)
廊下階
片廊下型+階段室型
階段からアクセス
中廊下型
中廊下
(南北軸)
N

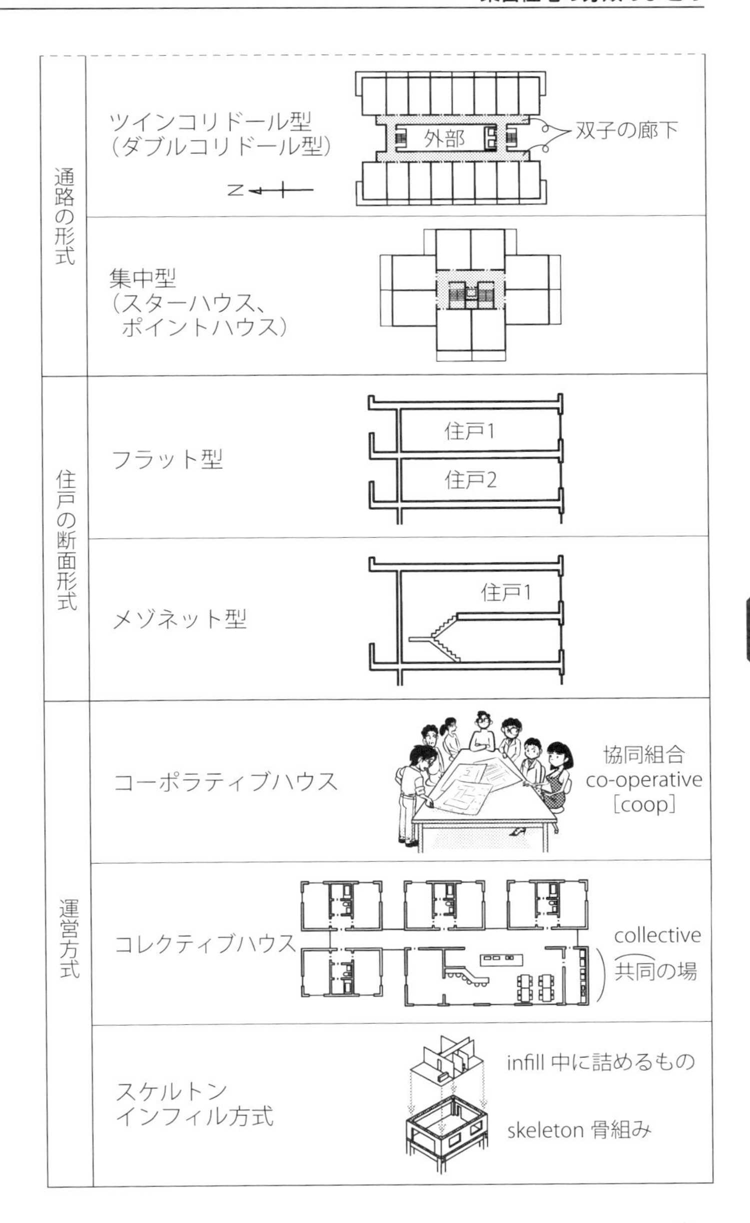
通路の形式
ツインコリドール型
(ダブルコリドール型)
外部
双子の廊下
N
集中型
(スターハウス、
ポイントハウス)
住戸の断面形式
フラット型
住戸1
住戸2
メゾネット型
住戸1
運営方式
コーポラティブハウス
協同組合
co-operative
[coop]
コレクティブハウス
collective
共同の場
スケルトン
インフィル方式
infill 中に詰めるもの
skeleton 骨組み

Q 間口が狭く、奥行きの長い住戸内の快適性を考えて、ライトウェル（光井戸）を設けた。

A ライトウェル（light well）は、直訳すると「光の井戸」で、光や空気を取り込むための井戸状の小さな中庭（court）です。ライトコート（光庭）と呼ばれることもあります。和風の坪庭の現代版です。奥の部屋、トイレ、風呂、キッチン、階段室などの採光、換気、通風に役立ちます（答えは○）。

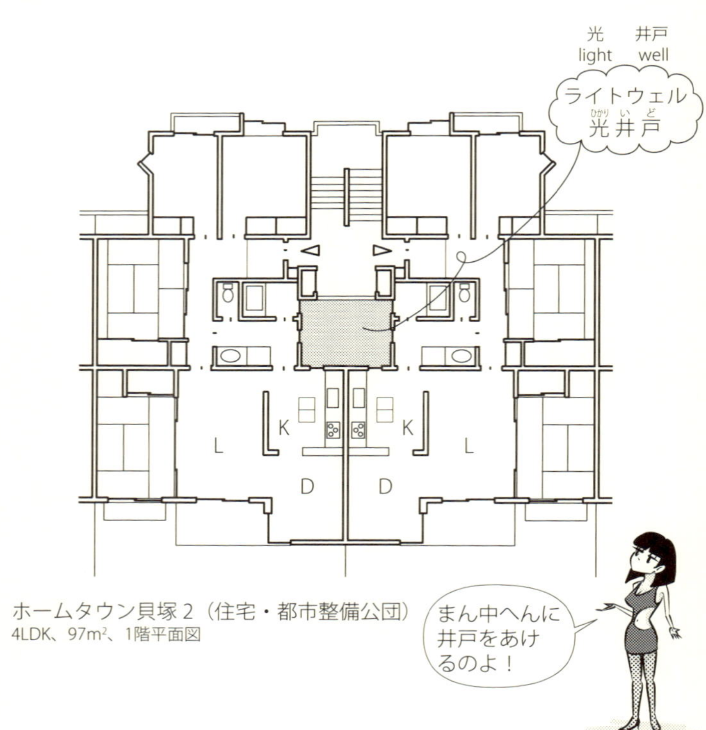
光 井戸
light well
ライトウェル
光井戸
K
K
L
L
D
D
まん中へんに井戸をあけるのよ！

ホームタウン貝塚２（住宅・都市整備公団）
4LDK、97m²、1階平面図

参考：日本建築学会編『コンパクト設計資料集成〈住居〉』丸善、1991年

答え ▶ ○

Q リビングバルコニーとは、居間の延長としてつくられた大型のバルコニーである。

A 奥行き1m程度のバルコニーでは、洗濯物やふとん干し、エアコンの室外機置き場にしかなりません。2〜3mあると、半屋外のリビングとして使えます。リビングバルコニーと呼ばれますが、外や隣家からの視線を避ける工夫が必要です（答えは○）。

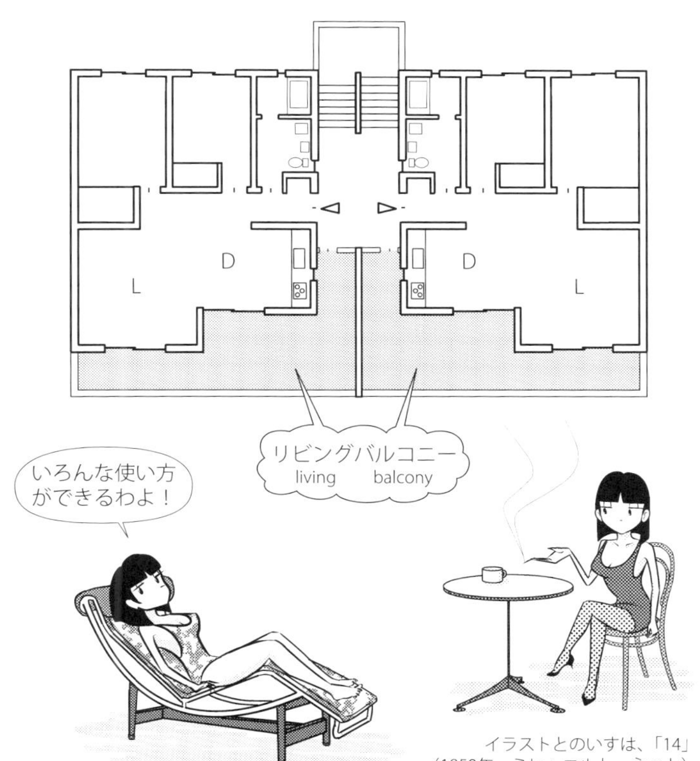
D
L
D
L
リビングバルコニー
living balcony
いろんな使い方ができるわよ！

長いすは、「シューズロング（カウボーイチェア）」（1928年、ル・コルビュジエ）

イラストとのいすは、「14」（1859年、ミヒャエルトーネット）

答え ▶ ○

ル・コルビュジエのイムーブル・ビラにおける住戸のバルコニーは、L型に囲まれた2層吹き抜けの巨大な空間です。ユニテ・ダビタシオンと同様に、南北軸に棟をを配し、住戸は東西に向けています。

イムーブル・ビラ計画
(1922年、ル・コルビュジエ)

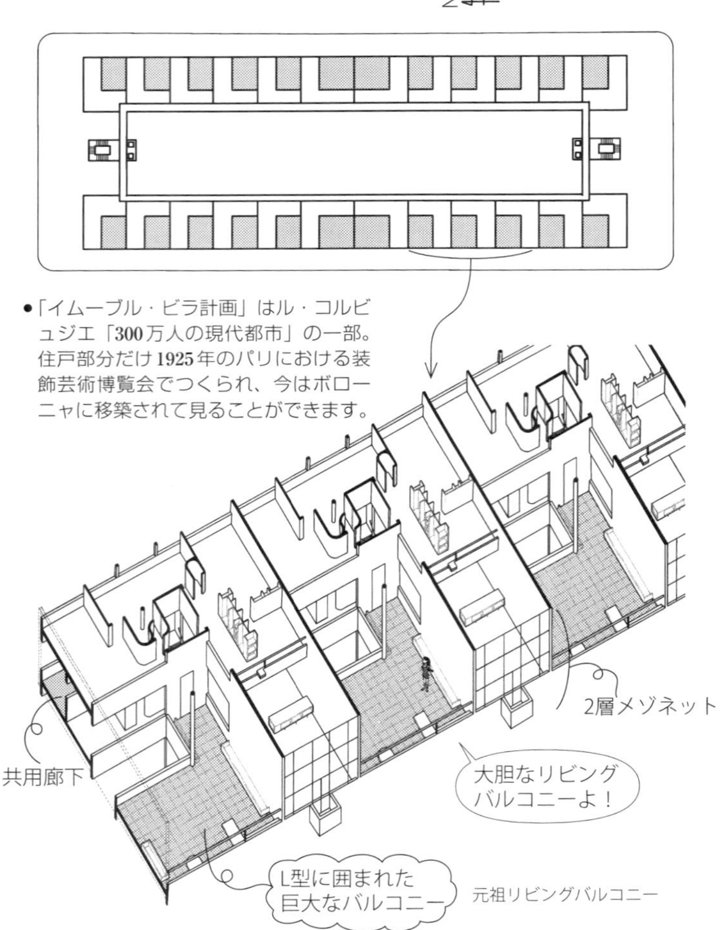
N
共用廊下
2層メゾネット
大胆なリビングバルコニーよ！
L型に囲まれた巨大なバルコニー
元祖リビングバルコニー

- 「イムーブル・ビラ計画」はル・コルビュジエ「300万人の現代都市」の一部。住戸部分だけ1925年のパリにおける装飾芸術博覧会でつくられ、今はボローニャに移築されて見ることができます。

Q ビオトープとは、野生生物の生息空間を意味し、生物が生息できる水場などの自然環境を復元すること、その場所などを指す。

A 生物（バイオ）の生息する場所（ギリシャ語でトポス：topos）をより自然な形で復元した水場やその周囲の緑地などを、ビオトープといいます（答えは○）。大型集合住宅のコモンスペースなどでつくられるようになりました。

バイオ
bio（生物）＋topos（場所）
トポス
ビオトープ
biotope
草
砂利
土
水草
自然の形に
近づけるのよ！
コンクリートの
護岸はつくらない

答え ▶ ○

Q バリアフリーは、ユニバーサルデザインより広い概念である。

A バリアフリーは、バリア（障壁）をフリーにする（なくす）ことです。集合住宅では、共用玄関前の段差をスロープとする、エレベーターを設置する、住戸玄関のくつずりや框の段差をなくす（R042参照）などです。ユニバーサルデザインは、万人共通に使えるデザインで、バリアフリーより広義に使われます（答えは×）。

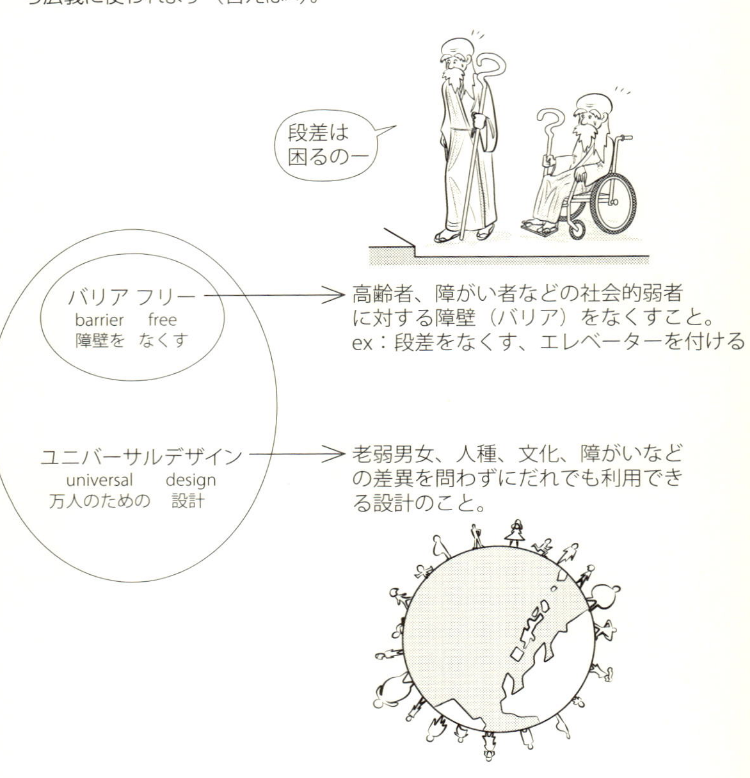
段差は
困るのー
バリア フリー
barrier free
障壁を なくす
高齢者、障がい者などの社会的弱者に対する障壁（バリア）をなくすこと。
ex：段差をなくす、エレベーターを付ける
ユニバーサルデザイン
universal design
万人のための 設計
老弱男女、人種、文化、障がいなどの差異を問わずにだれでも利用できる設計のこと。

答え ▶ ×

Q 集合住宅における鉄筋コンクリート造のバルコニーは、下階からの延焼防止に有効である。

A 住戸どうしの床、壁は防火区画されていますが、さらにバルコニーやひさし、袖壁の突出、スパンドレル（上下の窓の間の壁）などがあると、延焼しにくくなります（答えは○）。建築基準法では、延焼防止のための住戸間における窓と窓の間の間隔やひさしの突出寸法などが決められています。

防火区画の床

バルコニーの突出が下階からの延焼を防ぐ！

ボワッ

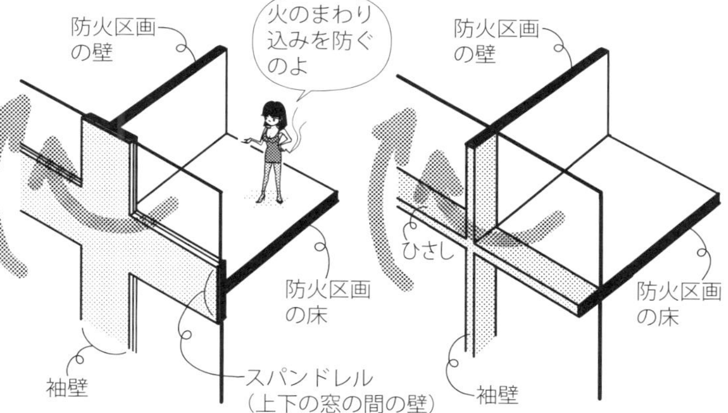
防火区画の壁
火のまわり込みを防ぐのよ
防火区画の壁
防火区画の床
ひさし
防火区画の床
袖壁
スパンドレル（上下の窓の間の壁）
袖壁

答え ▶ ○

Q 集合住宅における火災時の2方向避難を考慮して、各住戸にバルコニーを設けた。

A 図のような避難上有効なバルコニーとすることで、階段がひとつでも、2方向避難にできるケースがあります（答えは○）。

ボワッ
破壊可能な板
避難上有効なバルコニー
キャー
避難上有効なバルコニーを付ければ階段がひとつですむこともあるのよ！
避難ハッチ
安全に降りられるように互い違いに配置する

答え ▶ ○

R134

Q バルコニーの手すりに設ける桟（さん）を、子供の足掛かりとならないように縦桟とし、内法で**11cm**以下となるように並べた。

A

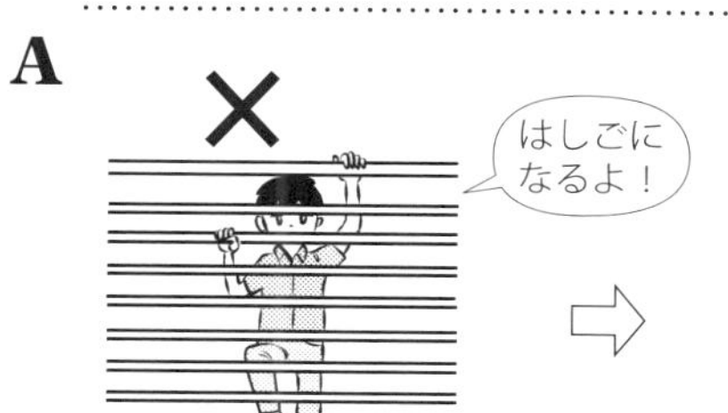
×
はしごになるよ！

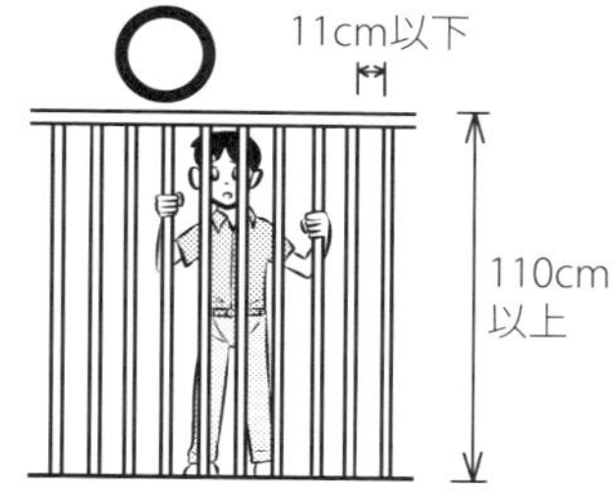
○
11cm以下
110cm以上

【名古屋でスリ！ 110番】
75cm（階段）　手すり　110cm（間隔11cm）

船のデッキのような
コルの横手すりは危険なのよ！

横桟の手すりは、子供がはしごのように上ってしまうので、縦桟とします。高さは**110cm**以下（建築基準法）、縦桟の間隔は内法で**11cm**以下とされています（答えは○）。

線の少ない、すっきりとしたデザインとしたい場合は、高さ**80cm**程度の腰壁の上に横手すりを付ける、手すり全体を**6～12mm**厚程度の強化ガラスとするなどの方法があります。

約30mmφ
約45mmφ

サヴォア邸（1931年、パリ郊外ポワシー、ル・コルビュジエ）
3階へのスロープにある手すりパイプの直径、寸法は現地で実測したもの

【　】内スーパー記憶術

答え ▶ ○

Q 貸し事務所において、

1. フロア貸しは、階を単位として賃貸する形式である。

2. 小部屋貸しは、ブロック貸しよりも非収益部分の面積が小さくなる。

A 階のフロア全体を一企業に貸すのがフロア貸し（1は○）、階をいくつかのブロックに分けて貸すのがブロック貸し、小部屋に分けて貸すのが小部屋貸しです。小部屋に分けて貸す方が、共用廊下（非収益部分）の面積が大きくなる傾向にあります（2は×）。ほかに、建物全館を貸す全館貸し（全階貸し）もあります。

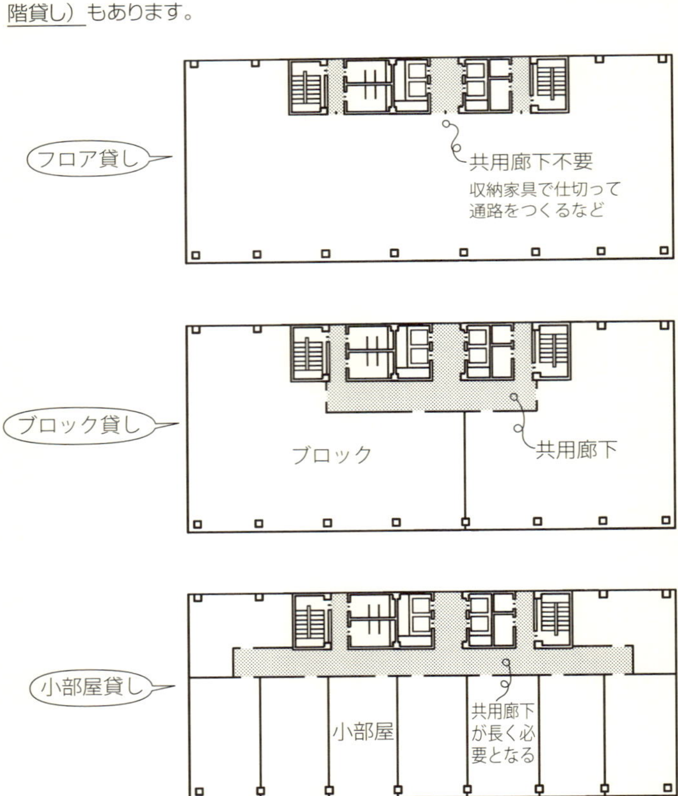
フロア貸し
共用廊下不要
収納家具で仕切って
通路をつくるなど
ブロック貸し
ブロック
共用廊下
小部屋貸し
小部屋
共用廊下
が長く必
要となる

答え ▶ 1. ○ 2. ×

Q 貸し事務所において、

1. レンタブル比は、収益部分の床面積に対する非収益部分の床面積の割合である。
2. 延べ面積に対するレンタブル比は、65〜75%が一般的である。
3. 基準階に対するレンタブル比は、75〜85%が一般的である。

A レンタブル比を復習しておきます（R074〜075参照）。貸す（rent）ことのできる（able）床面積が、全体の床面積に対してどれくらいあるかがレンタブル比で、貸しビルでは重要な指標です。全体の床面積が基準階（標準的な平面の階）に対してか、建物全体の延べ面積かで、10%程度違いが出ます。オフィスビルのレンタブル比は、延べ面積に対しては65〜75%、基準階に対しては75〜85%となります（1は×、2、3は○）。レンタブル比の分母に基準階の床面積がくるか、延べ床面積がくるかで10%違うわけです。

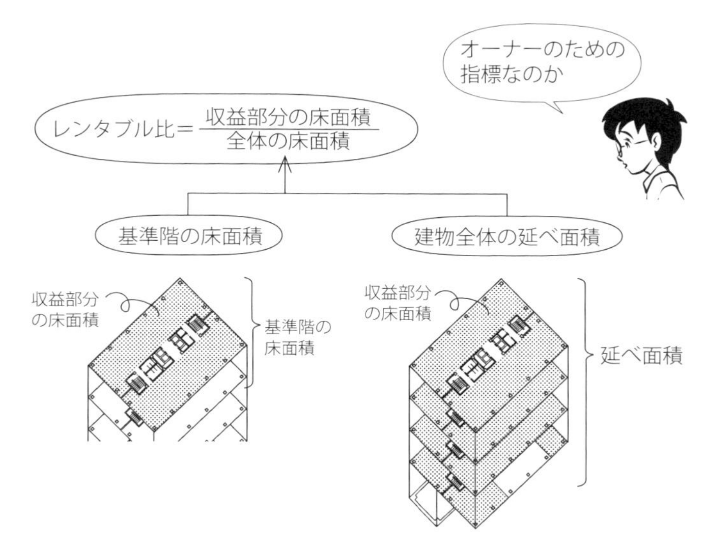
オーナーのための
指標なのか
レンタブル比＝収益部分の床面積／全体の床面積
基準階の床面積
建物全体の延べ面積
収益部分の床面積
基準階の床面積
収益部分の床面積
延べ面積

スーパー記憶術

貸し事務所のレンタブル比　65% 〜 75% 〜 85%（延べ面積：65%〜75%、基準階：75%〜85%）

【名古屋へ出張】
名古屋：75%〜　出張：オフィスビル

答え ▶ 1. ×　2. ○　3. ○

Q 設備階とは、電気や空調機械などの設備関係の諸室を集中させた階である。

A 大型のオフィスビルになると設備スペースも大きくなるので、地階などの階を設備階として設備を集中させます（答えは○）。高層の場合は、中間階にも設備階を設けることがあります。

事務室
〃
〃
〃
〃
〃
〃
〃
事務室
店舗
店舗
防災センター
店舗
電気室
空調機械室
設備階
設備をひとつの階に集中させるのか

答え ▶ ○

Q オフィスビルの計画において、モデュール割りを用いると、執務空間の標準化や合理化を図ることができる。

A モデュール（基準寸法）で平面を割って、柱、壁などを合わせると、標準化、合理化が図れます。モデュール割り、モデュラーコーディネーションなどと呼ばれます（答えは○）。オフィスビルでは、3.2m、3.6mなどがモデュールとしてよく使われます。照明器具、空調の吹き出し口や吸い込み口などがモデュールに合わせられたシステム天井の既製品も多くあります。地下駐車場は柱が太くなりますが、3.2mや3.6mのモデュールならば、うまく納められます。

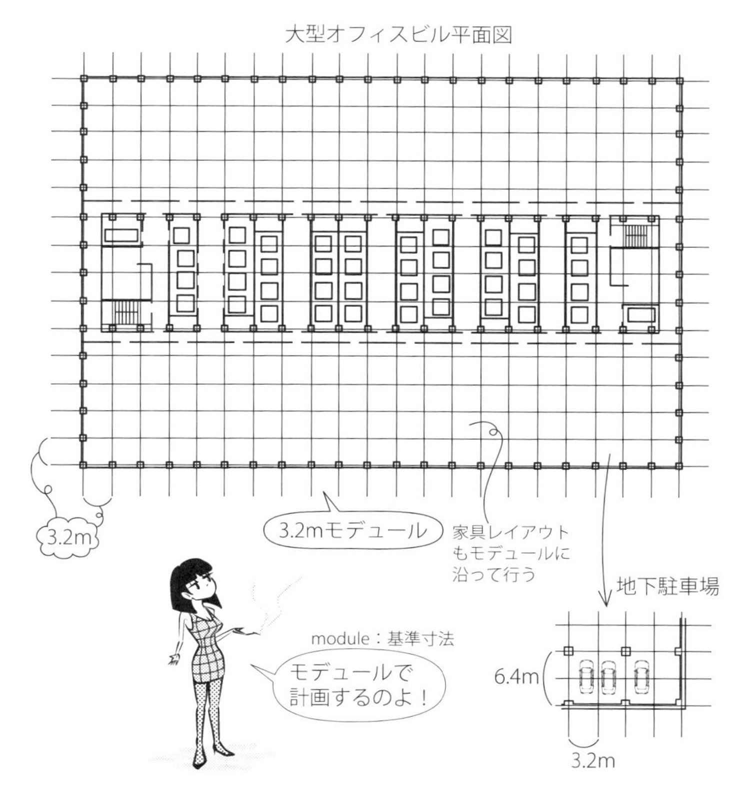
大型オフィスビル平面図
3.2m
3.2mモデュール
家具レイアウトもモデュールに沿って行う
地下駐車場
6.4m
3.2m
module：基準寸法
モデュールで計画するのよ！

答え ▶ ○

Q オフィスビルのモデュールを、構造、意匠のほかに、さまざまな設備機器の配置によって決定した。

A 下図のように、照明、空調、スプリンクラーなどもモデュールによってレイアウトするシステム天井は、大型オフィスビルでは多く採用されています（答えは○）。

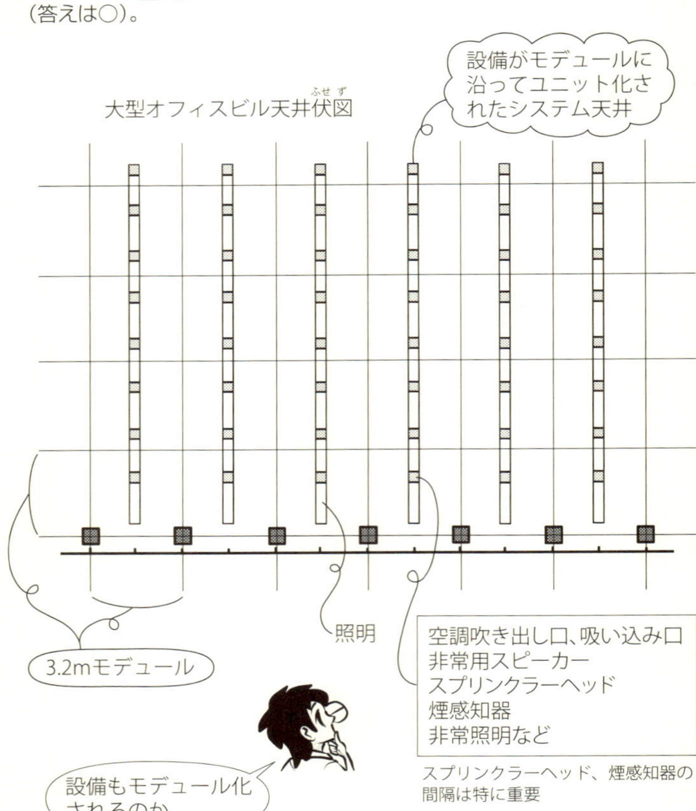
大型オフィスビル天井伏図
設備がモデュールに沿ってユニット化されたシステム天井
照明
3.2mモデュール
空調吹き出し口、吸い込み口
非常用スピーカー
スプリンクラーヘッド
煙感知器
非常照明など
設備もモデュール化されるのか

スプリンクラーヘッド、煙感知器の間隔は特に重要

答え ▶ ○

Q 大型のオフィスビルの場合、家具のレイアウトもモデュールに沿って行うと、執務空間の標準化、合理化を図ることができる。

A 家具レイアウトもモデュールに合わせると、設備との関係も良くなり、合理的です（答えは○）。購入予定の家具メーカーが、レイアウト例を提示してくれることもあります。

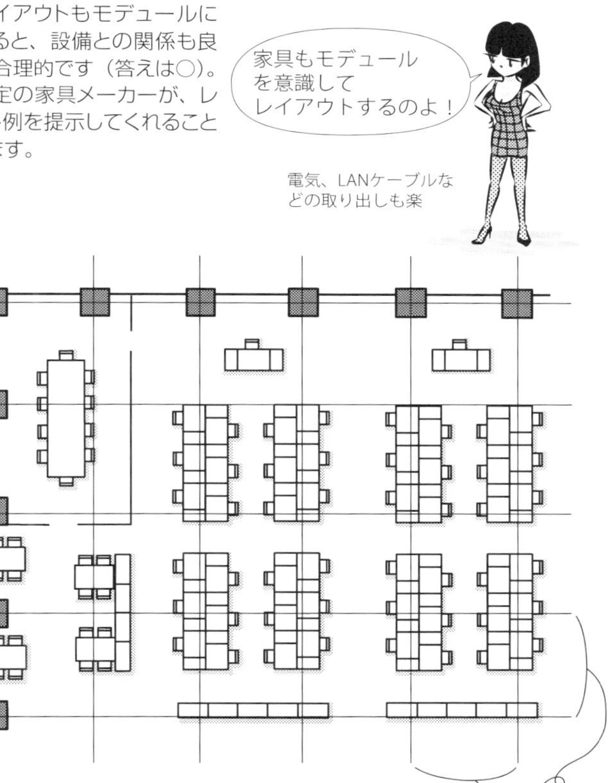
家具もモデュールを意識してレイアウトするのよ！
電気、LANケーブルなどの取り出しも楽
3.2mモデュール

大型オフィスビル家具レイアウト平面図

答え ▶ ○

Q オフィスビルの計画において、

1. コアシステムとは、エレベーターや階段、トイレ、給湯室などの、垂直動線や設備部分を**1**カ所に集める方式のことである。

2. 給湯室、洗面所およびトイレは、配管を上下階で通す必要があるので、各階とも、平面上同じような位置とした。

A 大型のオフィスビルでは、エレベーター、階段の垂直動線やトイレなどの水回りの設備を集め、コアとしてまとめるのが、一般的な計画法です（**1**は○）。パイプスペース（**PS**）も集約して、垂直に水や空気の配管、ダクト類を通します。水回りの諸室は**PS**のそばに置くので、上下階で同じ位置となり好ましくなります（**2**は○）。

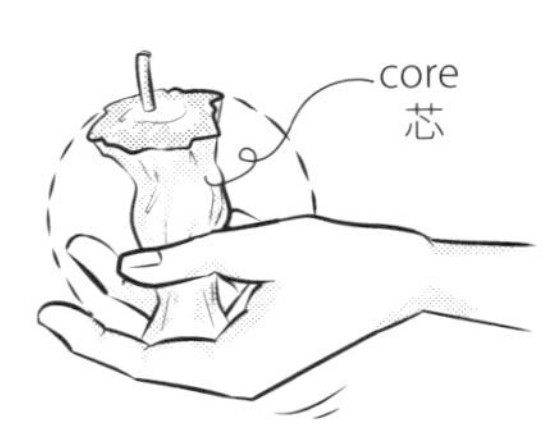

core
芯

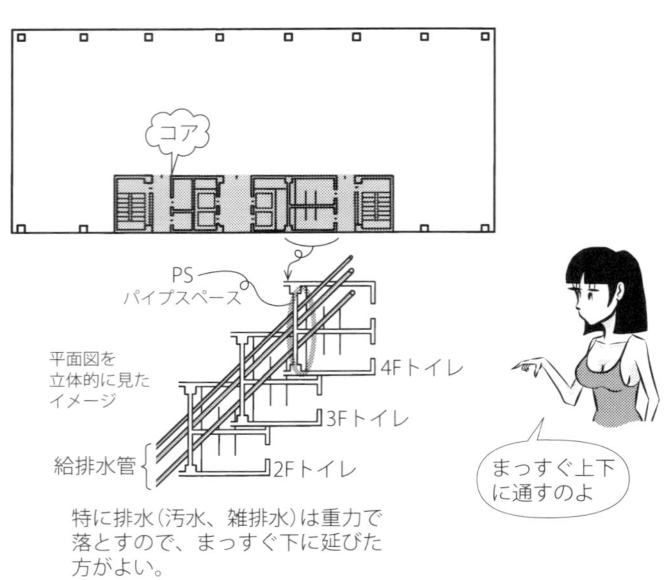

コア
PS
パイプスペース
平面図を
立体的に見た
イメージ
4Fトイレ
3Fトイレ
2Fトイレ
給排水管
まっすぐ上下
に通すのよ

特に排水（汚水、雑排水）は重力で落とすので、まっすぐ下に延びた方がよい。

答え ▶ **1**. ○　**2**. ○

Q 図A、Bに示すオフィスビルのコアプランに対して、1、2の記述の正誤を答えなさい。

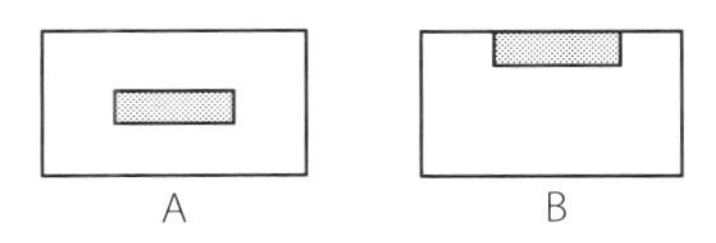
A
B
：コアを示す

1. Aは構造計画上望ましく、高層の場合に用いられる。
2. Bは床面積が比較的小規模な低層、中層の場合に用いられる。

A Aのようなセンターコアだと、壁が多く硬いコアがちょうど中央にあって、xy方向ともに対称となり、構造的に有利です。センターコアを上にずらしたBの偏心コアは、中小規模、中低層のオフィスによく使われます。センターコア、偏心コアは、コアから貸室までの共用廊下が短くてすみ、レンタブル比は有利です（1、2は○）。

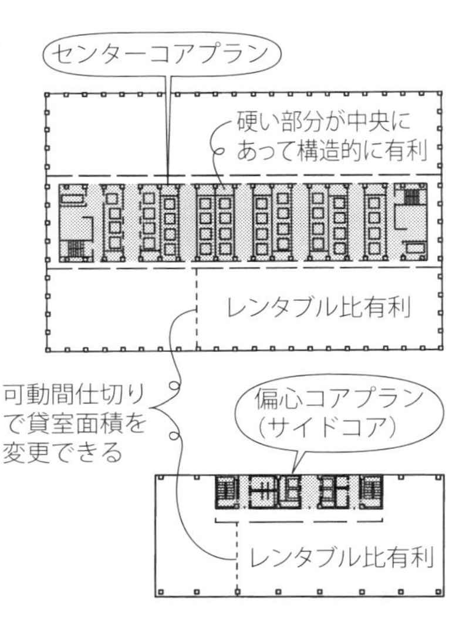
センターコアプラン
硬い部分が中央にあって構造的に有利
レンタブル比有利
可動間仕切りで貸室面積を変更できる
偏心コアプラン（サイドコア）
レンタブル比有利

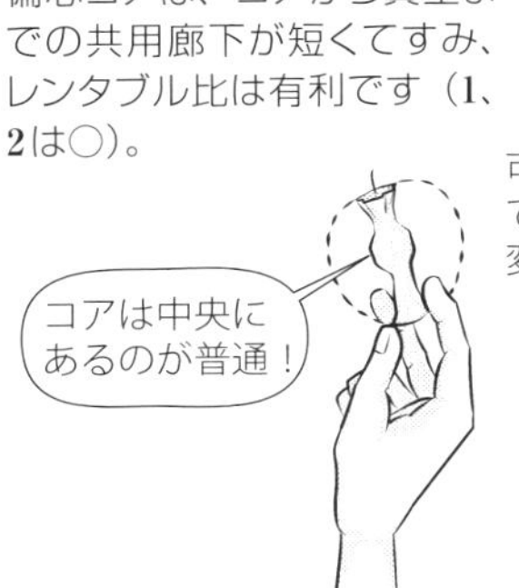
コアは中央にあるのが普通！

答え ▶ 1. ○　2. ○

Q 図A、Bに示すオフィスビルのコアプランに対して、1、2の記述の正誤を答えなさい。

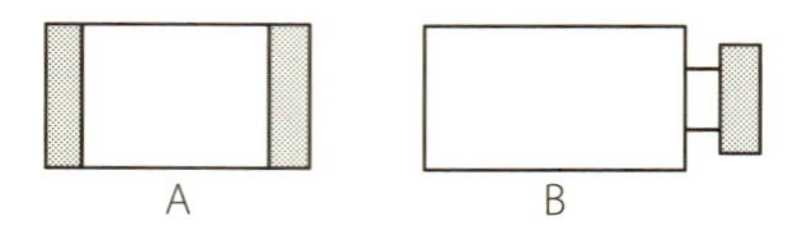
A
B
：コアを示す

1. Aは2方向避難を確保しやすい。
2. Bは耐震構造上有利ではないが、自由な事務室空間を確保しやすい。

A 2方向避難は、右下図のように、ダブルコアが最も有利です（1は○）。またBの分離コアは、2方向避難は確保しにくく、壁が多いコアが外にあるために構造上は不利ですが、コアにじゃまされない自由な執務空間をつくることができます（2は○）。

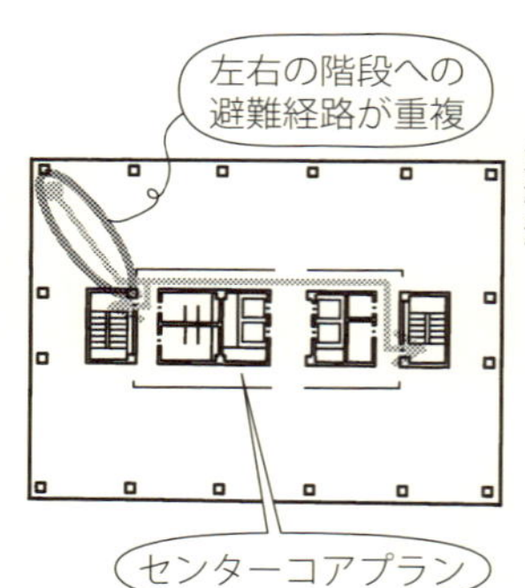
左右の階段への避難経路が重複
センターコアプラン

重複距離は建築基準法で一定以下に決められている。

ダブルコアは2方向避難で○！

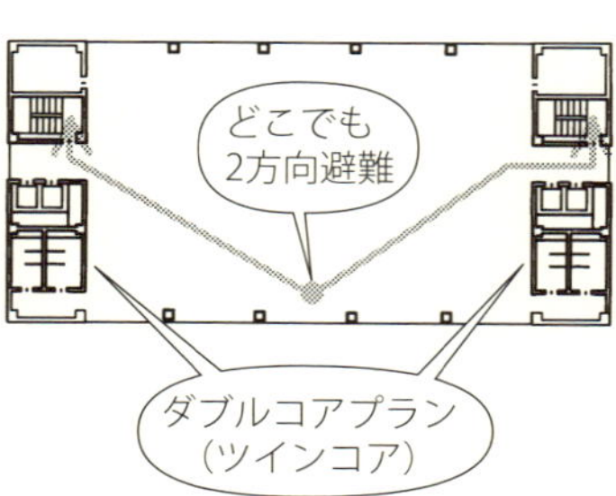
どこでも2方向避難
ダブルコアプラン（ツインコア）

答え ▶ 1. ○　2. ○

R144
○×問題

Q 基準階の平面が幅25m×奥行き20mの低層オフィスビルの計画において、事務室の適切な奥行きを確保するために、偏心コアプランを採用した。

A センターコア、偏心コアでは、コアまでの奥行きは、15m程度必要です。幅25m×奥行き20mの平面図形では、センターコアでは15mの奥行きをとれず無理です。偏心コアが、適した規模となります（答えは○）。

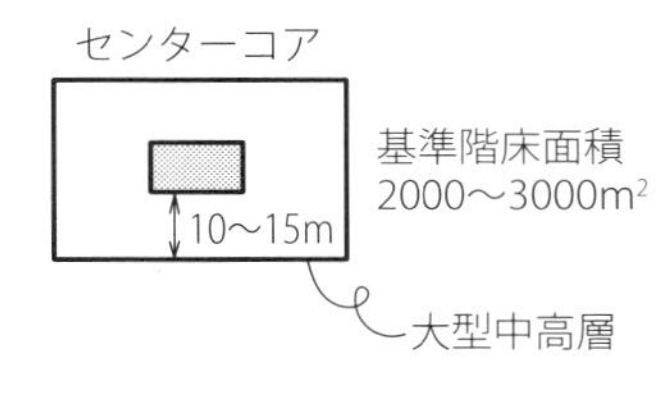
センターコア
10〜15m
基準階床面積
2000〜3000m²
大型中高層

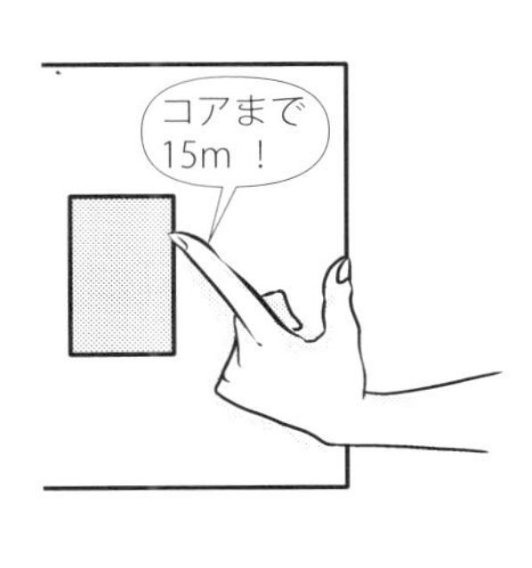
コアまで
15m ！

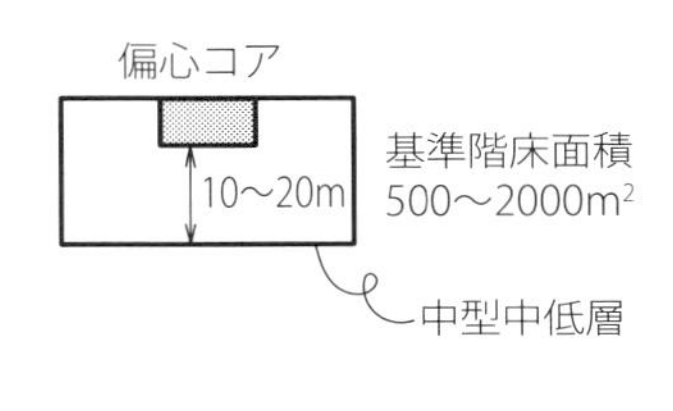
偏心コア
10〜20m
基準階床面積
500〜2000m²
中型中低層

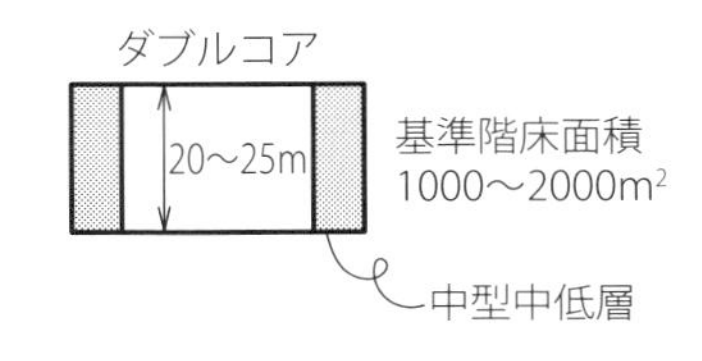
ダブルコア
20〜25m
基準階床面積
1000〜2000m²
中型中低層

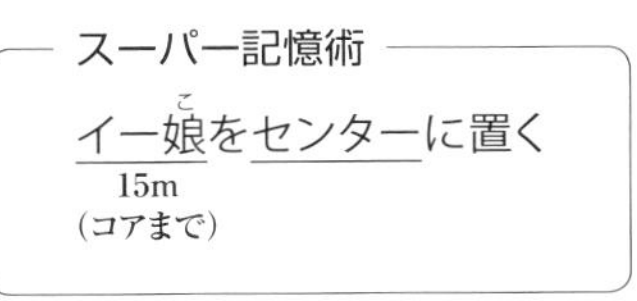
スーパー記憶術
イー娘（こ）をセンターに置く
15m
（コアまで）

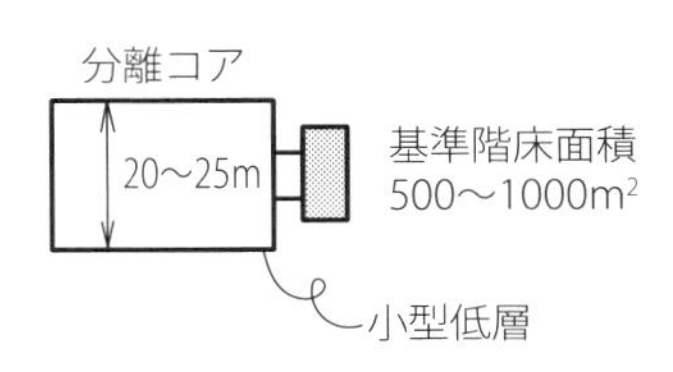
分離コア
20〜25m
基準階床面積
500〜1000m²
小型低層

答え ▶ ○

Q オフィスビルにおけるフリーアクセスフロアは、配線を自由に行うことができるように、**2**重床としたものである。

A コンクリート床スラブの上に、図のようなユニットを並べ、どこからでも配線を自由に取り出せるようにしたのが、フリーアクセスフロアです（答えは○）。丹下健三による東京都庁舎（**1991**年）(注) の床には、高さ**7.5cm**のフリーアクセスフロアが敷かれています。

床下配線よ！
50cm角程度
この上にタイルカーペットを敷く
高さは6～20cm程度
電気、電話、LAN ほか
フリーアクセスフロア
（OAフロア）

右図のようなフロアダクトを、コンクリート中に埋め込むこともあります。この場合は取り出し位置が、限定されます。

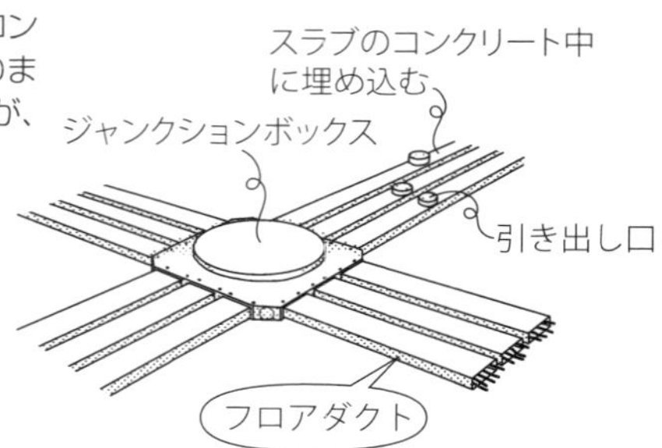
スラブのコンクリート中に埋め込む
ジャンクションボックス
引き出し口
フロアダクト

注：東京都庁舎の基準階の階高は**4m**、天井高**2.65m**、平面のモデュールは**3.2m**

答え ▶ ○

Q フリーアドレス方式とは、事務室に固定した個人専用の座席を設けず、在籍者が座席を共用し、効率的に利用する方式である。

A 下図のように、自分の居るところ（アドレス）、自分の机が固定されて決まっておらず、自由に割り振られる方式を、フリーアドレス方式といいます。面積の有効利用、コミュニケーションの活性化などの利点があります（答えは○）。

ちょっと出かける
フリーアドレス方式
ガタ
各人のアドレスはフリーよ！
机のアドレス
ゲッ
個人専用の机はないのか

Point

フリーアクセス…配線のアクセスが自由
フリーアドレス…自分のアドレスが自由

答え ▶ ○

Q 事務室の机の配置図A〜Cに対応する配置形式を、ア〜ウから選べ。

ア.対向式　　イ.並行式　　ウ.スタッグ式

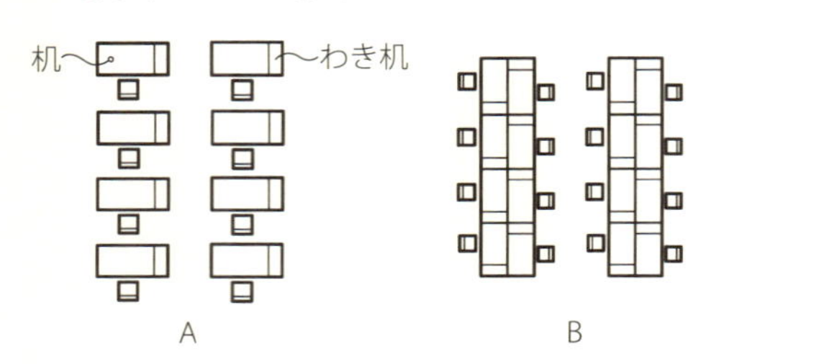
机
わき机
A
B
C

A 右図のように、人の座る向きによって、家具レイアウトは並行式、対向式、スタッグ式などがあります（Aはイ、Bはア、Cはウ）。

スタッグはスタック（stack）のなまったもので、積み重ねることです。スタッキングチェアは、積み重ねのできるいすです。

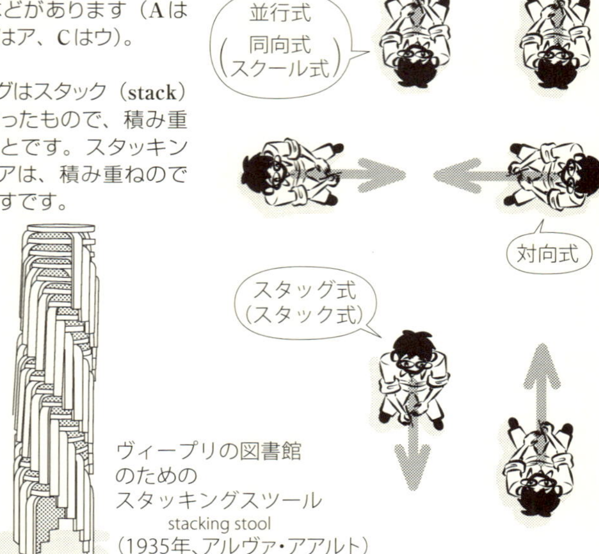
並行式
（同向式 スクール式）
対向式
スタッグ式
（スタック式）
ヴィープリの図書館
のための
スタッキングスツール
stacking stool
（1935年、アルヴァ・アアルト）

答え▶ A：イ　B：ア　C：ウ

Q 事務所における机の配置形式について、

1. 密なコミュニケーションを必要とする業務には、対向式より並行式の方が適している。
2. 個人の明確なワークスペースが必要な場合、並行式より対向式の方が適している。

A コミュニケーションは、顔を向き合わせている対向式の方がとりやすくなります（1は×）。
並行式は学校の教室のように同じ方向に向くので、コミュニケーションはとりにくくなりますが、各個人のスペースは明確になり、ひとりひとりが集中しやすいというメリットがあります（2は×）。

コミュニケーションは
とりやすいわよ！
対向式
並行式
個人の明確な
ワークスペース
ひとりで集中
できるのか

答え ▶ 1. ×　2. ×

Q 床面積が同じならば事務室における机の配置形式については、対向式より並行式の方が、多くの机を配置することができる。

A 図のように机の背後のスペースを比べると、対向式の方は「中廊下型」、並行式は「片廊下型」ということができます、面積効率は、「中廊下型」の対向式が優れています（答えは×）。

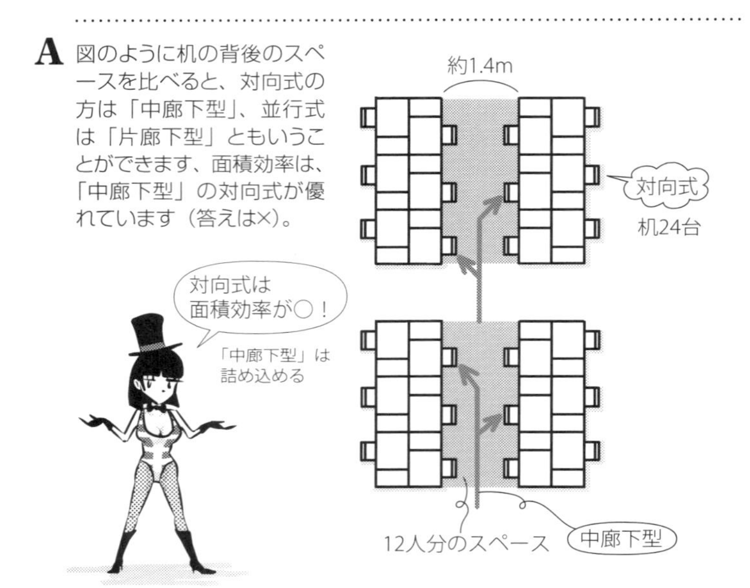
約1.4m
対向式
机24台
対向式は
面積効率が○！
「中廊下型」は
詰め込める
12人分のスペース
中廊下型

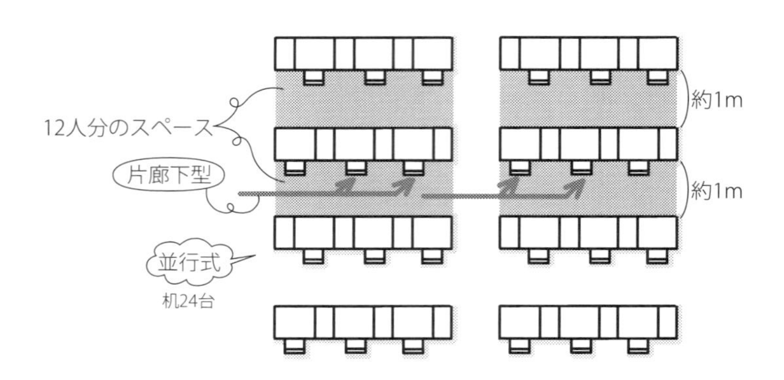
約1m
約1m
12人分のスペース
片廊下型
並行式
机24台

答え ▶ ×

Q ソシオペタルは、複数の人数が集まったときに、知らない人間どうしが異なる方向に顔を向けているような状態をいう。

A 座り方によって、社会的相互関係をうながしたり、抑えたりします。対面型をソシオペタル、離反型をソシオフーガルといいます（答えは×）。

対面型

ソシオペタル
sociopetal

離反型

ソシオフーガル
sociofugal

ソシオ（socio）：「社会の」を意味する接頭語。
ペタル（petal）：花びら。花状に求心的に向き合うことから。
フーガル（fugal）：「フーガ（fuga）＝遁走曲」。対位法による曲。独立して対位させることから。

スーパー記憶術
イケメン
オンリーよ
ペタ
ペタ
ベタベタ
↓
ペタペタ
↓
ソシオペタル
対面型

答え ▶ ×

Q 高層のオフィスビルにおける乗用エレベーターの台数については、一般に、最も利用者が多い時間帯の5分間に利用する人数を考慮して計画する。

A オフィスビルでのエレベーター利用者数は、8時前の出社時にピークがあり、12時後の昼休み時、18時後の退社時に2番目、3番目のピークがあります。エレベーター設置台数は、最大ピーク時の5分間における利用者数を元に計画します（答えは○）。

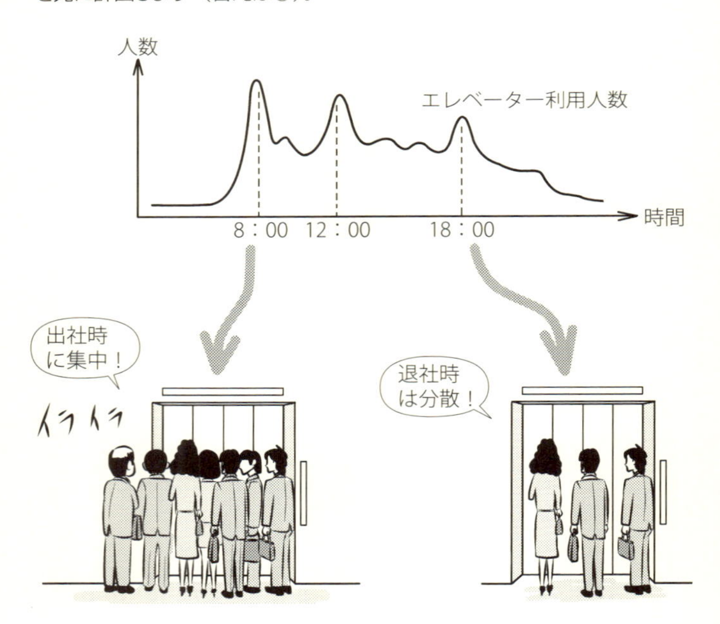
人数
エレベーター利用人数
時間
8：00
12：00
18：00
出社時に集中！
イライラ
退社時は分散！

答え ▶ ○

Q エレベーターの設置台数の算定に用いる「ビルの在籍者数に対する最も利用者が多い時間帯の5分間に利用する人数の割合」は、複数のテナントが入る貸事務所ビルより自社専用の事務所ビルの方が大きい。

A ピーク時のエレベーター利用者を、ビル全体の人数で割った比は、貸しビルで15%程度、自社ビルで20～25%程度となります。出社、退社時間がそろう自社ビルの方が、その比は高い傾向にあります（答えは○）。よって自社ビルの方が、エレベーターの台数を多くする必要があります。

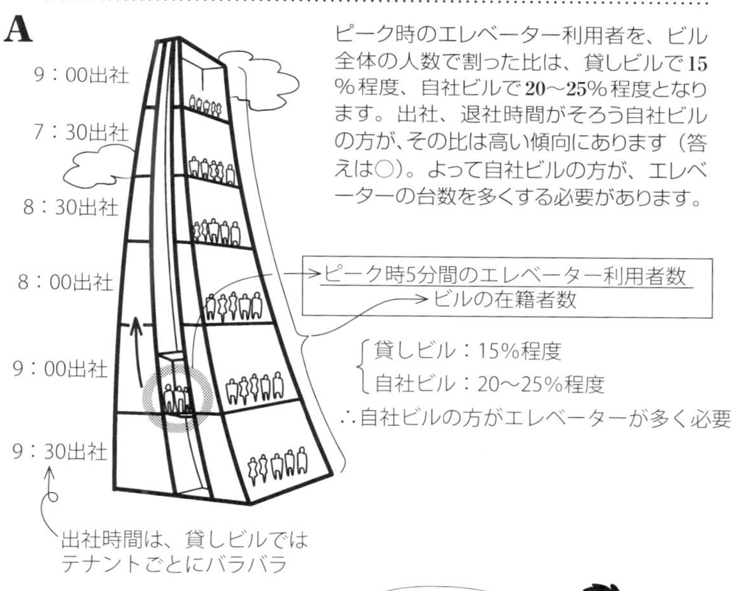

9：00出社
7：30出社
8：30出社
8：00出社
9：00出社
9：30出社
ピーク時5分間のエレベーター利用者数
ビルの在籍者数
貸しビル：15%程度
自社ビル：20～25%程度
∴自社ビルの方がエレベーターが多く必要
出社時間は、貸しビルでは
テナントごとにバラバラ

出社時間、退社時間をバラバラにしてほしいな
どっちにしろ仕事はしたくない…

テナント（tenant）：借家人

答え ▶ ○

Q 非常用エレベーターは、在館者の避難を主な目的として計画する。

A 非常用エレベーターは、火災時に消防隊が進入し、消火、避難誘導をするためのものです（答えは×）。平常時では一般用としても使用できます。建築基準法では、31m（約100尺）を超える階には、はしごが届かないという理由で、非常用エレベーターの設置義務があります。

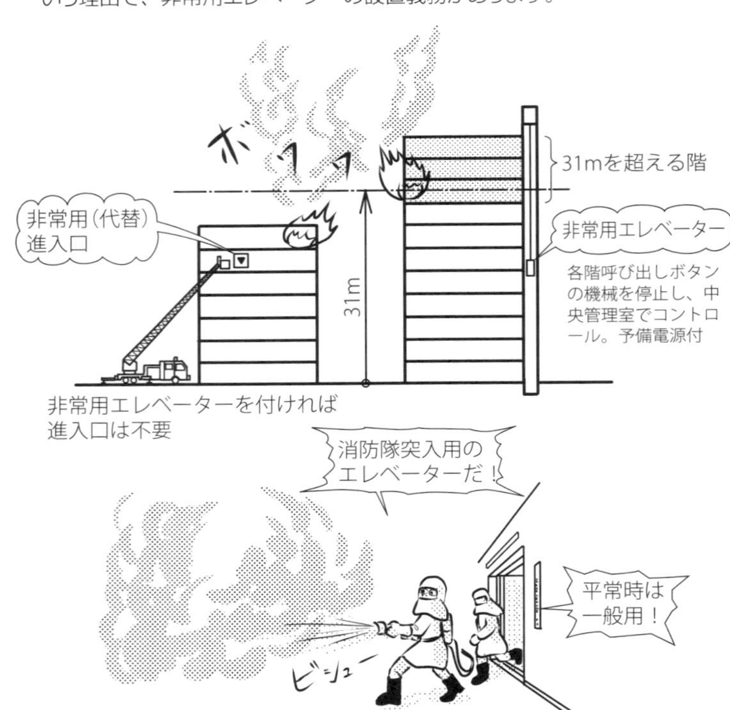
ボワッ
31mを超える階
非常用（代替）進入口
非常用エレベーター
31m
各階呼び出しボタンの機械を停止し、中央管理室でコントロール。予備電源付
非常用エレベーターを付ければ進入口は不要
消防隊突入用のエレベーターだ！
平常時は一般用！
ビシュー

答え ▶ ×

Q 42階建てオフィスビルのエレベーター計画において、エレベーターを行き先別にグルーピングしたバンクに分けずに計画した。

A 高層の場合は右図のように、階をゾーンに分け、エレベーターの列（バンク）を各々に割り振ります。乗り継ぎ階を設け、間違ったエレベーターに乗った場合や、別のゾーンに行きたい場合にも対応できるようにしておきます（答えは×）。

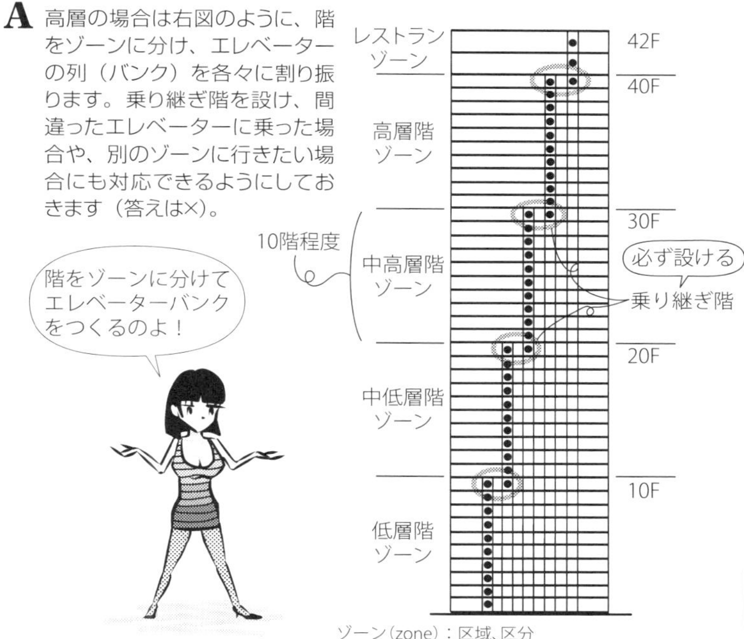

レストランゾーン
高層階ゾーン
中高層階ゾーン
中低層階ゾーン
低層階ゾーン
42F
40F
30F
20F
10F
10階程度
必ず設ける
乗り継ぎ階
階をゾーンに分けてエレベーターバンクをつくるのよ！

ゾーン（zone）：区域、区分

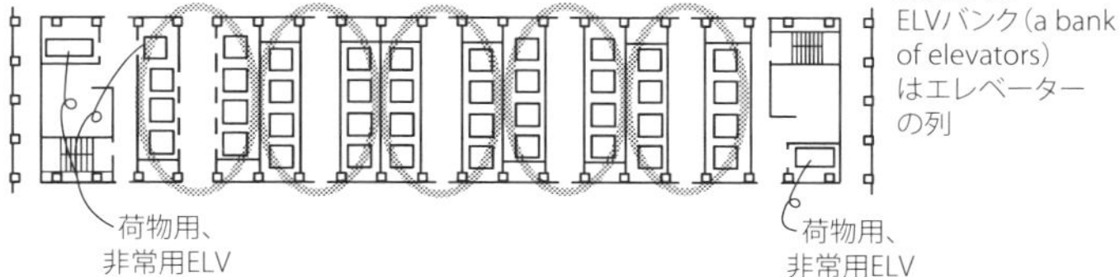

低層階 ELVバンク
中低層階 ELVバンク
中高層階 ELVバンク
高層階 ELVバンク
レストラン階 ELVバンク
bank：銀行、土手のほかに列という意味あり。ELVバンク（a bank of elevators）はエレベーターの列
荷物用、非常用ELV
荷物用、非常用ELV

- ゾーンに分けてエレベーターバンクをつくる方式を、コンヴェンショナルゾーニング方式ともいいます。コンヴェンショナル（conventional）とは、通常の、という意味です。

答え ▶ ×

Q 基準階のオフィスの床面積を1000m²とするオフィスビルの計画において、女子便器4個、男子小便器3個、男子大便器3個とした。

A オフィスは1人当たり約10m²（6畳）必要なので（R063参照）、1000m²では約100人となります。100人に対して女子の器具5個、男子の器具（大、小）3個必要であり、男女の比によりますが、4個、3個、3個は十分です（答えは○）。

オフィスの便器数

各々 100人に対し	女子便器		5個
	男子	大便器	3個
		小便器	3個

待ち時間によって変わる。器具メーカーのサイトに、人数、待ち時間と器具数のグラフが提示されている。

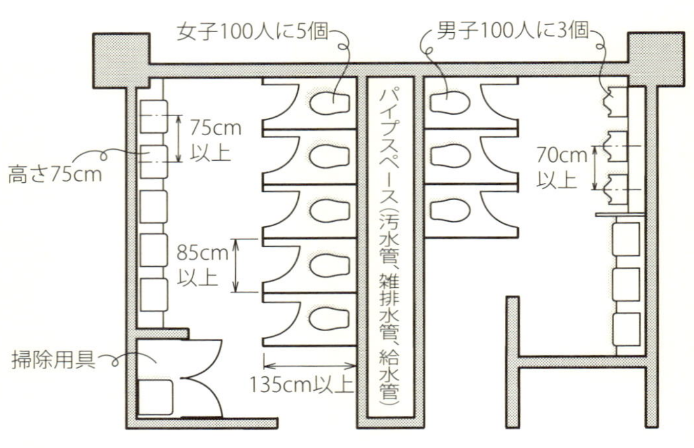
女子100人に5個
男子100人に3個
75cm以上
高さ75cm
パイプスペース（汚水管、雑排水管、給水管）
70cm以上
85cm以上
掃除用具
135cm以上

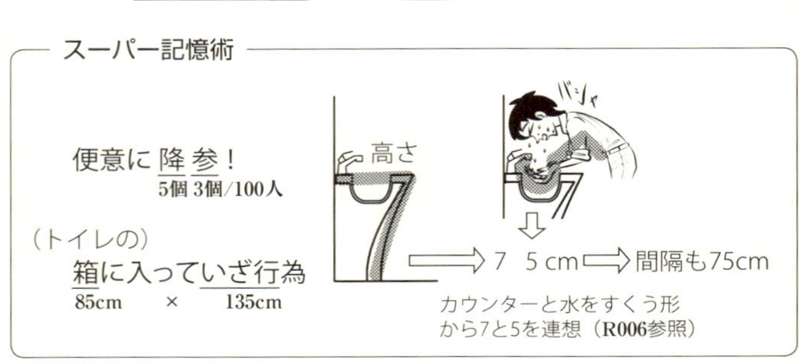
スーパー記憶術
便意に 降 参！
5個 3個/100人
（トイレの）
箱に入っていざ行為
85cm × 135cm
高さ
バシャ
7 5 cm
間隔も75cm
カウンターと水をすくう形から7と5を連想（R006参照）

答え ▶ ○

Q オフィスビルの計画において、夜間の通用口は、利便性のために複数設ける。

A （夜間）通用口は、複数あると管理上、防犯上良くないので、1カ所にするのが一般的です。下図のように、守衛室の前を通すと、管理、防犯がやりやすくなります（答えは×）。

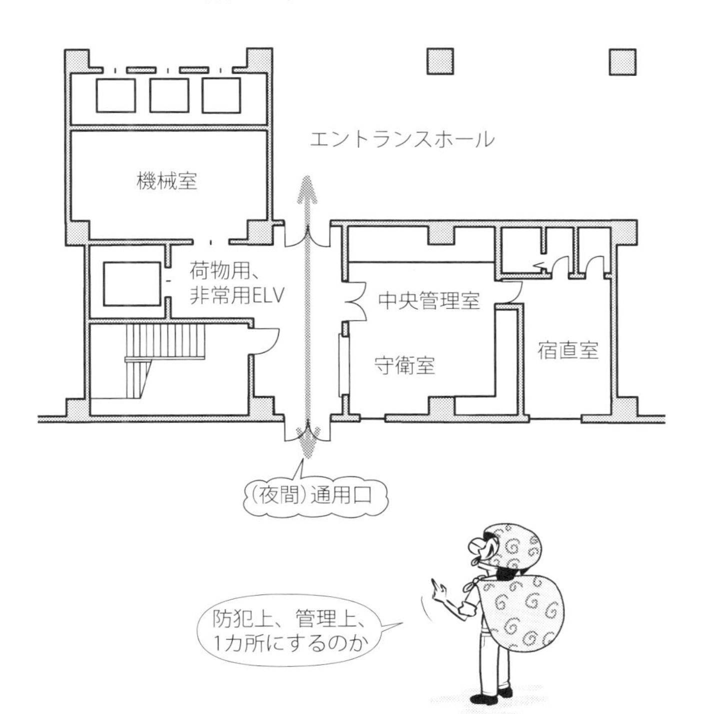

エントランスホール
機械室
荷物用、
非常用ELV
中央管理室
守衛室
宿直室
(夜間)通用口
防犯上、管理上、
1カ所にするのか

答え ▶ ×

Q オフィスビルのゴミ排出量の重量比率は、一般に紙類が最も多いので、紙類専用のゴミ置き場を計画する。

A オフィスで出るゴミのうち、重量で約60%は紙です。容積では、詰め方にもよりますが、70〜80%にもなります。ゴミ置き場は、紙類専用の置き場をつくると、仕分けが楽になります（答えは○）。

オフィスビルのゴミ（重量比）

紙類	プラスチック	厨芥類（ちゅうかいるい）	びん、缶類	その他
約60%	約10%	約10%	約5%	

厨芥類（ちゅうかいるい）
：厨房から出る生ゴミ。芥（あくた）とはゴミのこと。

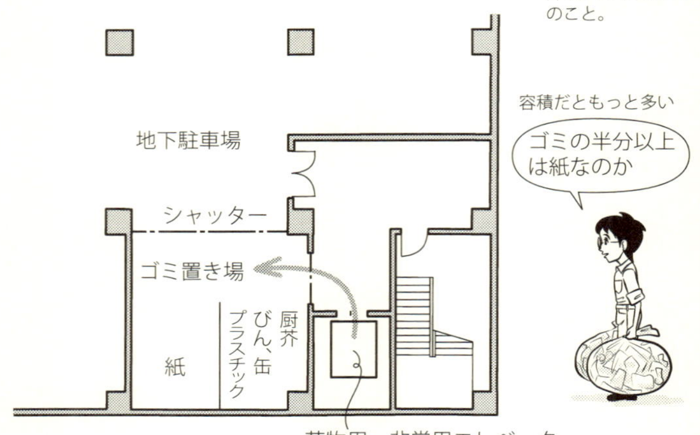
地下駐車場
シャッター
ゴミ置き場
紙
プラスチック
びん、缶
厨芥
荷物用、非常用エレベーター
容積だともっと多い
ゴミの半分以上は紙なのか

答え ▶ ○

Q プロセニアムアーチとは、舞台と客席の間に設ける額縁状の構築物である。

A 照明や各種吊り物など、舞台の上と左右には多くの道具が必要となります。それらの裏方を隠して、出演者やセットをきわ立たせる額縁が、プロセニアム、またはプロセニアムアーチといいます（答えは○）。プロセニアムアーチを使った舞台を、プロセニアムステージと呼びます。

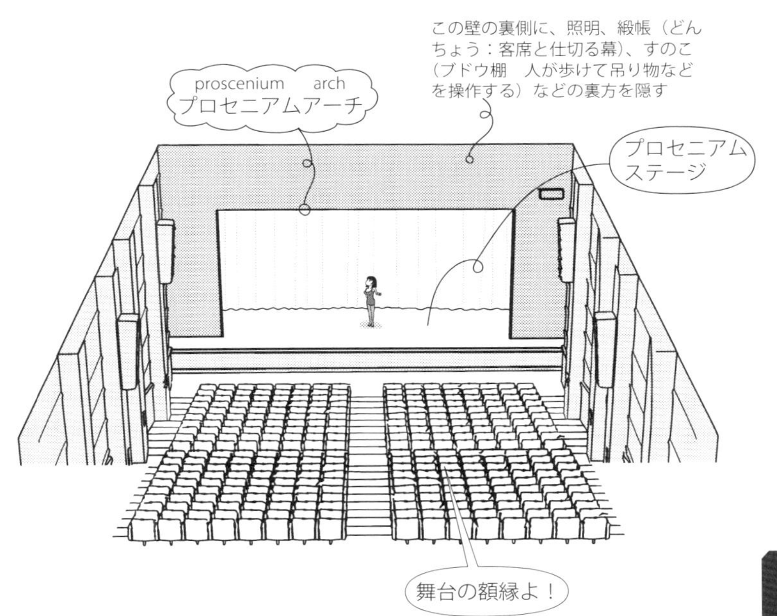
この壁の裏側に、照明、緞帳（どんちょう：客席と仕切る幕）、すのこ（ブドウ棚　人が歩けて吊り物などを操作する）などの裏方を隠す
proscenium arch
プロセニアムアーチ
プロセニアムステージ
舞台の額縁よ！

答え ▶ ○

Q 劇場において、側舞台がないプロセニアムステージの舞台幅を、プロセニアムの間口幅の2倍とした。

A 舞台の両脇には、下図のように袖が必要です。袖がないと、出演者やセットの準備などができません。客席から見えない袖を両側にとるので、プロセニアムの間口幅に対し、舞台全体の幅は2倍以上必要です（答えは○）。

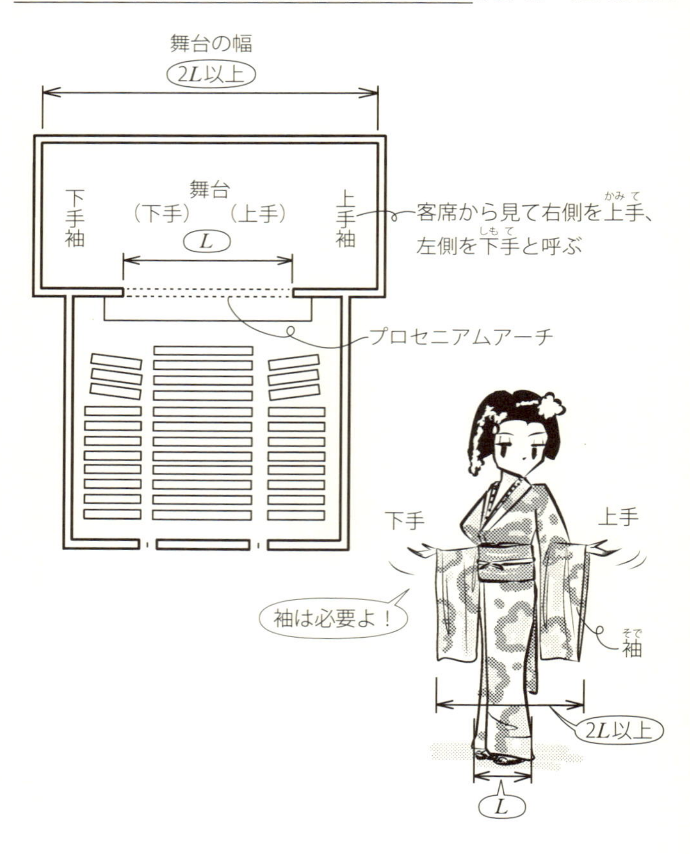
舞台の幅
2L以上
舞台
下手袖
（下手）
（上手）
上手袖
L
客席から見て右側を上手（かみて）、左側を下手（しもて）と呼ぶ
プロセニアムアーチ
下手
上手
袖は必要よ！
袖（そで）
2L以上
L

答え ▶ ○

Q プロセニアムステージの奥行きを、プロセニアムアーチの間口幅と同じとした。

A プロセニアムステージの奥行きは、プロセニアムアーチ間口幅 L の1倍強をとるのが一般的です。$L \times L$ という正方形のスペースで演技するわけです（答えは○）。

平面図
奥行き
L以上
L
1L
1.1L
1.2L
など
正方形のスペースで演技するのよ！
L
L
断面図
L以上
これぐらいないと、背景がつくれないわよ！

答え ▶ ○

Q プロセニアムステージの舞台床面からすのこまでの高さを、プロセニアムアーチの高さの2.5倍とした。

A 客席と舞台を仕切る緞帳などの幕類は、巻き上げるのではなく、そのまま持ち上げます。そのため、すのこまでの高さは、プロセニアムアーチの高さの2倍強必要となります（答えは○）。

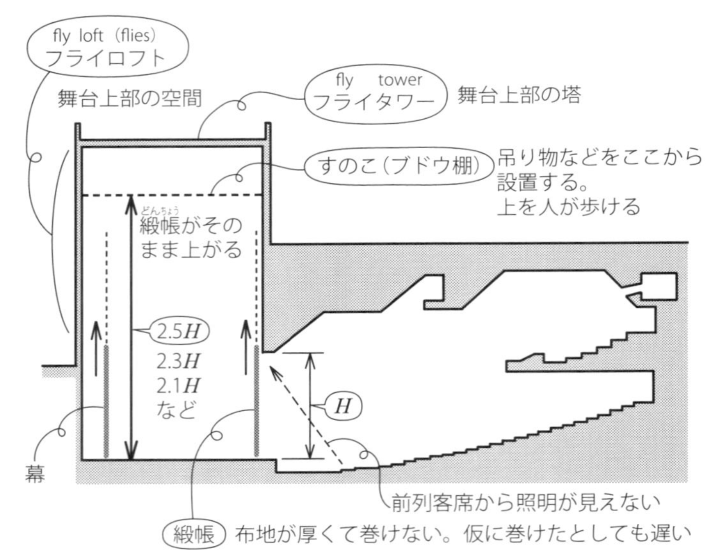
fly loft（flies）
フライロフト
舞台上部の空間
fly tower
フライタワー
舞台上部の塔
すのこ（ブドウ棚）
吊り物などをここから設置する。
上を人が歩ける
緞帳がそのまま上がる
2.5H
2.3H
2.1H
など
H
幕
前列客席から照明が見えない
緞帳
布地が厚くて巻けない。仮に巻けたとしても遅い

ズッ
幕を上げる高さが必要なのか

答え ▶ ○

Q 舞台上部のすのこから、緞帳、ホリゾント幕、袖幕、一文字（いちもんじ）幕、ポータル、舞台装置などを吊る。

A 下図のように、バトンに付けた幕類や照明器具、舞台装置などをすのこから吊ります（答えは○）。ワイヤーは舞台袖まで延ばし、舞台袖のスイッチで上下させるようにします。大型の劇場では、すのこの高さは30m近くあり、多くのサスペンスドラマの舞台としても登場する空間です。すのこの間隔は人が落ちないように狭くされたものが多く、ドラマのように簡単にはいきません。

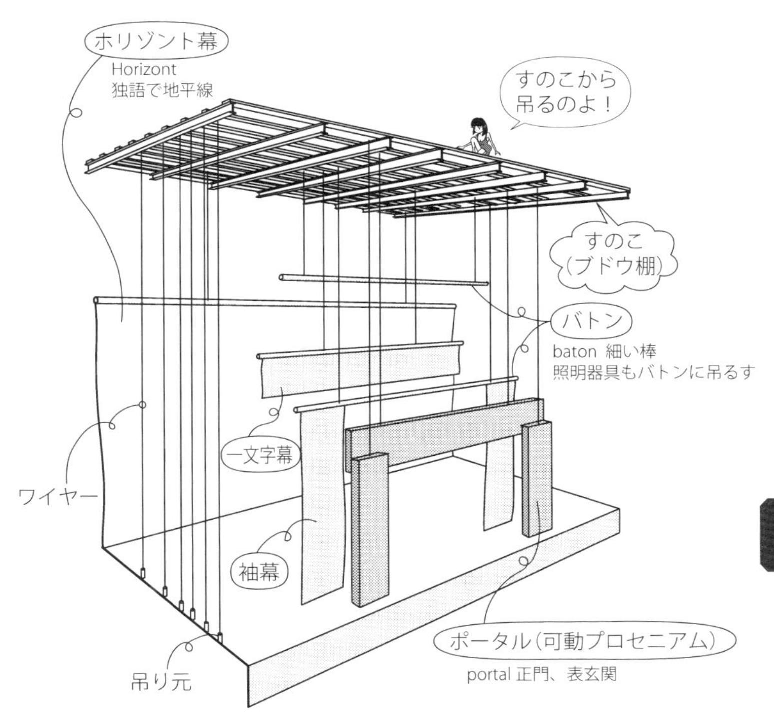
ホリゾント幕
Horizont
独語で地平線
すのこから
吊るのよ！
すのこ
（ブドウ棚）
バトン
baton 細い棒
照明器具もバトンに吊るす
一文字幕
ワイヤー
袖幕
吊り元
ポータル（可動プロセニアム）
portal 正門、表玄関

答え ▶ ○

Q プロセニアムステージから火災が観客席に拡がるのを防ぐために、プロセニアムアーチのステージ側に防火幕を設けた。

A ステージ上には可燃物が多く、客席には人が多いため、ステージから火災が起こると大変です。そのため一定の遮炎性能を有する防火幕や防火シャッター（特定防火設備）が、火災を検知すると自動的に降りてくるようにします（答えは○）。火災を一部分で抑え込んで、他に拡がらないようにすることを、防火区画といいます。

ボワワァ
パシャ
キャー
人間が多い
可燃物が多い
防火幕 or
防火シャッター
防火区画
するのよ！

答え ▶ ○

Q 1. 劇場において、舞台と客席の一体感を高めるために、オープンステージ形式とした。
2. オペラを上演する劇場の計画において、さまざまなオペラの演目に対応するために、オープンステージ形式とした。

A ボクシングの試合などを思い浮かべるとわかるように、オープンステージは舞台と客席との一体感を高められます（1は○）。しかし照明器具、舞台背景などがすべてオープンなため、オペラなどの本格的な舞台演出には向きません（2は×）。

ボクシングは
オープンステージ！

プロセニアムステージ形式

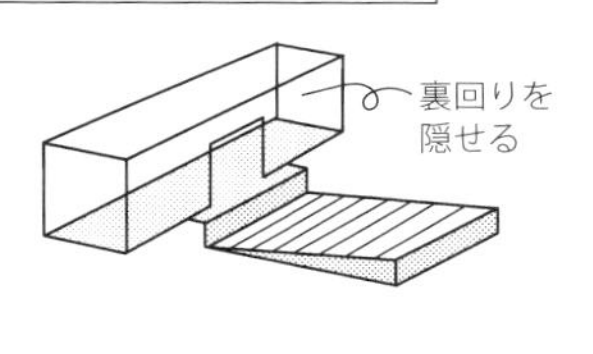
裏回りを
隠せる

オープンステージ形式　照明器具などがすべてオープン。舞台転換がやりにくい

shoe box：靴の箱
シューボックス

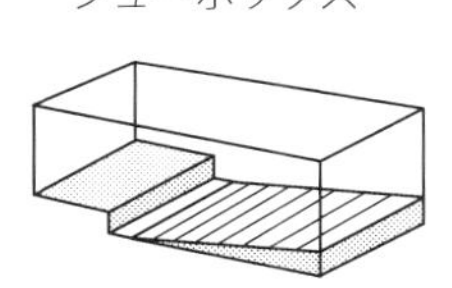

音響がいいため、クラシックの音楽ホールでよく使われる

センターステージ

扇形

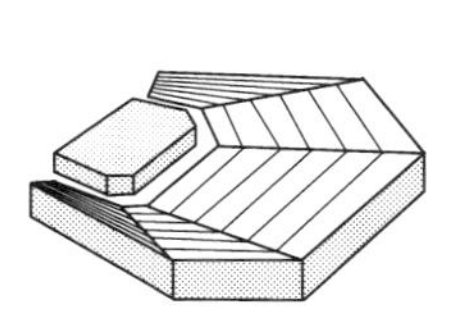

その他いろいろな形あり

答え▶ 1. ○　2. ×

大型の劇場の例として、パリのオペラ座（1874年、シャルル・ガルニエ）を掲げます。側舞台、奥舞台、オーケストラピットをもつ本格的な舞台構成のほかに、上流階級の社交の場としての豪華なホワイエも必見です。

ガルニエ
C.Garnier
35歳のときにコンペで決まる。オペラ座の横に銅像がある。
ペアコラム（双子の円柱）
バロック階段ってやつね
ホワイエ階
入口ロビー階

- ギリシャ、ローマをルーツとする古典主義（クラシシズム）は、近代建築が出現するまでは、ヨーロッパ建築の保守本流でした。その流れをくむパリのオペラ座（様式はネオバロックと分類されている）は、豪華絢爛さにおいて群を抜いており、ウィーンのオペラ座などはかすんで見えてしまいます。このロビーとホワイエはいつでも見学可能です。

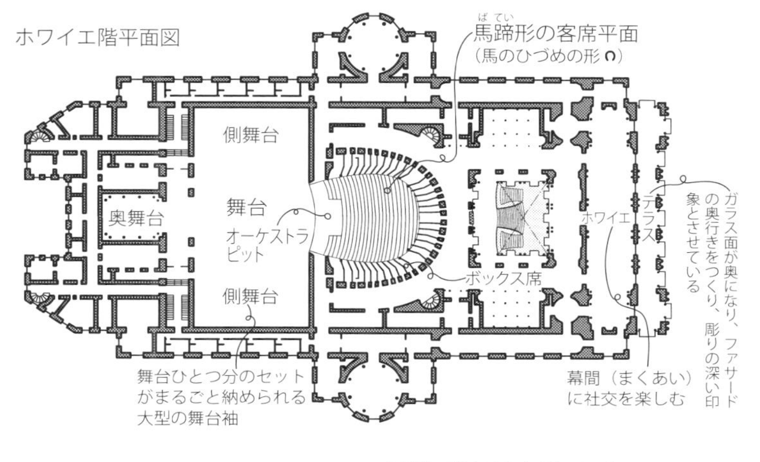
ホワイエ階平面図
馬蹄(ばてい)形の客席平面
(馬のひづめの形 ∩)
側舞台
舞台
奥舞台
オーケストラピット
側舞台
ボックス席
ホワイエ
テラス
ガラス面が奥になり、ファサードの奥行きをつくり、彫りの深い印象とさせている
舞台ひとつ分のセットがまるごと納められる大型の舞台袖
幕間（まくあい）に社交を楽しむ

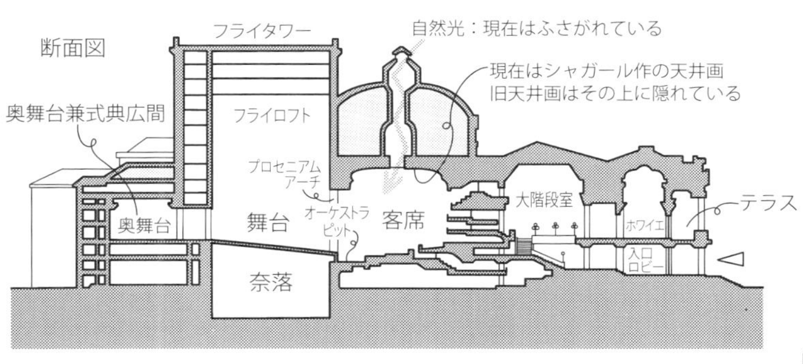
断面図
フライタワー
自然光：現在はふさがれている
現在はシャガール作の天井画
旧天井画はその上に隠れている
奥舞台兼式典広間
フライロフト
プロセニアムアーチ
奥舞台
舞台
オーケストラピット
客席
大階段室
ホワイエ
テラス
入口ロビー
奈落

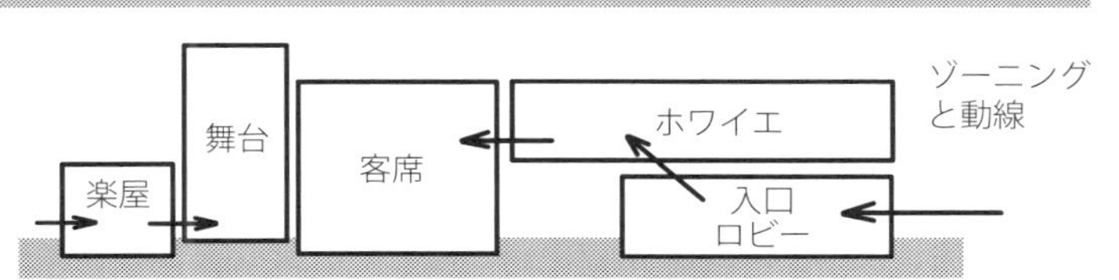
ゾーニングと動線
舞台
客席
ホワイエ
楽屋
入口ロビー

pit：穴、くぼみ
オーケストラピット：オーケストラを入れるくぼみ
マシンピット：機械を入れる穴

参考：三宅理一著『都市と建築コンペティション(1) 首都の時代』講談社、1991年

Q 劇場の計画において、客席と舞台の一体感を演出するために、スラストステージとした。

A 下図のように、スラストステージとはオープンステージの一形式で、ステージの一部または全部が突き出ている（**thrust**）タイプです。ファッションショーなどでよく見られる形式で、三方を客席が囲み、一体感があります（答えは○）。

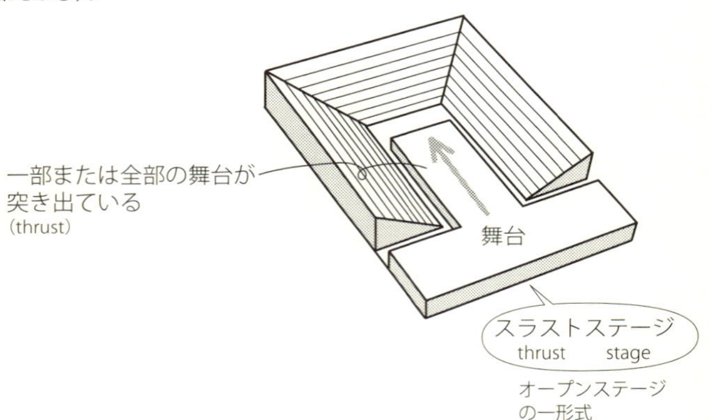
一部または全部の舞台が
突き出ている
(thrust)
舞台
スラストステージ
thrust stage
オープンステージ
の一形式

スーパー記憶術

スラッとした脚を出す　ファッションショー
スラストステージ

ファッションショー
はこのタイプよ！
突き出した
ステージなのか
thrust：突き出す

答え ▶ ○

Q 劇場において、演目に応じて舞台と客席の関係を変化させることができるように、アダプタブルステージ形式で計画した。

A アダプタブルステージとは、下図のように、さまざまな演目に適応（adapt）可能（able）な、さまざまなステージ形式に変更（adapt）可能（able）なステージです（答えは○）。客席を床下や横に自動で移動するものから、人力で設置解体するものまであります。

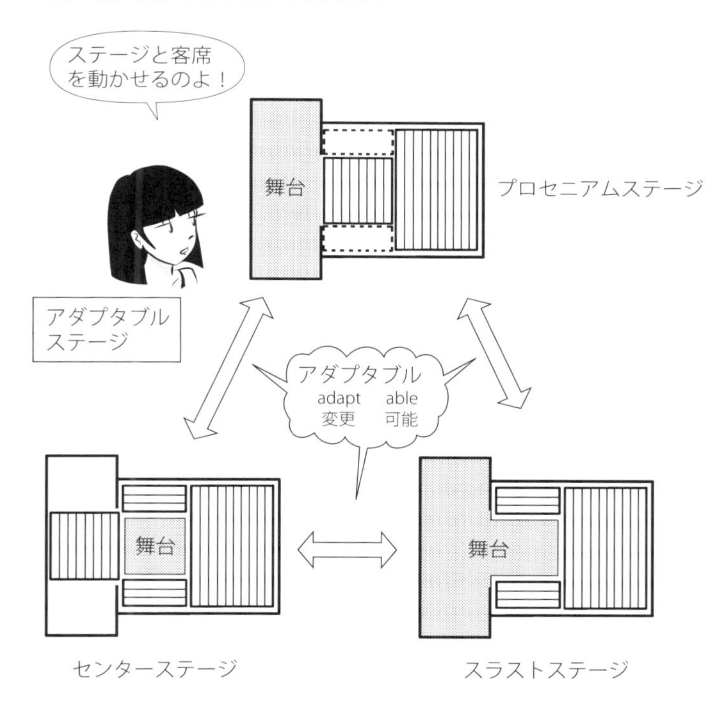
ステージと客席を動かせるのよ！
舞台
プロセニアムステージ
アダプタブルステージ
アダプタブル
adapt able
変更 可能
舞台
舞台
センターステージ
スラストステージ

答え ▶ ○

Q シューボックス型のホールは優れた音響性能のため、クラシックの音楽ホールでよく採用される。

A ウィーンフィルの本拠地、ムジークフェラインザール（ウィーン楽友協会大ホール）は、シューボックス型ホールの典型で、世界最高の音響という名声を得ています。約**19m**幅の側壁からの反響と、壁や天井に施された装飾による音の拡散の効果が大きいとされています。日本でもオーチャードホール（**2150**席）など、多くのシューボックス型ホールがつくられています（答えは○）。

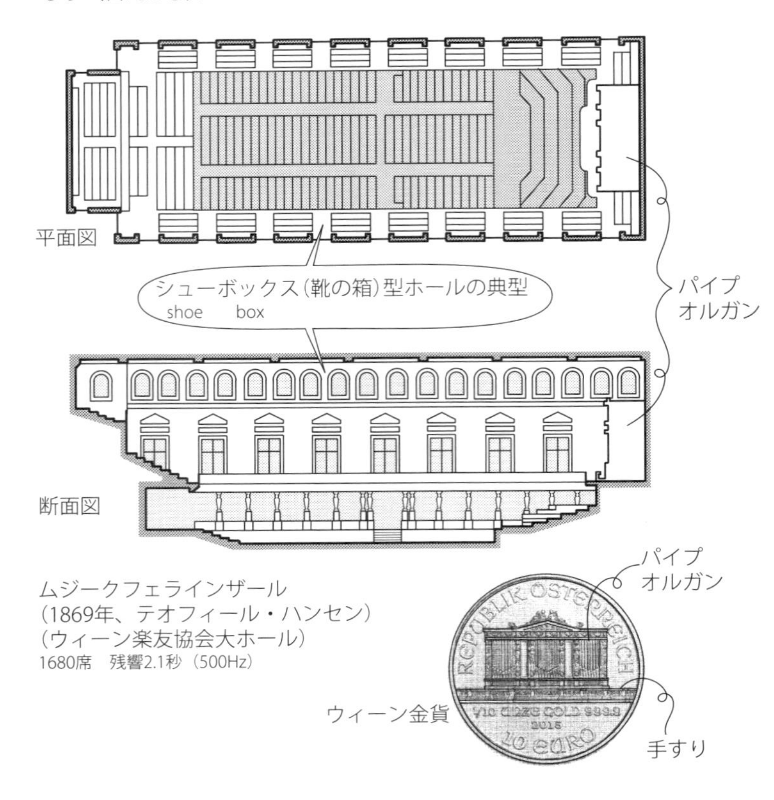
平面図
シューボックス（靴の箱）型ホールの典型
shoe box
パイプ
オルガン
断面図
パイプ
オルガン
ウィーン金貨
手すり

ムジークフェラインザール
（1869年、テオフィール・ハンセン）
（ウィーン楽友協会大ホール）
1680席　残響2.1秒（500Hz）

参考：「SD」1989年10月号「音楽のための空間」

答え ▶ ○

Q ワインヤード型音楽ホールは、客席を段々畑状にして舞台を取り囲む形式である。

A 舞台を観客が囲むアリーナ型の中で、客席を小分割して低い壁で囲い、段々畑状にしたのがワインヤード型です（答えは○）。下図のベルリンフィルや、日本ではサントリーホール（1986年、安井建築設計事務所、2006席）などが代表例です。

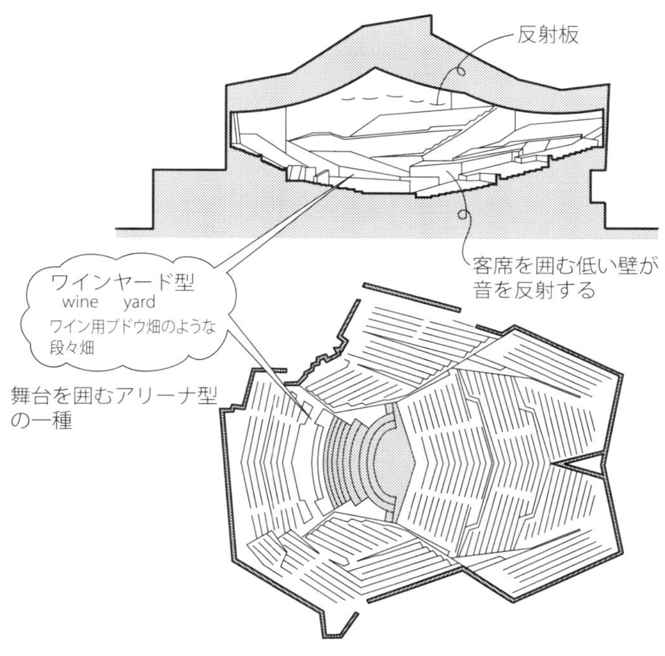
反射板
客席を囲む低い壁が
音を反射する
ワインヤード型
wine yard
ワイン用ブドウ畑のような
段々畑
舞台を囲むアリーナ型
の一種

ベルリンフィルハーモニーホール
（1963年、ハンス・シャロウン）
2230席　残響1.9秒（500Hz）
参考：「SD」1989年10月号「音楽のための空間」

- ハンス・シャロウンのベルリンフィルや近くのベルリン州立図書館（1978年）に見る自由で複雑な造形は、ミースのベルリン国立美術館・新ギャラリー（1968年）の単純明快な形と対極を成しています。同じ視界に3軒が入るほど近接して建っていて、ベルリンでは必見です。

答え ▶ ○

Q オペラ劇場において、可視限界距離を考慮して、最後部の客席から舞台の中心までの視距離を48mとして計画した。

A オペラなどのミュージックプレーでは、音楽と身体表現が主体となるため、可視限界距離は38mとなります（答えは×）。そして、表現や細かい動きを見るためには、もう少し近づく必要があります。

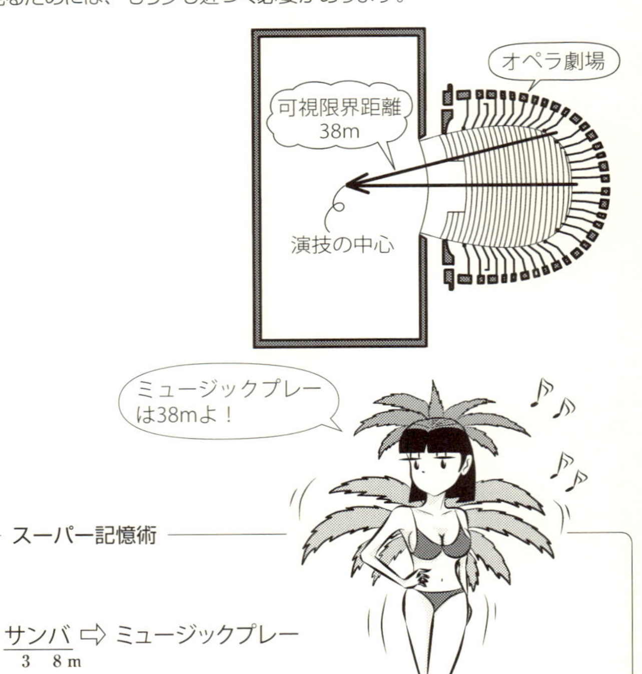
オペラ劇場
可視限界距離
38m
演技の中心
ミュージックプレーは38mよ！

スーパー記憶術

サンバ ⇨ ミュージックプレー
3　8m

答え ▶ ×

Q 劇場の計画に当たり、台詞（せりふ）を主体とする演劇の見やすさを考慮し、可視限界距離を20mとして客席の配置を計画した。

A 可視限界距離は、下図のように、ミュージックプレーで38m、台詞主体の演劇で22m、児童劇で15mです。設問の20mは22m以下なので答えは○です。

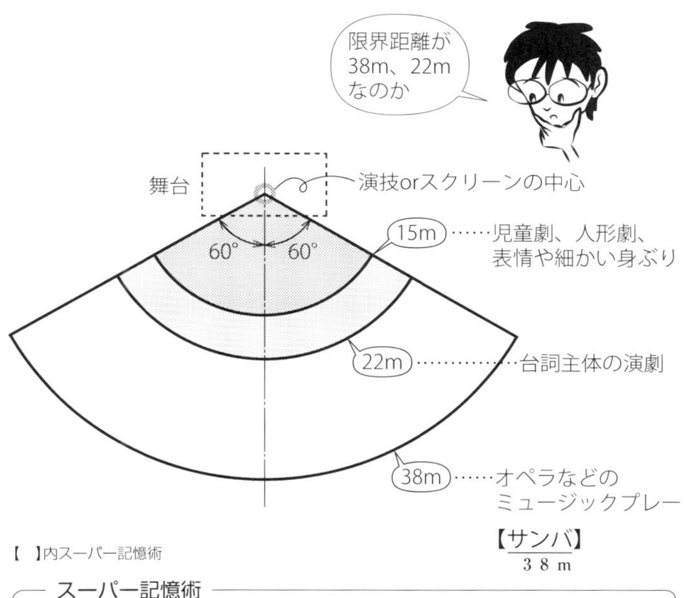
限界距離が
38m、22m
なのか
舞台
演技orスクリーンの中心
60°
60°
15m……児童劇、人形劇、
表情や細かい身ぶり
22m……台詞主体の演劇
38m……オペラなどの
ミュージックプレー

【サンバ】
38m

【　】内スーパー記憶術

スーパー記憶術

人間の
台詞主体

2本足　2本足 ⇨ 22m

答え ▶ ○

Q プロセニアムステージ形式の劇場計画において、1階の各座席から舞台を見下ろしたときの俯角（ふかく）を5～15度までの範囲に保ちつつ、すべての座席から舞台の先端が見えるようにした。

A 俯角とは俯（うつむく）く角度で、水平から下にどれくらい角度をつけて見ているかです。30°が限界で、15°以下が望ましいとされています（答えは○）。

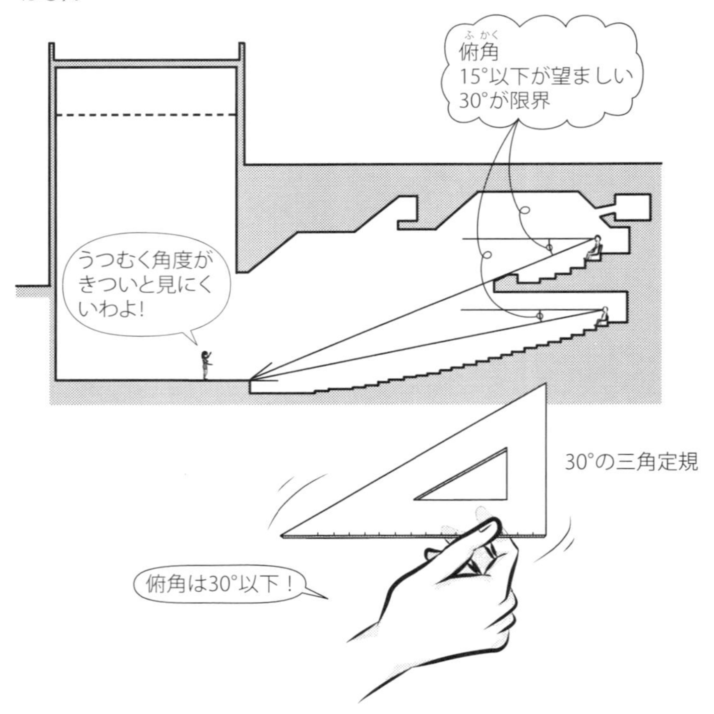
ふかく
俯角
15°以下が望ましい
30°が限界
うつむく角度がきついと見にくいわよ!
30°の三角定規
俯角は30°以下！

答え ▶ ○

Q 映画館の計画において、客席最前列中央からスクリーン両端までの水平角度を90度以下とした。

A 映画館の最前列に座ると目と首が疲れるのは、実感されている方も多いと思います。スクリーンを見る水平角度は90°以下がよいとされています（答えは○）。

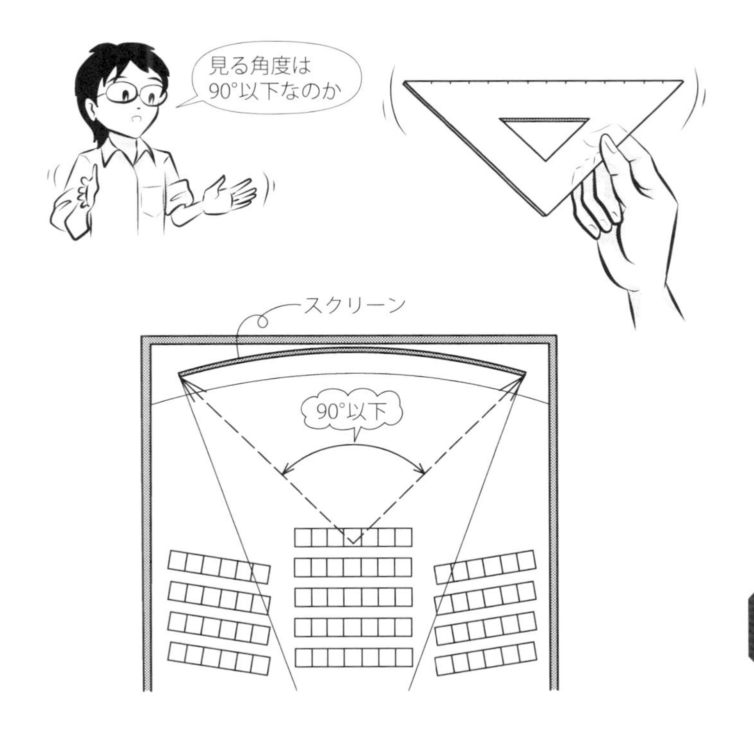
見る角度は
90°以下なのか
スクリーン
90°以下

答え ▶ ○

Q 劇場の計画において、客席1席当たりの幅は45cm以上、前後間隔は80cm以上、座面から前後背もたれまで35cm以上とする。

A いすの大きさ（R011、012参照）は、再度覚え直しておきましょう。いすの幅、奥行きは45×45cm以上、ひざのスペースは35cm以上、前後の間隔は45cm＋35cm＝80cm以上となります（答えは○）。床面積は0.45m×0.8m＝0.36m²ですが、通路を含めると最低でも0.5m²、できれば0.7m²欲しいところです。

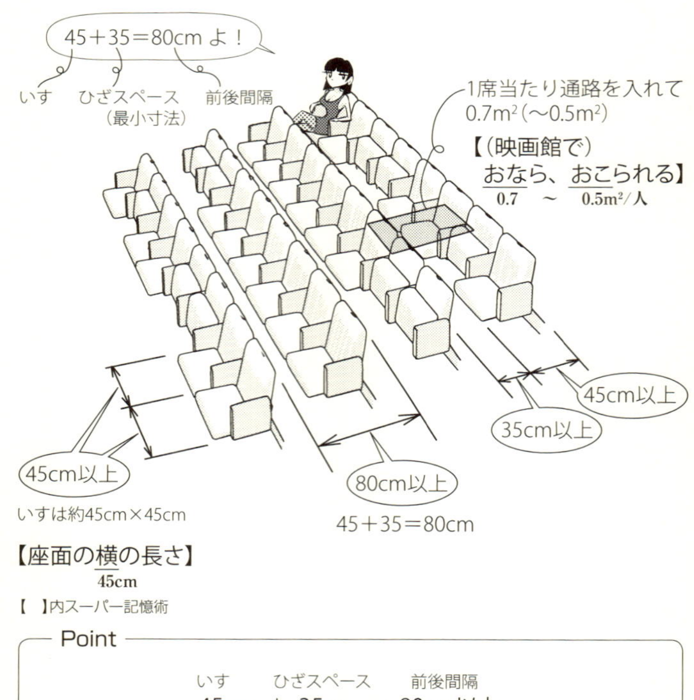

45＋35＝80cmよ！
いす
ひざスペース（最小寸法）
前後間隔
1席当たり通路を入れて0.7m²（～0.5m²）
【(映画館で)おなら、おこられる】
0.7 ～ 0.5m²/人
45cm以上
35cm以上
45cm以上
いすは約45cm×45cm
80cm以上
45＋35＝80cm

【座面の横の長さ】
45cm

【　】内スーパー記憶術

Point

いす		ひざスペース		前後間隔
45cm	＋	35cm	＝	80cm以上

答え ▶ ○

Q 劇場の客席部分において、縦通路を80cm、横通路を100cm以上とした。

A 縦通路は両側客席で80cm以上、片側客席で60cm以上、横通路は100cm以上とされています。

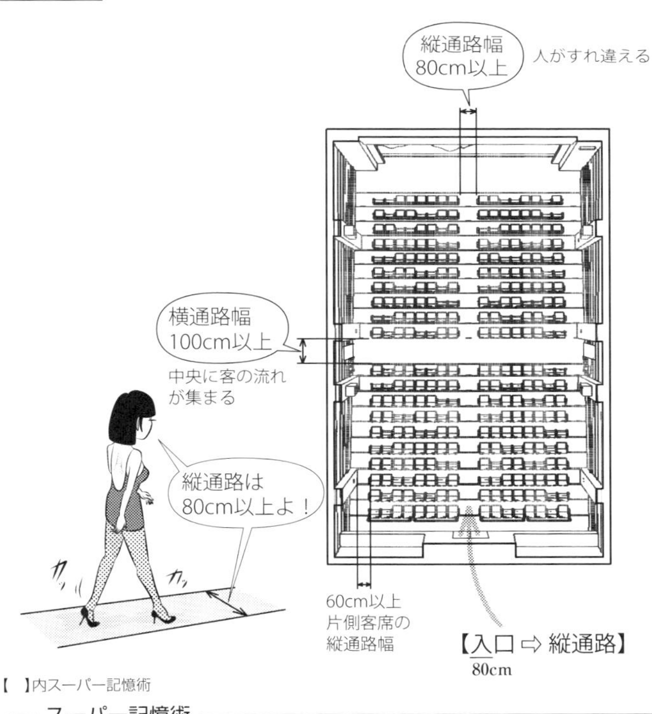
縦通路幅
80cm以上
人がすれ違える
横通路幅
100cm以上
中央に客の流れが集まる
縦通路は
80cm以上よ！
カッ
カッ
60cm以上
片側客席の
縦通路幅
【入口 ⇨ 縦通路】
80cm

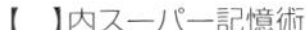
【　】内スーパー記憶術

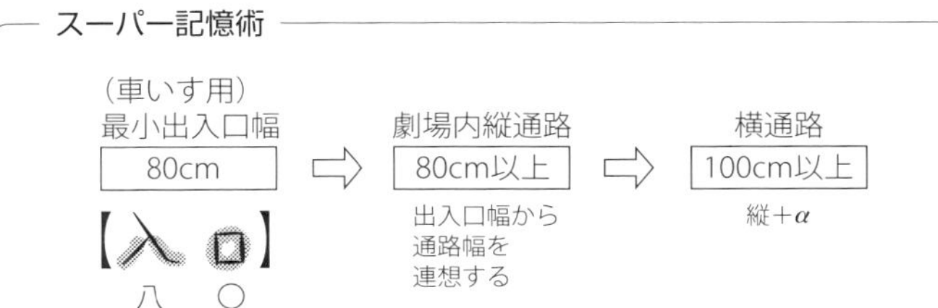
スーパー記憶術
(車いす用)
最小出入口幅
80cm
【入 口】
八 ○
劇場内縦通路
80cm以上
出入口幅から
通路幅を
連想する
横通路
100cm以上
縦＋α

答え ▶ ○

Q **1**. 残響時間とは、音が停止した後に音の強さのレベルが**60dB**減衰するのに要する時間である。

2. 残響時間は、客席の気積が大きいほど長くなる。

3. 劇場の客席の気積は、**6m³**/席以上必要である。

A 音が停止した後も残る現象を残響といい、音の強さのレベル（音圧レベル）が**60dB**減衰するのに要する時間が残響時間です（**1**は○）。セイビンの残響時間の式は下のようになり、室容積Vに比例（**2**は○）、室内表面積Sと平均吸音率$\overline{\alpha}$の積$S\times\overline{\alpha}$に反比例、室温には無関係であることに注意してください。

$$\text{残響時間}\ T=\text{比例定数}\times\frac{V}{S\times\overline{\alpha}}\ (\text{秒})$$

V：室容積
S：表面積
$\overline{\alpha}$：平均吸音率

客席の気積（室容積）が大きくなれば残響時間Tは長くなり、小さくなればTは短くなります。音楽ホール、劇場は長め、映画館は短めに設計します。**1**席当たりの気積にすると、劇場は**6m³**/席以上、映画館は**4〜5m³**/席程度とされています（**3**は○）。

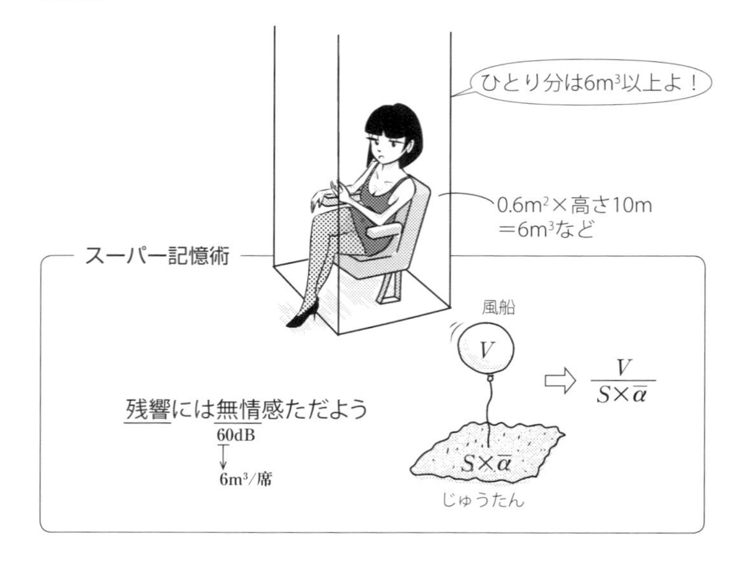
ひとり分は6m³以上よ！
0.6m²×高さ10m
＝6m³など
スーパー記憶術
風船
V
⇨ V / S×α
残響には無情感ただよう
60dB
6m³/席
S×α
じゅうたん

- dB（デシベル）については拙著『ゼロからはじめる［環境工学］入門』を参照してください。

答え ▶ **1**. ○　**2**. ○　**3**. ○

Q 劇場客席に入る手前に、入口ロビーとは別にホワイエを設けた。

A

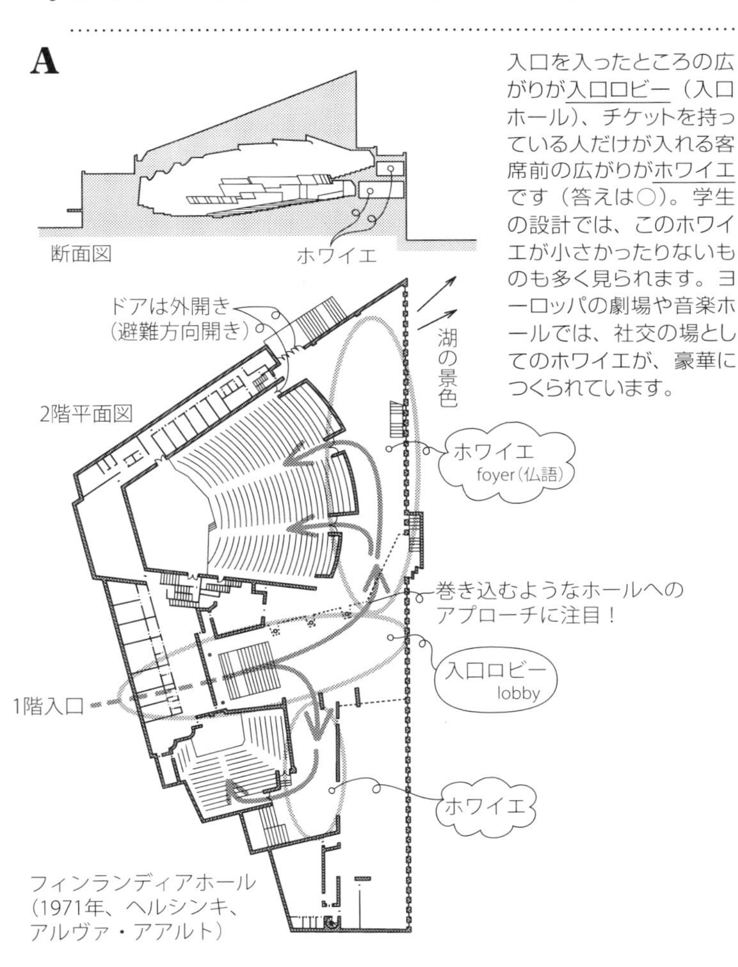

断面図
ホワイエ
ドアは外開き
(避難方向開き)
湖の景色
2階平面図
ホワイエ
foyer(仏語)
巻き込むようなホールへのアプローチに注目!
入口ロビー
lobby
1階入口
ホワイエ

フィンランディアホール
(1971年、ヘルシンキ、アルヴァ・アアルト)

入口を入ったところの広がりが入口ロビー（入口ホール）、チケットを持っている人だけが入れる客席前の広がりがホワイエです（答えは○）。学生の設計では、このホワイエが小さかったりないものも多く見られます。ヨーロッパの劇場や音楽ホールでは、社交の場としてのホワイエが、豪華につくられています。

- 抽象的な立体のコルビュジエ、ミース、グロピウスの近代建築に比べて、曲線、ギザギザの線、木やレンガの素材感を生かしたアアルトのデザインは、新鮮に見えます。フィンランドまで見にいけないという方には、パリ近郊のメゾン・カレ（1959年）がおすすめです。コルビュジエと親しかったカレ氏が、コルビュジエではなくアアルトに依頼したギャラリー兼住宅です。

答え ▶ ○

Q 高級品や固定客を対象とする物品販売業の店舗を、開放型とした。

A 高級品や固定客を対象とする店舗は、一見（いちげん）やひやかし客にわずらわされず、落ち着いた雰囲気とするために、閉鎖型とします（答えは×）。一方、小型の食品店、花屋、古本屋などは開放型とすることが多いです。

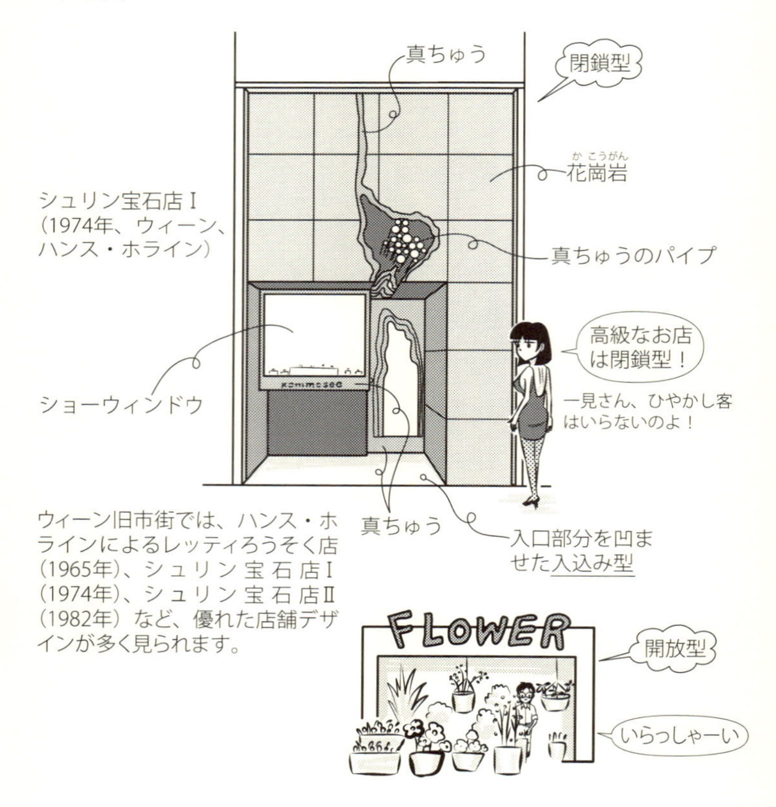

真ちゅう
閉鎖型
花崗岩（かこうがん）
シュリン宝石店Ⅰ（1974年、ウィーン、ハンス・ホライン）
真ちゅうのパイプ
高級なお店は閉鎖型！
ショーウィンドウ
一見さん、ひやかし客はいらないのよ！
真ちゅう
入口部分を凹ませた入込み型
FLOWER
開放型
いらっしゃーい

ウィーン旧市街では、ハンス・ホラインによるレッティろうそく店（1965年）、シュリン宝石店Ⅰ（1974年）、シュリン宝石店Ⅱ（1982年）など、優れた店舗デザインが多く見られます。

答え ▶ ×

Q 屋外に面するショーウィンドウにおいて、その内部を見やすくするようにひさしを設け、日射を遮った。

A ショーウィンドウのガラス面には、背景や空が写り込み見づらくなるので、ひさしやテントを付けると見やすくなります（答えは○）。平面では入口回りを凹ませる入込み型にすると、客を引き込みやすくなります。前項のシュリン宝石店Ⅰも、入込み型です。

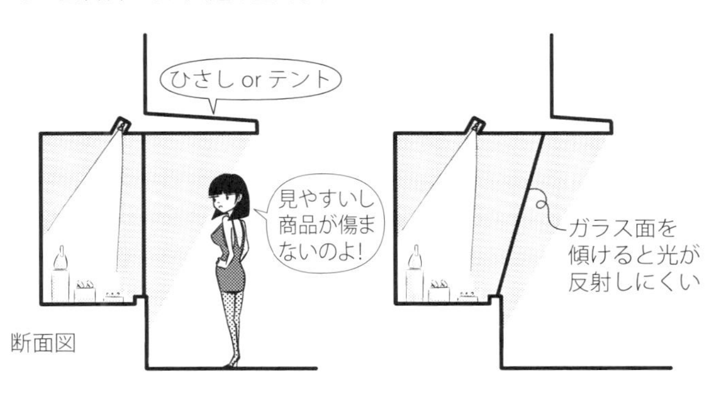
ひさし or テント
見やすいし
商品が傷ま
ないのよ!
ガラス面を
傾けると光が
反射しにくい
断面図

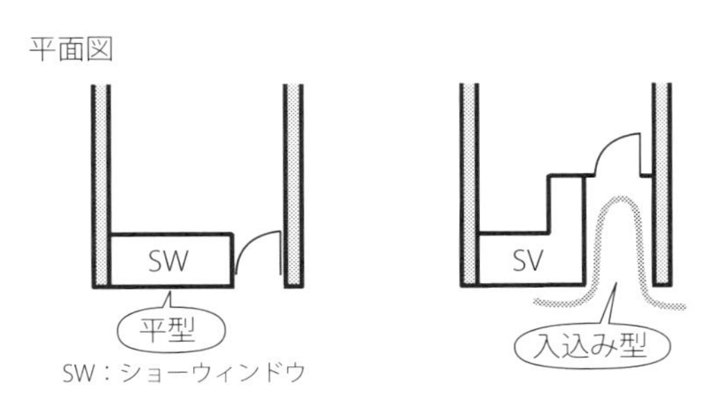
平面図
SW
平型
SW：ショーウィンドウ
SV
入込み型

答え ▶ ○

Q 物品販売店において、
1. 主要な客用通路の幅を300cmとした。
2. ショーケースで囲まれた店員用通路幅を100cmとした。

A 物販店の通路幅は、主要通路で約300cm、副通路で約200cm、ショーケースで囲まれた店員用通路で約100cmです（1、2は○）。

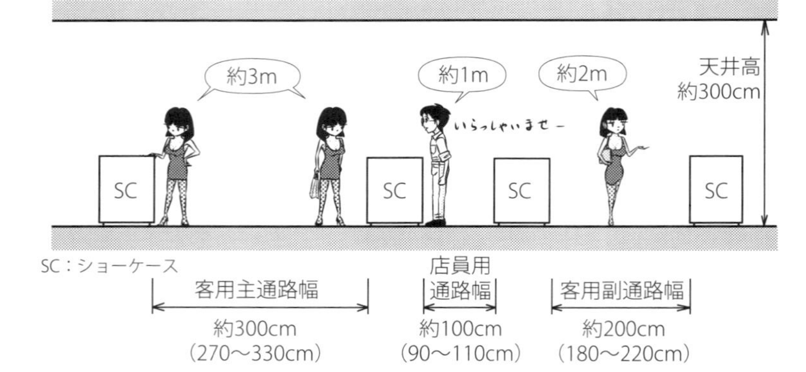
約3m
約1m
約2m
いらっしゃいませー
天井高
約300cm
SC
SC
SC
SC
SC：ショーケース
客用主通路幅
約300cm
(270～330cm)
店員用
通路幅
約100cm
(90～110cm)
客用副通路幅
約200cm
(180～220cm)

- 上記は大型店の場合で、小規模店では、客用通路90cm、店員用通路60cmなどもあります。
- ショーケースは模様替えに対応できるように、可動式とする方が望ましいです。

答え ▶ 1. ○　2. ○

R181
○×問題

Q 商品の陳列棚の高さは、成人にとって見やすさと手に取りやすさを考慮して、床から70 ～ 150cmとして計画した。

A 高さが150cmを超えると、身長によっては手に取れない人も出てきます。150cm以上を商品展示のみとし、最も手に取ってほしい商品を約70cmの高さに並べるなどの工夫をします（答えは○）。高さ70cmは、作業や飲食用テーブルの標準的な高さでもあります。

楽に取れるのは
約150cmまでよ！
テーブル
の高さか
約150cm
約70cm

スーパー記憶術

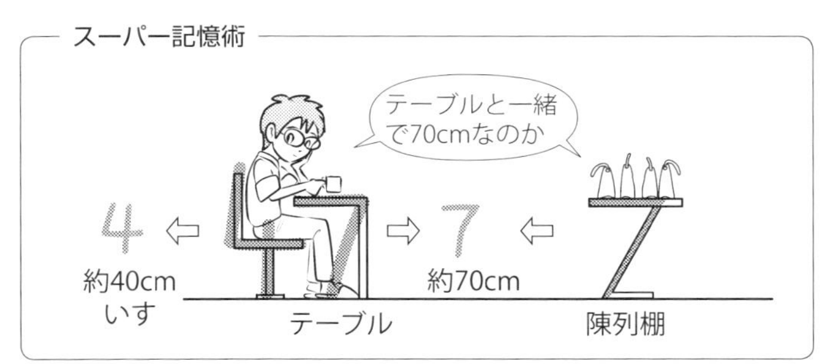
テーブルと一緒
で70cmなのか
4
7
約40cm
いす
テーブル
約70cm
陳列棚

答え ▶ ○

Q スーパーマーケットのレジカウンターにおける包装台の高さを、床から**105cm**とした。

A 包装台の高さは、重い買い物かごを簡単に置けるように、約**70cm**とします（答えは×）。レジスター（**register**）を置く台は**70～90cm**と、立ち作業しやすい高さとします。

高さは70cm
にしてちょうだい
重いんだから
いらっしゃいませー
テーブルと同じ高さとさせていただいております
ガチャ
約70cm
レジ台は包装台よりも高めにすることもある
約60cm
約45cm

答え ▶ ×

Q スーパーマーケットにおける客用の出入口を、店員用の出入口と分離した。

A スーパーマーケット、百貨店などは、客用と店員用の出入口、荷物の搬入口は、可能な限り分けて、平面的に離して配置します（答えは○）。

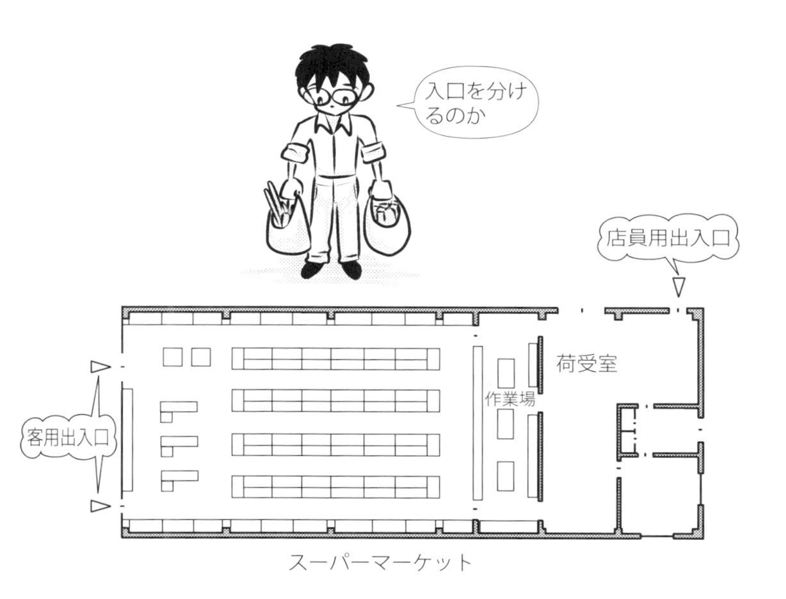
入口を分けるのか
店員用出入口
荷受室
作業場
客用出入口

スーパーマーケット

答え ▶ ○

Q 物品販売業の店舗における、
1. 客の動線は、不快感を与えない程度で長めに計画する。
2. 店員の動線は、合理的に短く計画する。

A 客動線は、不快にならない範囲で長くとり、商品との接触を多くします（1は○）。逆に店員、商品の出し入れ、補充などの動線は合理的に、短くします（2は○）。そして客と、店員、商品の動線が、相互になるべく交差しないように計画します。

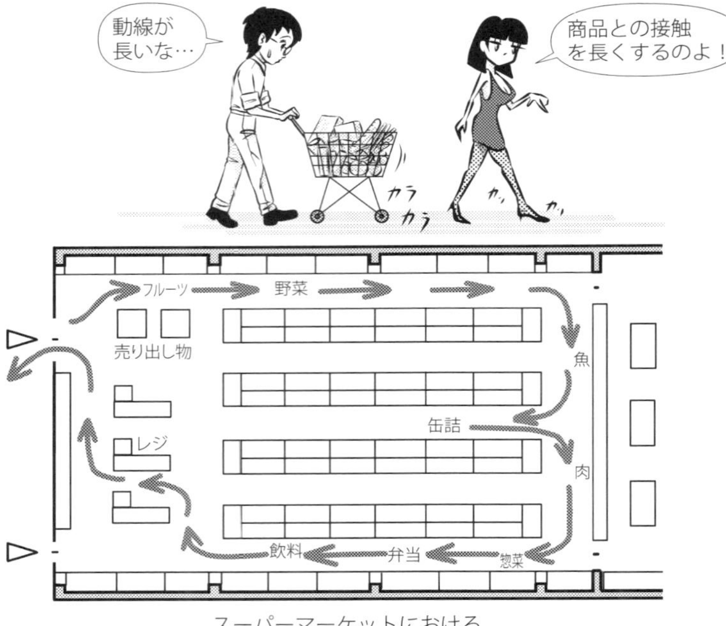
動線が長いな…
商品との接触を長くするのよ！
カラ
カラ
フルーツ
野菜
売り出し物
魚
缶詰
肉
レジ
飲料
弁当
惣菜

スーパーマーケットにおける客の主動線

答え ▶ 1. ○ 2. ○

Q セルフサービス形式のカフェにおいて、配膳用と下げ膳用の動線を離して計画した。

A 配膳と下膳の動線が交差すると、混雑や接触事故の原因となります。なるべく交差させず、離して計画します（答えは○）。

動線がぶつかると
混雑するわよ！
下膳（げぜん）用動線
配膳（はいぜん）用動線

答え ▶ ○

Q 宴会場をもつ大規模なシティホテルにおいて、宿泊と宴会場の客の動線に配慮して、メインの入口ロビーとは別に宴会場専用の入口ロビーを設けた。

A 多人数が集まる宴会場の場合、宴会場の入口を「ホテルの出入口+ロビー」と一緒にすると、混雑してしまいます。混雑を避け、動線をスムーズにするために、「宴会場用の出入口+ロビー」を別に設けます（答えは○）。一般客用ロビーと宴会場用ロビーは、相互に行き来できるようにします。
入口ロビー（lobby）は、入口ホール（hall）、エントランスホールとも呼ばれます。宴会場はバンケットルーム（banquet room）、バンケットホールともいいます。

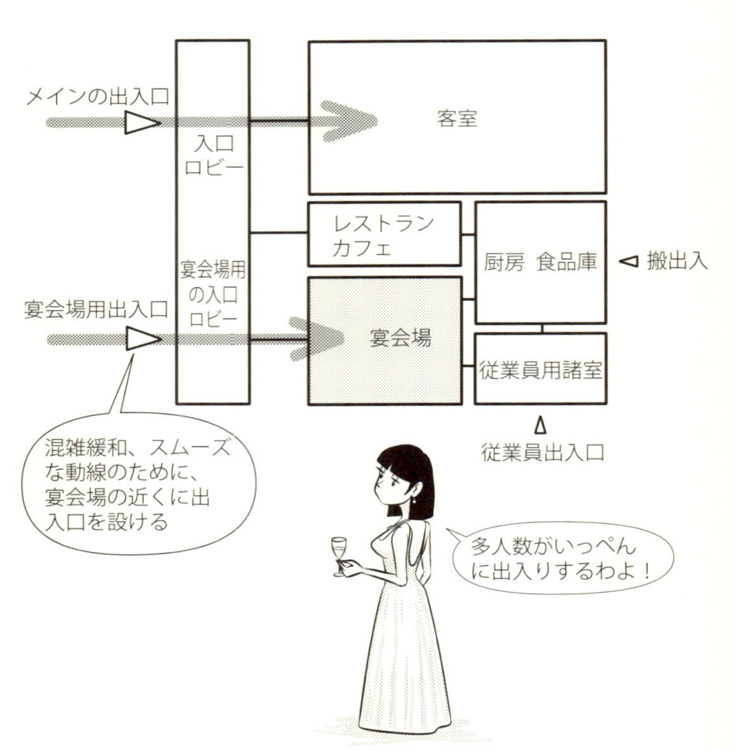
メインの出入口
入口ロビー
客室
レストラン カフェ
厨房 食品庫
搬出入
宴会場用の入口ロビー
宴会場用出入口
宴会場
従業員用諸室
従業員出入口
混雑緩和、スムーズな動線のために、宴会場の近くに出入口を設ける
多人数がいっぺんに出入りするわよ！

答え ▶ ○

Q 大規模なシティホテルの計画において、客室用エレベーターの台数を120室に1台とした。

A シティホテルのエレベーターは、100～200室に1台必要となります（答えは○）。台数が多いほど、待ち時間は少なくなりますが、イニシャルコスト（建築費）とメンテナンスコスト（維持費）は上がります。エレベーターは毎月の定期点検が必要となり、故障時の修理費もほかの設備に比べて高めです。

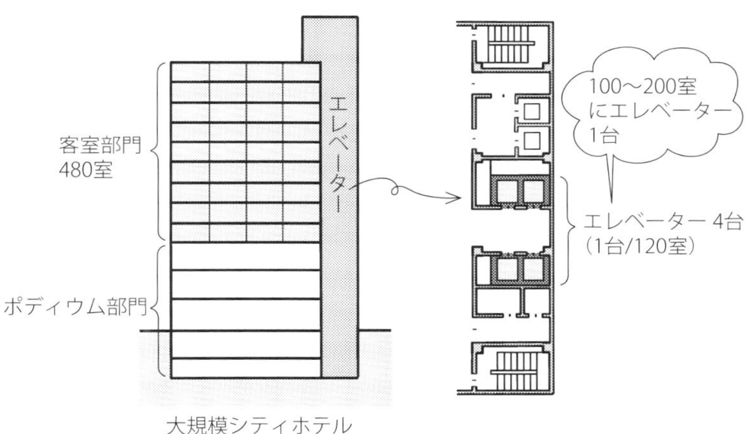
客室部門
480室
ポディウム部門
エレベーター
100～200室
にエレベーター
1台
エレベーター 4台
（1台/120室）
大規模シティホテル

エレベーターを増やすと
待ち時間は短くなるけど、
コストがバカにならない…

答え ▶ ○

Q 高層のシティホテルの計画において、非常用エレベーターは、その近くにリネン室などのサービス諸室を配置し、サービス用エレベーターとして利用することとした。

A 非常用エレベーターは、消防隊が進入する際に用いるものですが、平時では一般用としても使うことができます。オフィス、シティホテル、マンションなどで、31m（法律を決める際に100尺を基準とした）を超える階には、設置が義務付けられています（R153参照）。シティホテルでは、非常用エレベーターを従業員が使うサービス用エレベーターとすることが多いです。サービス用エレベーターの周囲には、リネン室などを配置します。リネン（linen）とは、シーツ、テーブルクロスなどの布製品のことです。

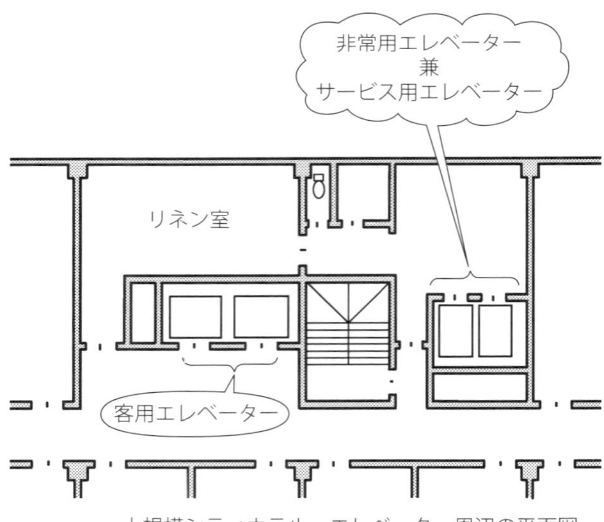
非常用エレベーター
兼
サービス用エレベーター
リネン室
客用エレベーター

大規模シティホテル　エレベーター周辺の平面図

非常用エレベーターをサービス用にも使うのよ！

非常用エレベーター：消防隊が進入するときに用いる

答え ▶ ○

Q シティホテルの計画において、各階単位での改修を考慮するとともに、階高を低く抑えるために、客室ごとに分離した設備縦シャフトとはせずに、集中設備縦シャフトとした。

A トイレや風呂の近くに縦管がないと、横枝管（よこえだかん）が長くなり水が流れにくくなります。横枝管は勾配をつけるため、長いほど天井のふところが必要になって、階高はその分必要となります。設備縦シャフト（PS: パイプスペース）は1部屋ごと、または2部屋にひとつ程度設けるのが一般的です（答えは×）。

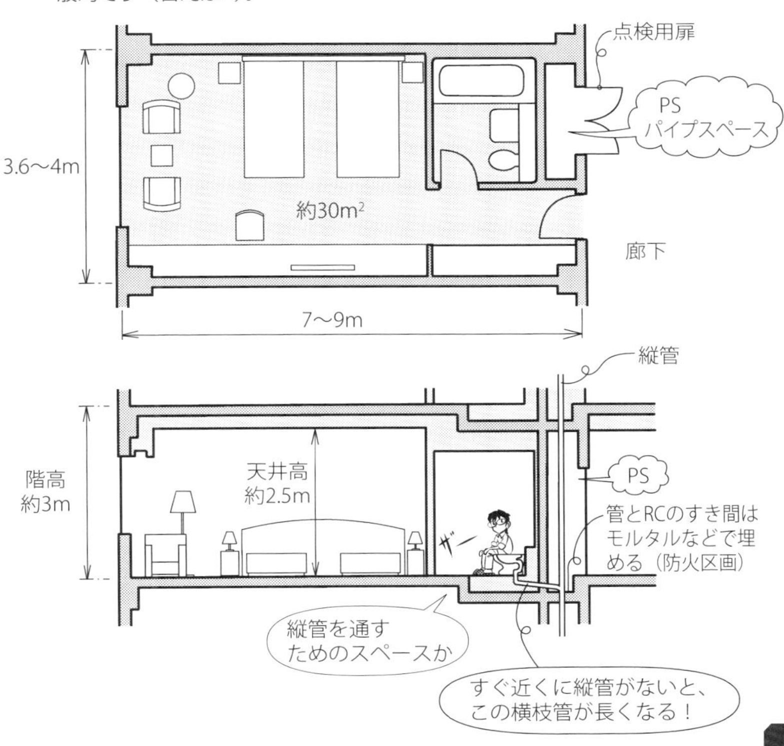

点検用扉
PS
パイプスペース
3.6〜4m
約30m²
廊下
7〜9m
縦管
階高
約3m
天井高
約2.5m
PS
ザー
管とRCのすき間は
モルタルなどで埋
める（防火区画）
縦管を通す
ためのスペースか
すぐ近くに縦管がないと、
この横枝管が長くなる！

答え ▶ ×

Q シティホテルの客室において、照明は間接照明を主とし、各照明ごとに照度を調節できるように計画した。

A 対象を直接照らす直接照明に比べ、光源からの光をいったん壁や天井に当て、その反射光で明るくする間接照明の方が、落ち着いた雰囲気が出ます。照度を変えられるよう調光装置を設けると、さらに雰囲気を変えることができます。間接照明+調光装置は、ホテルの客室の照明には有効です（答えは○）。

壁、天井を照らす
間接照明
雰囲気があるのは間接照明よ！
直接照明
本は読みやすいわね

答え ▶ ○

Q 保育所において、乳児室は幼児の保育室と離して配置した。

A 乳児の安全のために、幼児とは別の部屋に入れます（答えは○）。

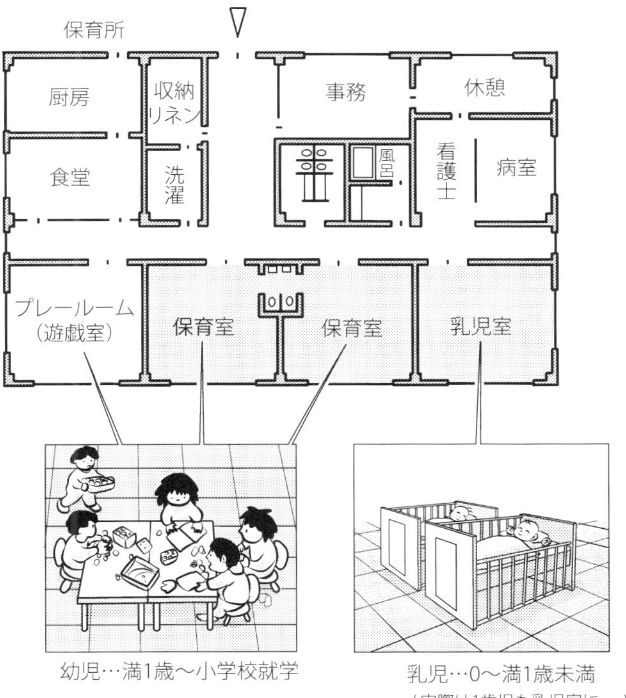
保育所
厨房
収納
リネン
事務
休憩
食堂
洗濯
風呂
看護士
病室
プレールーム（遊戯室）
保育室
保育室
乳児室
幼児…満1歳～小学校就学
乳児…0～満1歳未満
実際は1歳児も乳児室に入れることがあり、ケースバイケース
保育所…厚生労働省（児童福祉法）
幼稚園…文部科学省（学校教育法）

- 幼稚園は「学校」で、文部科学省の管轄。満3歳から小学校就学までの幼児を教育します。保育所は乳児、幼児両方を預かって保育するところで、厚生労働省の管轄です。両者を一体とする幼保一元化も進んでいます。

答え ▶ ○

Q 保育所の計画において、

1. 幼児用トイレは、保育室の近くに設ける。

2. 幼児用トイレ所の仕切りや扉の高さは、幼児の安全の確認と指導のため、100～120cmとする。

A 幼児は用を足したくなってから排泄までの時間が短いので、幼児用トイレは保育室の近くに設けます（1は○）。また、仕切りや扉を高くすると、閉じ込められたり、排泄の指導ができなくなってしまいます。そこでトイレの仕切りや扉の高さは100～120cmとして、大人の目が届くようにします（2は○）。

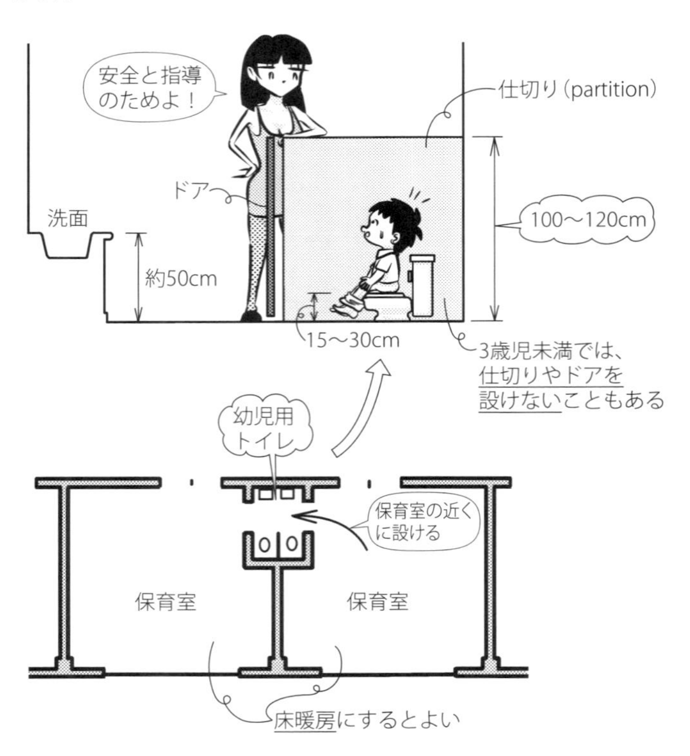
安全と指導のためよ！
仕切り（partition）
ドア
洗面
100～120cm
約50cm
15～30cm
3歳児未満では、仕切りやドアを設けないこともある
幼児用トイレ
保育室の近くに設ける
保育室
保育室
床暖房にするとよい

答え ▶ 1. ○　2. ○

Q 保育所の計画において、昼寝の場と食事の場を分けて設ける方がよい。

A ふとんの上げ下ろしなどでホコリが出るので、食事の場は昼寝の場と分けます。また食事への動作切り替えの指導のためにも、分けた方が好ましいとされています（答えは○）。

食事と昼寝の場所は分けるのよ！
食堂
保育室
保育室
保育所
住宅でも「食寝分離」は基本よ！
（R085参照）
ホコリが出る
「食寝一致」の家はダメ

答え ▶ ○

Q 保育所の計画において、

1. 4歳児を対象とした定員20人の保育室の面積を、$45m^2$とした。

2. 3歳児保育室の1人当たり床面積を、5歳児保育室の1人当たりの床面積より狭く計画した。

A 保育所の保育室は、1.98m^2/人以上とされています（R060参照）。設問の1では45m^2/20人＝2.25m^2/人となり、基準を満たしています（1は○）。3歳児は集団行動できずひとりで動きまわるときがあるので、4、5歳児保育室よりも面積を広めにとります（2は×）。

保育室
1.98m2/人以上
【行くわ！むかえに】
1.98m2/人
ひとりで動きまわるので、面積が必要！
3歳児
保育室
4､5歳児
保育室
自由
集団行動ができるので、3歳児よりも面積が小さめでOK！
集団行動

【　】内スーパー記憶術

答え ▶ 1. ○　2. ×

Q 保育所の計画において、定員15名の1歳児のほふく室における床面積を、$30m^2$とした。

A ベッド内にいる乳児室は$1.65m^2$/人以上、活発に動くほふく室は$3.3m^2$/人以上とされています。実際には混用されていて、待機児童の多い情勢で、厚労省や行政の面積基準も、行き渡っていないのが現実です。設問では$30m^2$/15人＝$2m^2$/人となり答えは×です。

- 乳児室　：0〜1歳児でほふくしない…$1.65m^2$/人以上
- ほふく室：0〜1歳児でほふくする……$3.3m^2$/人以上

ハイハイのことだよ
ササ
ササッ
ササッ
ササッ
ササッとほふく前進！
ササ
スーパー記憶術
(4、5歳 ＜ 3歳)
乳児室 ＜ 保育室 ＜ ほふく室
1.65m2/人以上　1.98m2/人以上　3.3m2/人以上
【行くわ! むかえに】　【ササッとほふく前進】
1.9 8m2/人　3.3 m2/人

答え ▶ ×

Q 小学校において、低学年は特別教室型とし、高学年は総合教室型とした。

A すべての教科を同じ教室（ホームルームまたはクラスルーム）で行うのが総合教室型、理科、図画工作、音楽などの特別な設備を必要とする教科を特別教室（専用教室）で行うのが特別教室型です。総合教室型は小学校低学年、特別教室型は小学校中·高学年、中学校、高校で採用されます（答えは×）。ホームルームで使う教室は、特別教室に対して普通教室ともいいます。

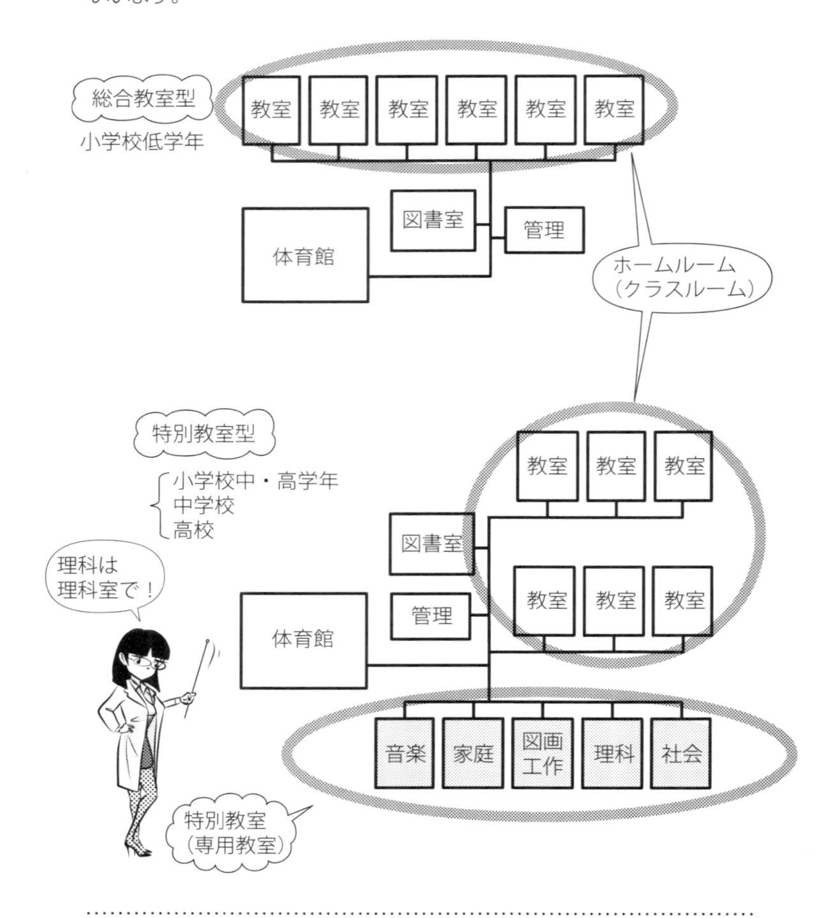
総合教室型
小学校低学年
教室
教室
教室
教室
教室
教室
図書室
管理
体育館
ホームルーム（クラスルーム）
特別教室型
小学校中・高学年
中学校
高校
理科は理科室で！
教室
教室
教室
図書室
管理
体育館
教室
教室
教室
音楽
家庭
図画工作
理科
社会
特別教室（専用教室）

答え ▶ ×

Q 低学年を総合教室型、高学年を特別教室型とする小学校において、低学年と高学年のクラスルームをそれぞれまとめ、特別教室群は高学年のクラスルームの近くに配置し、図書室等の共通学習スペースは学校の中心に配置する。

A 低学年と高学年は、体の大きさや運動能力、落ち着き具合が違うので、グルーピングして離して配置します。特別教室を使うのは中・高学年なので、近づけて配します。図書室などの共通学習スペースは、全学年で使う場合なので、各ホームルームからアクセスしやすいように、学校の中心に配置します（答えは○）。

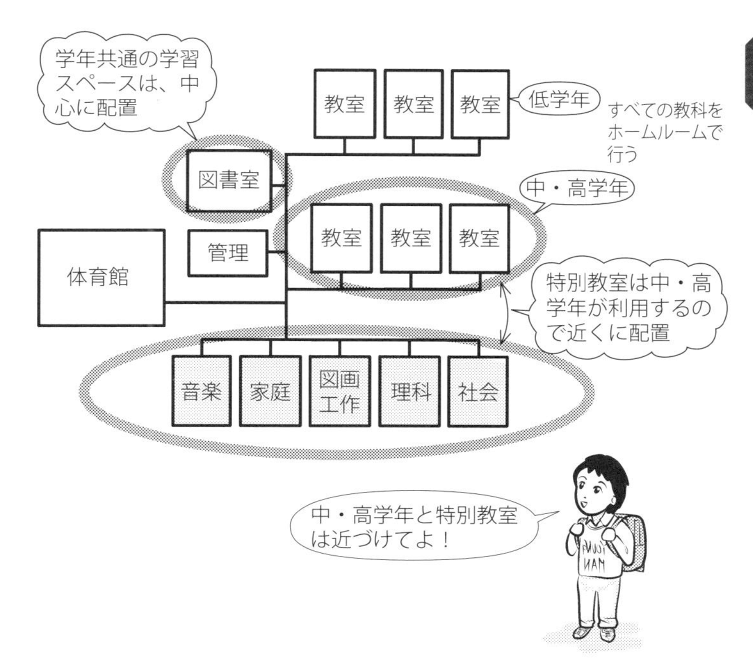
学年共通の学習スペースは、中心に配置
教室
教室
教室
低学年
すべての教科をホームルームで行う
図書室
中・高学年
管理
教室
教室
教室
体育館
特別教室は中・高学年が利用するので近くに配置
音楽
家庭
図画工作
理科
社会
中・高学年と特別教室は近づけてよ！

答え ▶ ○

Q 1. 高校の教室の計画において、教科教室型とし、各教科に応じた施設や設備を整えた。

2. 教科教室型の中学校において、教科ごとに教室を確保し、クラスごとにホームベースを設けた。

A すべての教科を専用の教室で行うのが教科教室型で、中学、高校で採用されることがあります。ホームルーム（クラスルーム）がないかわりに、ロッカールームやホームベース（ホームベイ）を設けます（1、2は○）。

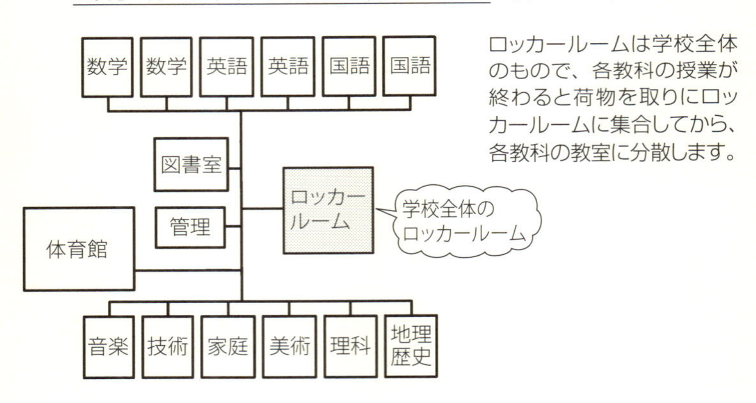
数学
数学
英語
英語
国語
国語
図書室
管理
体育館
ロッカールーム
学校全体のロッカールーム
音楽
技術
家庭
美術
理科
地理歴史

ロッカールームは学校全体のもので、各教科の授業が終わると荷物を取りにロッカールームに集合してから、各教科の教室に分散します。

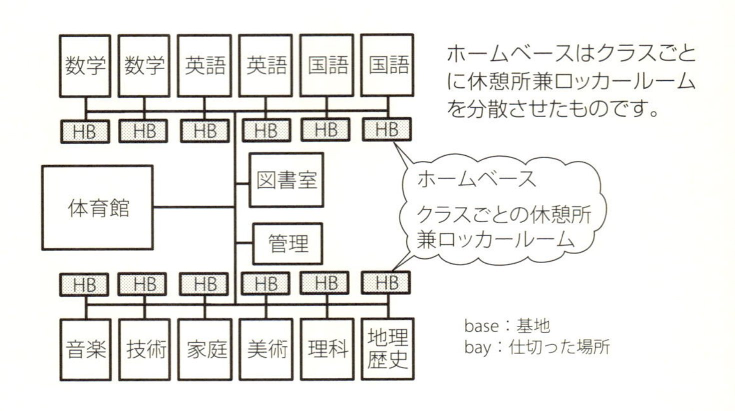
数学
数学
英語
英語
国語
国語
HB
図書室
体育館
管理
ホームベース
クラスごとの休憩所兼ロッカールーム
音楽
技術
家庭
美術
理科
地理歴史

ホームベースはクラスごとに休憩所兼ロッカールームを分散させたものです。

base：基地
bay：仕切った場所

答え ▶ 1. ○ 2. ○

Q プラトゥーン型とは、全クラスを2グループに分け、一方が普通教室群を利用しているときに、もう一方が特別教室群を利用する運営方式である。

A 普通教室をすべてホームルームに割り振ると、特別教室利用時は、その教室は必ず空くことになります。特別教室型では空き教室が多いという欠点があります。そこでクラスをA、Bの2グループに分け、一方が特別教室を使っているときは、一方は普通教室を使うという時間割りにして、教室の無駄をなくす方法が考えられました。中学・高校におけるプラトゥーン型と呼ばれる運営方式ですが、時間割構成が難しく、教師数も多く必要なので、実施している例が少ない方式です（答えは○）。

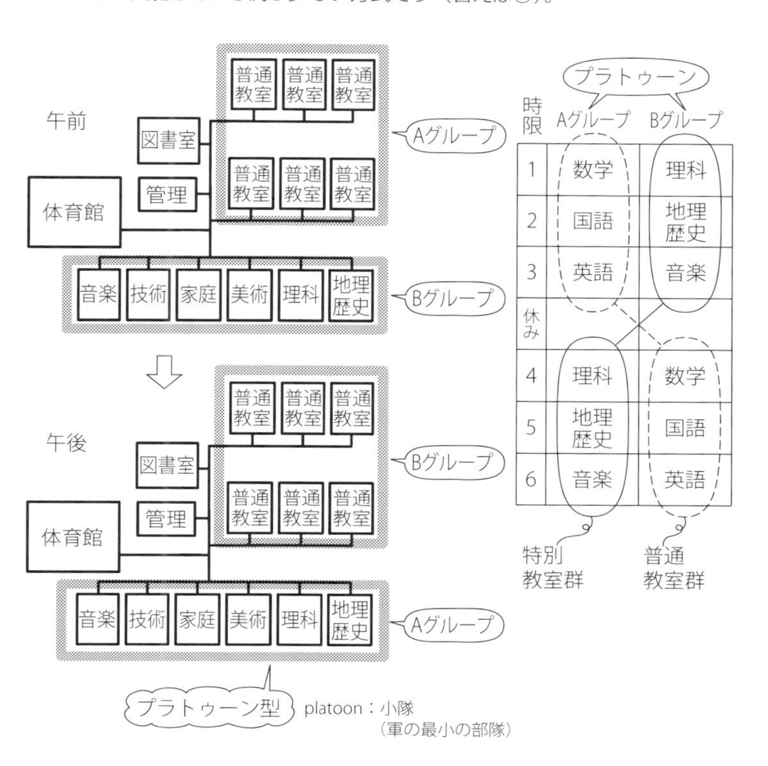
午前
普通教室
図書室
管理
体育館
Aグループ
音楽
技術
家庭
美術
理科
地理歴史
Bグループ
午後
Bグループ
Aグループ
プラトゥーン型
platoon：小隊
（軍の最小の部隊）
プラトゥーン
時限
Aグループ
Bグループ
1 数学 理科
2 国語 地理歴史
3 英語 音楽
休み
4 理科 数学
5 地理歴史 国語
6 音楽 英語
特別教室群
普通教室群

答え ▶ ○

教室の運営方式をまとめておきます。最も一般的なのは特別教室型です。

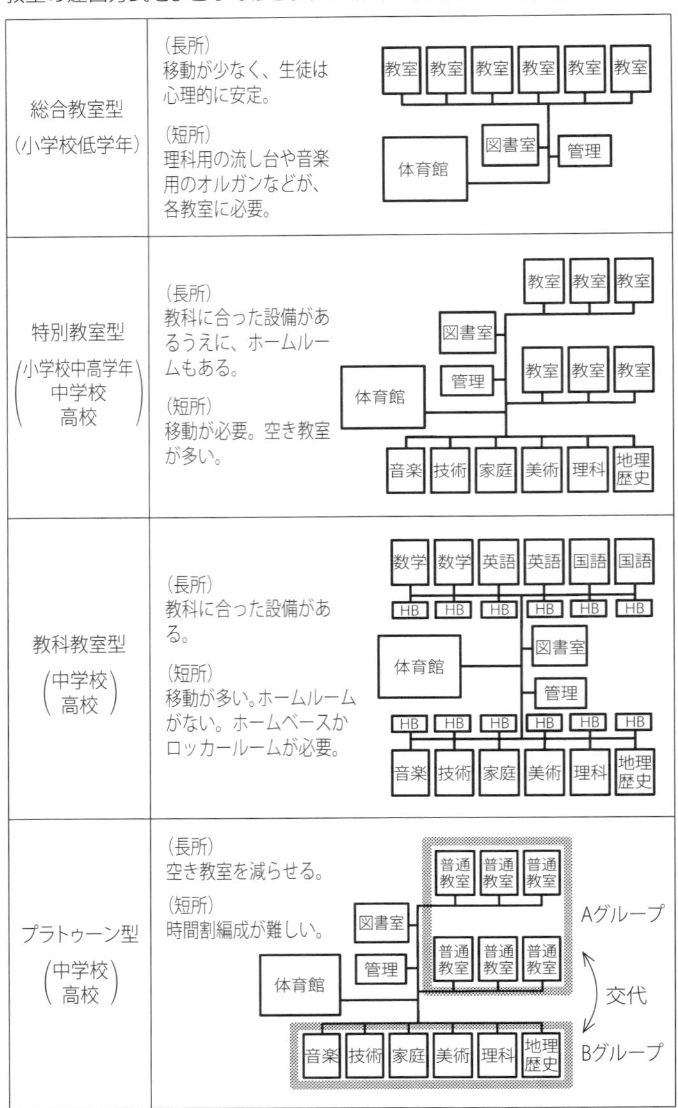

方式	長所・短所
総合教室型 （小学校低学年）	（長所） 移動が少なく、生徒は心理的に安定。 （短所） 理科用の流し台や音楽用のオルガンなどが、各教室に必要。
特別教室型 （小学校中高学年 中学校 高校）	（長所） 教科に合った設備があるうえに、ホームルームもある。 （短所） 移動が必要。空き教室が多い。
教科教室型 （中学校 高校）	（長所） 教科に合った設備がある。 （短所） 移動が多い。ホームルームがない。ホームベースかロッカールームが必要。
プラトゥーン型 （中学校 高校）	（長所） 空き教室を減らせる。 （短所） 時間割編成が難しい。

教室
図書室
管理
体育館
音楽
技術
家庭
美術
理科
地理歴史
数学
英語
国語
HB
普通教室
Aグループ
交代
Bグループ

Q 小学校の計画において、学習集団を弾力的に編成できるようにするため、クラスルームに隣接してオープンスペースを設けた。

A 廊下で教室をつなげる片廊下型に対して、教室の外側にオープンスペースを設ける方式が多くつくられるようになりました。自発的、クラス横断的学習を促す効果があります（答えは○）。

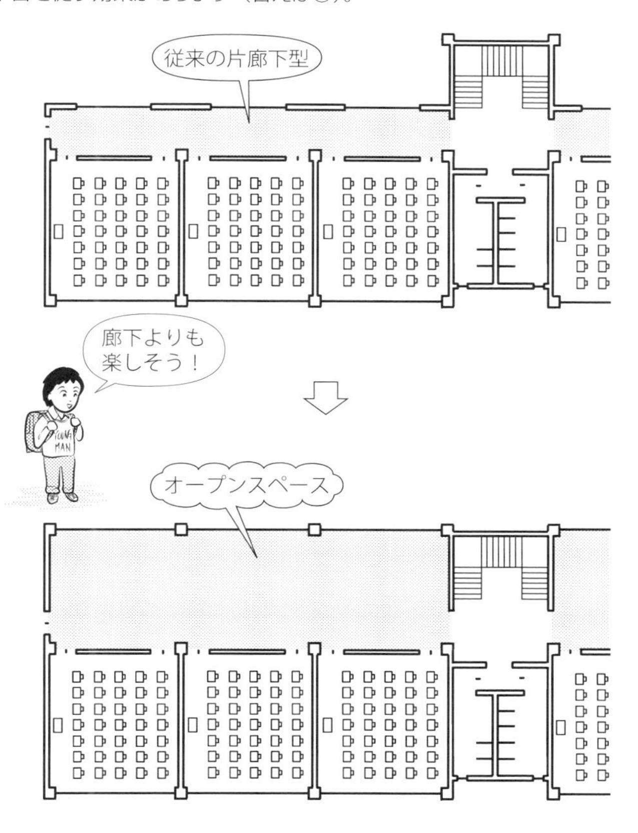
従来の片廊下型
廊下よりも
楽しそう！
YOUNG MAN
オープンスペース

答え ▶ ○

Q 小学校のオープンスペースにおいて、

1. 情報ネットワークを活用した多様な学習が行えるように、パソコンを配置した。
2. 図書コーナー、作業スペース、流しなどを設けた。
3. 教員の執務拠点を教室の近くに配置するために、学年ごとに分散した教員コーナーを設けた。

A 下図のように、オープンスペースにさまざまなコーナーを設け、多様な学習ときめ細かい指導を行います。生徒の自主性、主体性を尊重できるようにするスペースです（1、2、3は○）。

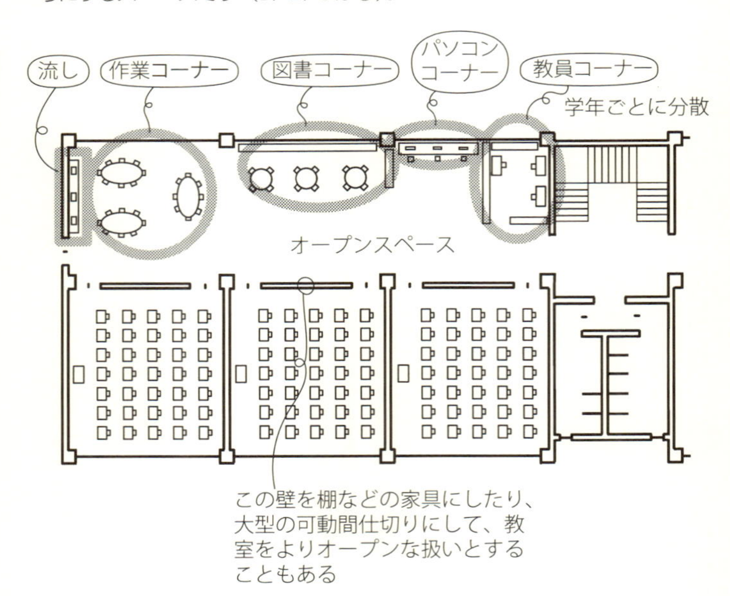
流し
作業コーナー
図書コーナー
パソコン
コーナー
教員コーナー
学年ごとに分散
オープンスペース
この壁を棚などの家具にしたり、
大型の可動間仕切りにして、教
室をよりオープンな扱いとする
こともある

- 槇文彦による加藤学園初等学校（1972年）は、決められた教室のスペースをつくらないオープンスクール（オープンプランスクール）の最初期の実例です。筆者は学生のときに見学させてもらいましたが、可動間仕切りによって大きな空間を仕切った教室で、授業運営や生徒の落ち着きを促すのが難しそうだという印象をもちました。
現在も耐震補強をして同様に使用されており、オープンスクールの理念が成功した優れた計画であることに、間違いありません。

答え ▶ 1. ○　2. ○　3. ○

Q 小学校において、図書室や特別教室については、近隣住民の利用を想定して、地域開放用の玄関の近くに配置した。

A 小学校は2000〜2500戸（近隣住区）にひとつ程度あるので、地域コミュニティの拠点とされることが多いです。生涯学習やスポーツの場として開放されることの多い図書室、特別教室、体育館に近いところに住民用の出入口を設け、開放しないゾーンとは鍵のあるドアやシャッターで区切れるようにしておきます（答えは○）。

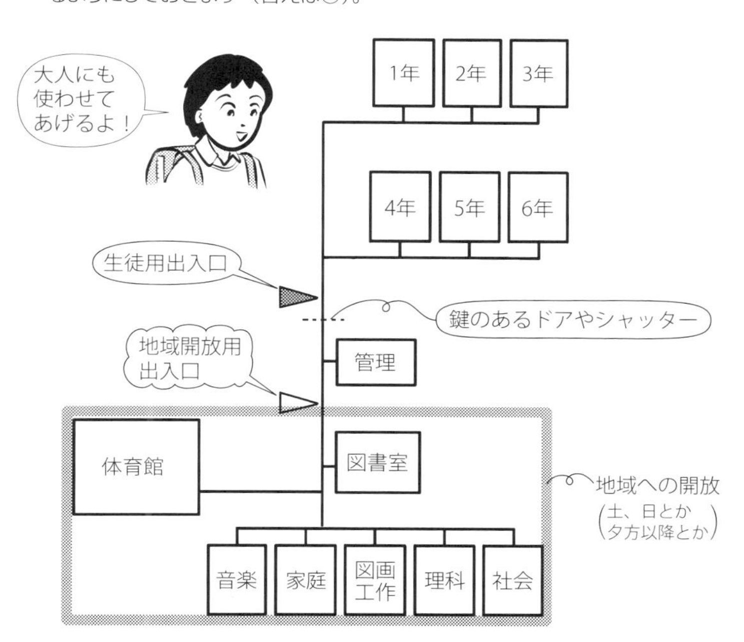
大人にも
使わせて
あげるよ！
1年
2年
3年
4年
5年
6年
生徒用出入口
鍵のあるドアやシャッター
地域開放用
出入口
管理
体育館
図書室
地域への開放
（土、日とか
夕方以降とか）
音楽
家庭
図画
工作
理科
社会

- シーラカンスによる千葉市立打瀬小学校（1997年）は、教室ばかりでなく街へも開放されたオープンスクールとして、画期的な計画でした。一方的な講義から自主性を重んじるワークショップに重点を移し、フリースペースが多くつくられています。オープンスクール独特の音の問題はありますが、現在でもフェンスや壁の少ない小学校として、活躍しています。附属池田小事件（2001年）以降、地域へ閉じる風潮も復活していますが、塀を高くするほど犯罪は増えるという研究もあり、オープンとクローズドのバランスをとる必要があります。

答え ▶ ○

Q 校舎の配置形式には、フィンガープランやクラスタープランなどがある。

A 教室の配置形式には、右図のようにフィンガープラン、クラスタープラン、中廊下型、それらの複合型などがあります（答えは○）。

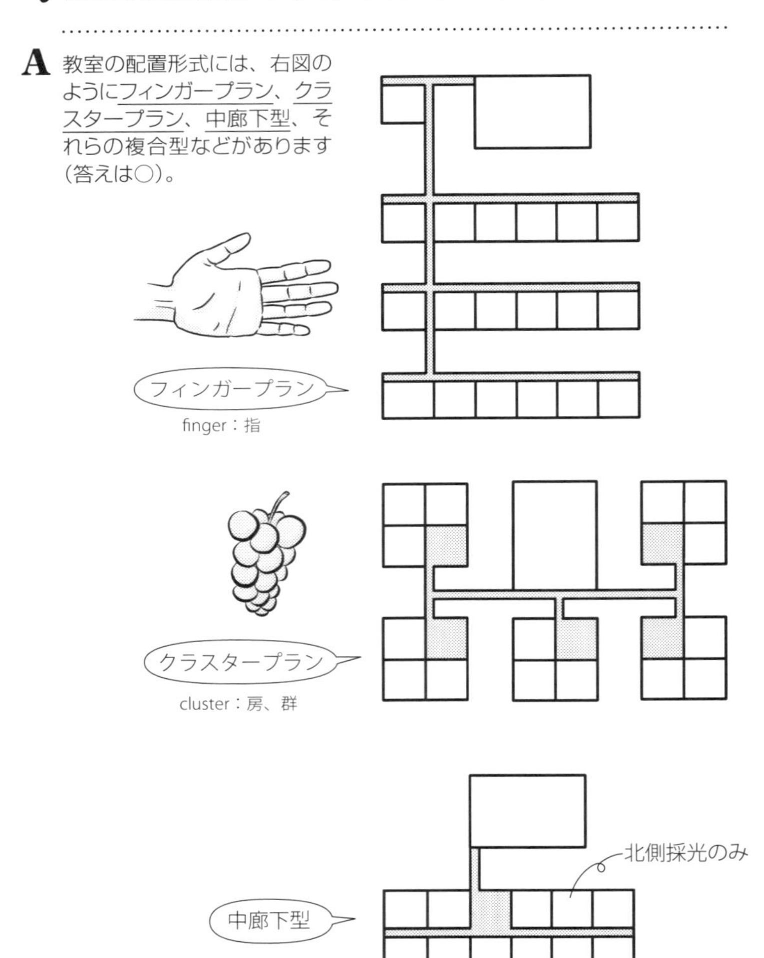
フィンガープラン
finger：指
クラスタープラン
cluster：房、群
北側採光のみ
中廊下型

答え ▶ ○

Q 1. 小学校における42人教室の大きさを、7m×9mとした。
2. 黒板に向かって左側に窓がくるように配置した。

A 7m×9m、天井高3mに40名程度を入れるのは、明治時代につくられた標準ですが、いまだによく使われています。42人では（7m×9m）/42人＝1.5m²/人で、基準とされる1.2〜2m²/人に適合します（1は○）。左側採光は、手元が暗くならないようにする工夫です（2は○）。

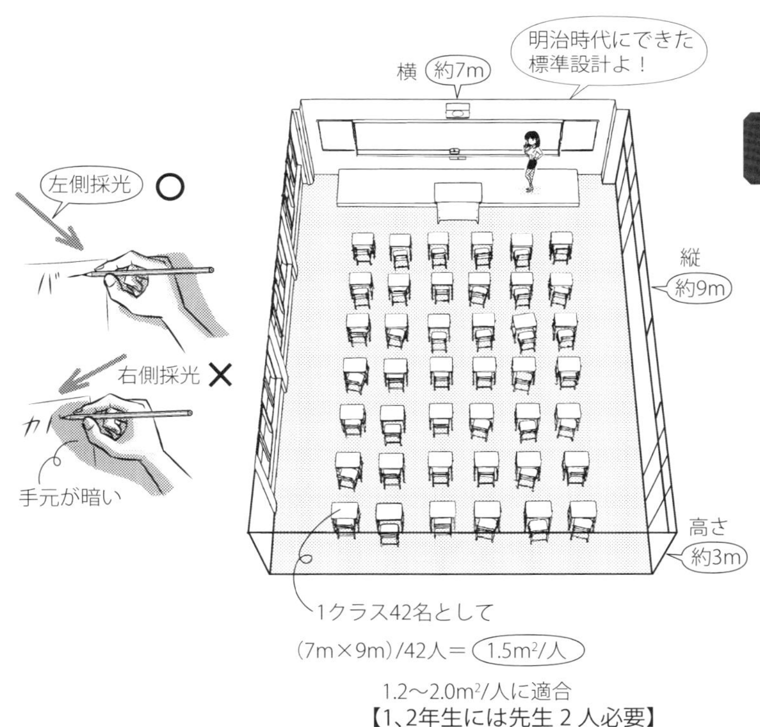
明治時代にできた標準設計よ！
横 約7m
縦 約9m
高さ 約3m
左側採光 ○
バ
右側採光 ×
カ
手元が暗い
1クラス42名として
(7m×9m)/42人＝1.5m²/人
1.2〜2.0m²/人に適合

【1、2年生には先生 2 人必要】
1.2m² 〜 2.0m²/人

スーパー記憶術

泣く泣く通う。教室へ
7m×9m

【 】内スーパー記憶術

答え ▶ 1. ○　2. ○

Q 教室の計画において、「黒板や掲示板」と「その周辺の壁」との明度対比が大きくなりすぎないように、色彩調整を行った。

A 黒板や掲示板と壁との明度対比が大きすぎると、目が疲れます。「黒板」といっても黒ではなく濃い緑色が使われるのは、そのためです（答えは○）。ちなみに色相、明度、彩度は色の3属性と呼ばれ、明度は色の明るさの程度を表しています。

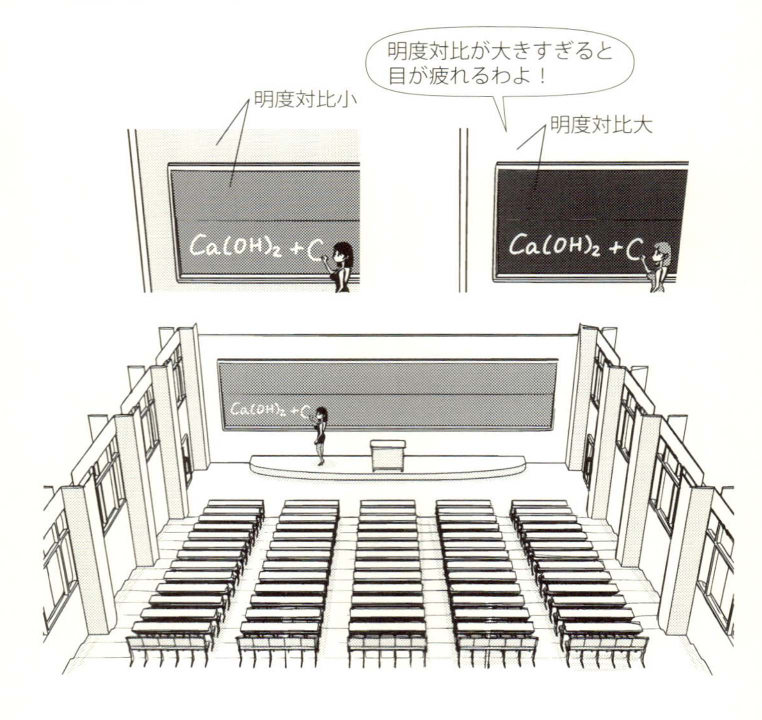
明度対比が大きすぎると目が疲れるわよ！
明度対比小
明度対比大
Ca(OH)2 +C
Ca(OH)2 +C
Ca(OH)2 +C

図中の$Ca(OH)_2+CO_2 \longrightarrow CaCO_3+H_2O$の式は、アルカリ性のコンクリートが二酸化炭素によって中性化する式です。

- 色の3属性、色相、明度、彩度については、拙著『ゼロからはじめる［環境工学］入門』を参照してください。

答え ▶ ○

Q 一般用バスケットコートが2面とれる体育館の、
1. 床面の内法寸法を、45m×35mとした。
2. 天井または障害物の高さを6mとした。

A バスケットコート2面の体育館は、下図のように、床面は約45m×約35m、高さは8m以上必要となります（1は○、2は×）。高校用＞中学校用＞小学校用と小さくできます。

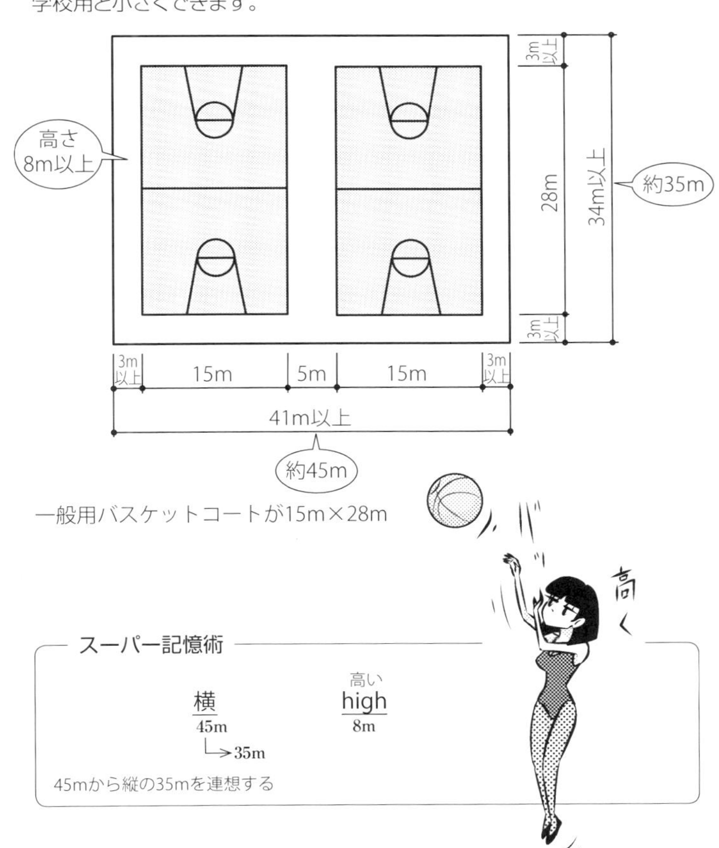
高さ 8m以上
3m以上
28m
34m以上
約35m
3m以上
3m以上
15m
5m
15m
3m以上
41m以上
約45m
一般用バスケットコートが15m×28m
高く
スーパー記憶術
横
45m
→35m
高い
high
8m
45mから縦の35mを連想する

答え ▶ 1. ○　2. ×

Q 一般用テニスコートが2面とれる体育館の、
1. 床面の内法寸法を、45m×35mとした。
2. 天井または障害物の高さを8mとした。

A テニスはバスケットに比べて、球が飛びやすいので、2面の場合約45m×約45m、高さ12.5m以上必要と、寸法は大きめに必要です（1、2は×）。

約45m
テニス
バスケット
12.5m以上
約45m
バスケットより広く高くよ！
バスケットコート2面
約45m×約35m
高さ8m以上
テニスコート2面
約45m×約45m
高さ12.5m以上

テニスコート
シングルス　約8m×約24m
ダブルス　約11m×約24m

答え▶ 1. ×　2. ×

Q ブックモビルとは、自動車に本を積んで居住域を巡回して図書館のサービスを行う移動図書館のことである。

A 下図のような移動図書館をブックモビルといい、日本では減少傾向にありますが、図書館のない過疎地や遠隔地の学校や施設に本を届ける場合などに使われています。筆者の小学生時代、小学校の脇にブックモビルが巡回によく来ていました（答えは○）。

ブックモビル
book mobile
モウビル
モウバイル
(形)移動しやすい、(名)自動車
今度の直木賞
まだ入らないの?!
自分で
買うニャ

答え ▶ ○

Q 地域図書館における貸出し用の図書は、できるだけ多くの図書を開架式として提供した。

A 地域図書館では、閲覧者が自由に本に接することができるような、書架が開放されている開架式が一般的です（答えは○）。

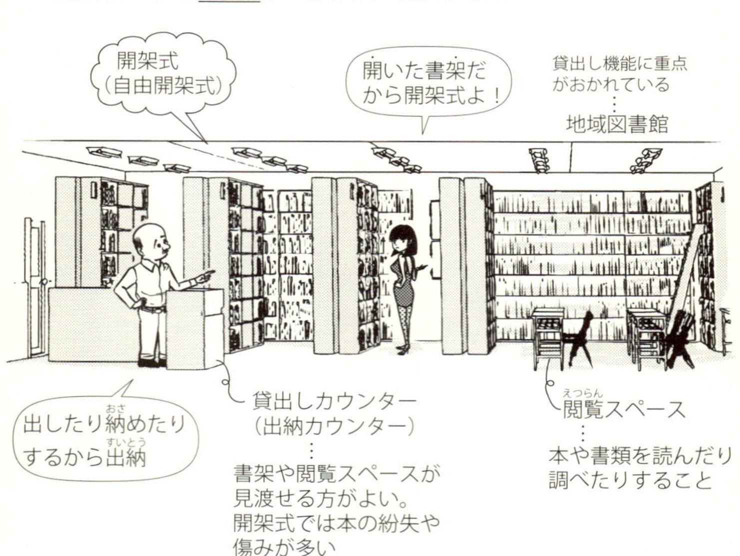
開架式
（自由開架式）
開いた書架だから開架式よ！
貸出し機能に重点がおかれている
地域図書館
出したり納めたりするから出納
貸出しカウンター
（出納カウンター）
書架や閲覧スペースが見渡せる方がよい。
開架式では本の紛失や傷みが多い
閲覧スペース
本や書類を読んだり調べたりすること

答え ▶ ○

Q 大規模な図書館における貴重書の出納方式を、閉架式とした。

A 閉架式とは閉じた書架による出納方式で、図書館員によって書庫から出し入れされます。書庫の中に、閲覧者は入ることができません。大規模な図書館で、貴重書などの出納方式に使われます（答えは○）。

書庫に入れるのが閉架式よ！
閉架式
大規模図書館に採用される
図書館員が出し入れする
書架
書架
書庫
貴重書など

答え ▶ ○

Q

1. 安全開架式とは、閲覧者が書庫へ出入りする際に、図書館員のチェックを受ける方式である。
2. 半開架式とは、閲覧者がガラス越し、または金網越しに書庫にある本を選んで、図書館員に申し出て受け取る方式である。

A

開放的な書架の開架式、閉鎖的な書架の閉架式のほかに、その中間となる出納方式があります。

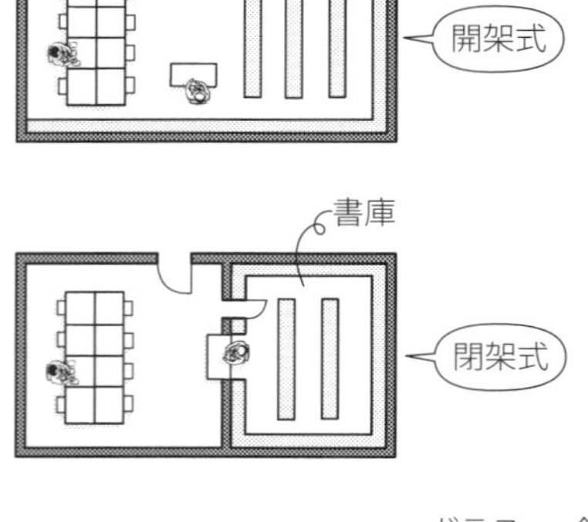
開架式
書庫
閉架式

書庫にある本をガラスまたは金網越しに見て、本を指定して図書館員に出してもらうのが半開架式です。ガラスの下がカットされていて指やペンを押し込めるようにして、本が指定しやすくする工夫もあります（**2**は○）。

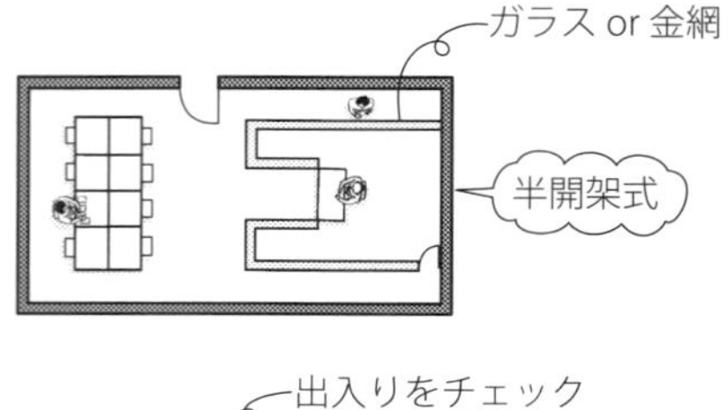
ガラス or 金網
半開架式

図書館員にチェックを受けて書庫の中に入れるのが、安全開架式です（**1**は○）。

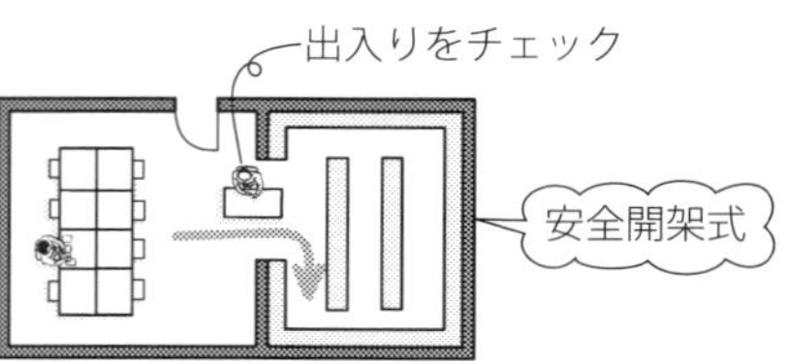
出入りをチェック
安全開架式

半分開放って
ことなのか

答え ▶ 1. ○　2. ○

R213 ○×問題　書架の冊数　その1

Q 開架式書架において、300〜500冊/m^2の図書が入るものとして計画する。

A 1m^2当たりの蔵書数は、書架の高さ、棚板の高さ、書架の間隔、本の厚さなどによりますが、開架式書架で約**170**冊、閉架式書架で約**230**冊です（答えは×）。見通しを良くするために高さを約**120cm**にすることもありますが、蔵書数は2/3〜1/2程度に減ります。

約200冊/m²よ！

200±30冊/m^2
書架の高さ、棚板の高さ、書架の間隔、本の厚さなどによる

スーパー記憶術

いなかの兄さん、本をいっぱい持っている
（いなか：170冊/m^2 〜 兄さん：230冊/m^2）

答え ▶ ×

Q 移動式書架において、400冊/m^2程度の図書が入るものとして計画する。

A 移動式書架は、下図のように通常は書架を密接させて、利用するときに横にスライドさせて通路スペースを節約する方式です。普通の書架の約200冊/m^2に対し倍の約400冊/m^2収蔵可能となります（答えは○）。積層式書架は、書架を2段に積む方式で、通路を確保しながら2段にした分、蔵書数も2倍となります。

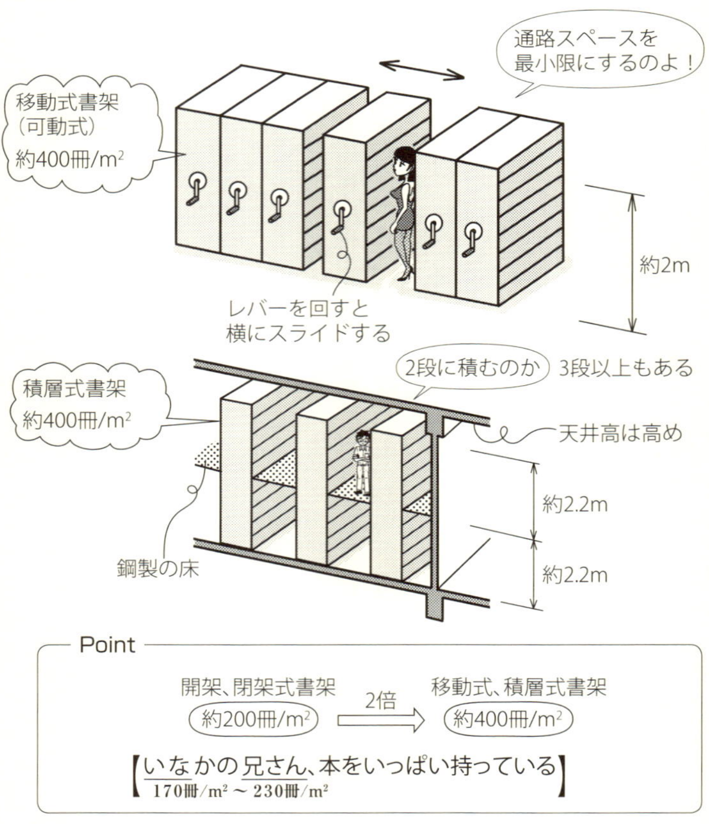

通路スペースを
最小限にするのよ！
移動式書架
（可動式）
約400冊/m²
約2m
レバーを回すと
横にスライドする
2段に積むのか
3段以上もある
積層式書架
約400冊/m²
天井高は高め
約2.2m
約2.2m
鋼製の床

Point

開架、閉架式書架 約200冊/m^2 →（2倍）→ 移動式、積層式書架 約400冊/m^2

【いなかの兄さん、本をいっぱい持っている】
170冊/m^2 ～ 230冊/m^2

【　】内スーパー記憶術

答え ▶ ○

R215

○×問題

Q 地域図書館の計画において、延べ面積当たりの蔵書数を、40～50冊/m²程度とした。

A 地域図書館は一般に開架式とします。開架式書架は約170冊/m²、閉架式書架は約230冊/m²ですが、それは書架を置くスペースの床面積当たりの数値です。図書館全体の延べ面積に対しては、1m²当たり約50冊となります（答えは○）。

延べ面積
1600m²の計画 ⇨ 50冊/m²×1600m²＝80000冊

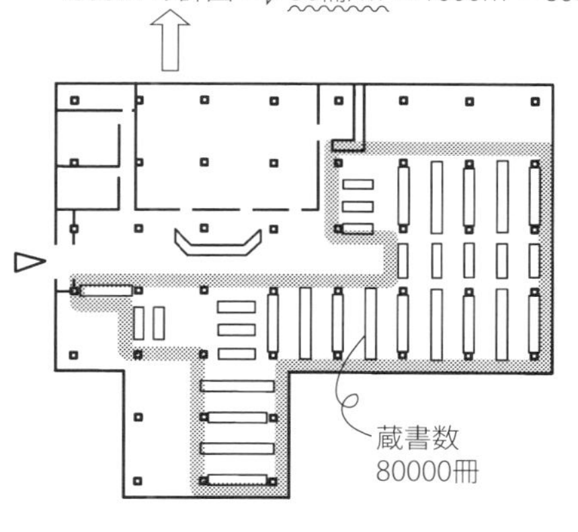
蔵書数
80000冊

延べ面積1m²
当たり50冊か

スーパー記憶術

高齢化した いなかの 兄さん、本をいっぱい持っている
（高齢＝50冊/m²　いなか＝170冊/m²　～　兄さん＝230冊/m²）

答え ▶ ○

50冊/m²→200冊/m²±α→400冊/m²　と、分母の面積で考えるか、開架·閉架の別、書架の種類によって数値が変わります。ここで再度、まとめておきますので、確実に覚えておきましょう。

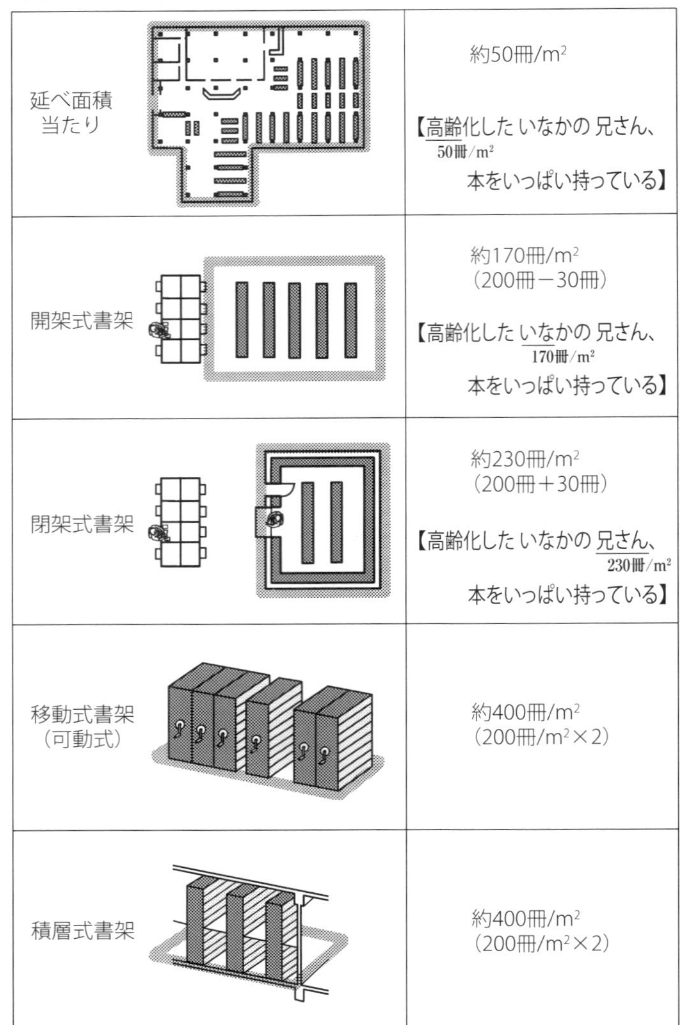

延べ面積当たり	約50冊/m² 【高齢化した いなかの 兄さん、本をいっぱい持っている】 （高齢＝50冊/m²）
開架式書架	約170冊/m² （200冊－30冊） 【高齢化した いなかの 兄さん、本をいっぱい持っている】 （いな＝170冊/m²）
閉架式書架	約230冊/m² （200冊＋30冊） 【高齢化した いなかの 兄さん、本をいっぱい持っている】 （兄さん＝230冊/m²）
移動式書架（可動式）	約400冊/m² （200冊/m²×2）
積層式書架	約400冊/m² （200冊/m²×2）

【　】内スーパー記憶術

Q 閲覧室の床仕上げは、歩行音の発生が少なくなるように、タイルカーペットとした。

A 閲覧室は静かに本を読むところなので、足音が大きくならないようなタイルカーペットとすることは有効です（答えは○）。約50cm角に切られたタイルカーペットは、1枚だけはがすことが可能なので、床下配線のためOAフロアとするオフィスでもよく使われます。汚れた部分のみの交換や、床下の配線のメンテナンスも楽です。長尺ビニールシートなどに比べ、汚れやすく掃除がしにくいという欠点もあります。

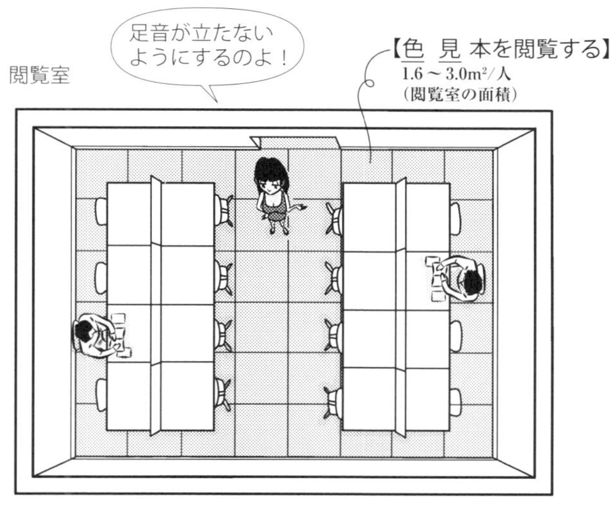
足音が立たないようにするのよ！
閲覧室
【色 見 本を閲覧する】
1.6～3.0m²/人
（閲覧室の面積）

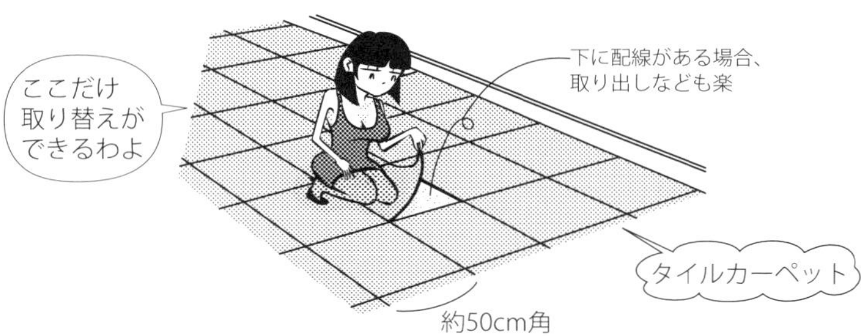
ここだけ取り替えができるわよ
下に配線がある場合、取り出しなども楽
タイルカーペット
約50cm角

【 】内スーパー記憶術

答え ▶ ○

Q 地域図書館において、児童閲覧コーナーは一般用閲覧コーナーから離して配置したが、貸出しカウンターは共用とした。

A 児童図書のコーナーは、子供がさわぐことがあるので一般用と分けるのが普通です。入口から入ってすぐに分けてしまうと、一般用への影響は少なくなります。貸出しカウンターは、児童用、一般用の共用にすることも可能です（答えは○）。

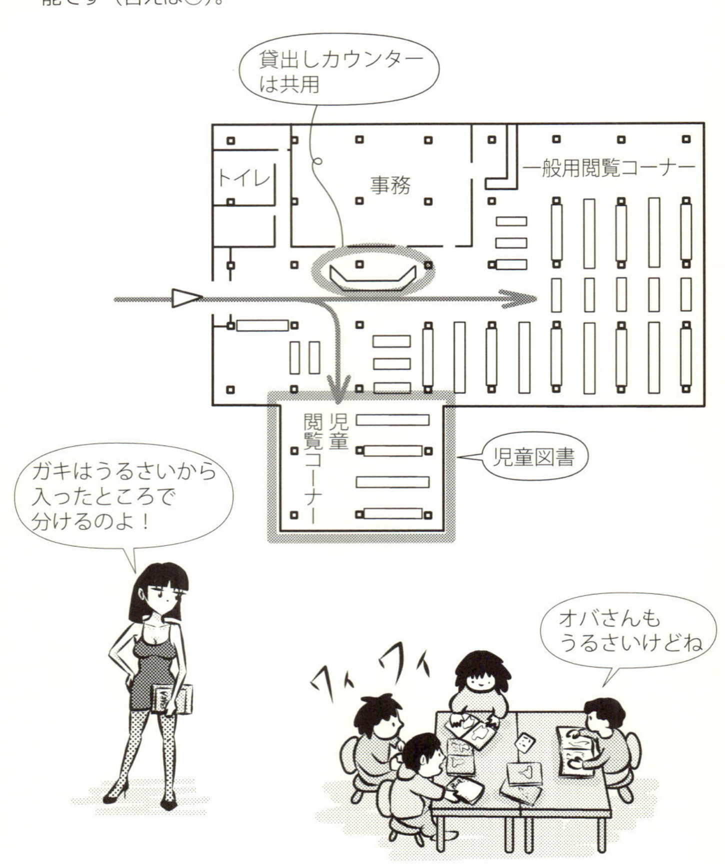
貸出しカウンターは共用
トイレ
事務
一般用閲覧コーナー
児童閲覧コーナー
児童図書
ガキはうるさいから入ったところで分けるのよ！
ワイワイ
オバさんもうるさいけどね

答え ▶ ○

Q キャレルとは、閲覧室などに置く、前方と側面に仕切りの付いた1人用の机である。

A 下図のような、仕切りのある1人用閲覧デスクを、キャレルといいます（答えは○）。並べ方にも、スペースの形に合わせる工夫が必要です。

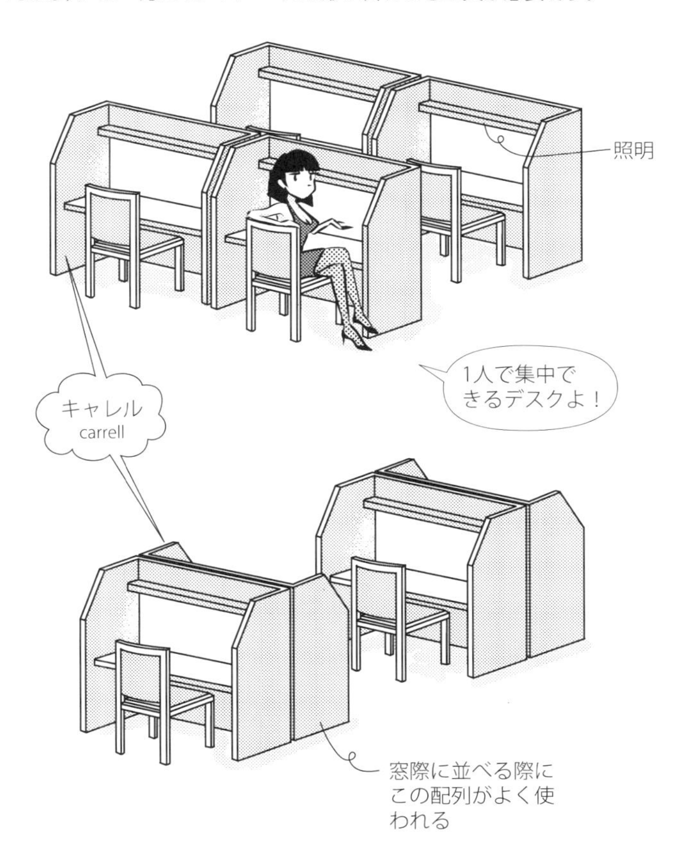
照明
1人で集中できるデスクよ！
キャレル
carrell
窓際に並べる際にこの配列がよく使われる

答え ▶ ○

ルイス・カーンによるフィリップ・エクセター・アカデミー図書館（1972年）では、中央吹き抜けの周囲に開架式書架、さらにその外側の窓際にキャレルを置いた閲覧室としています。3重のドーナツ状の空間は、各々で別々の構造体で支えられています。

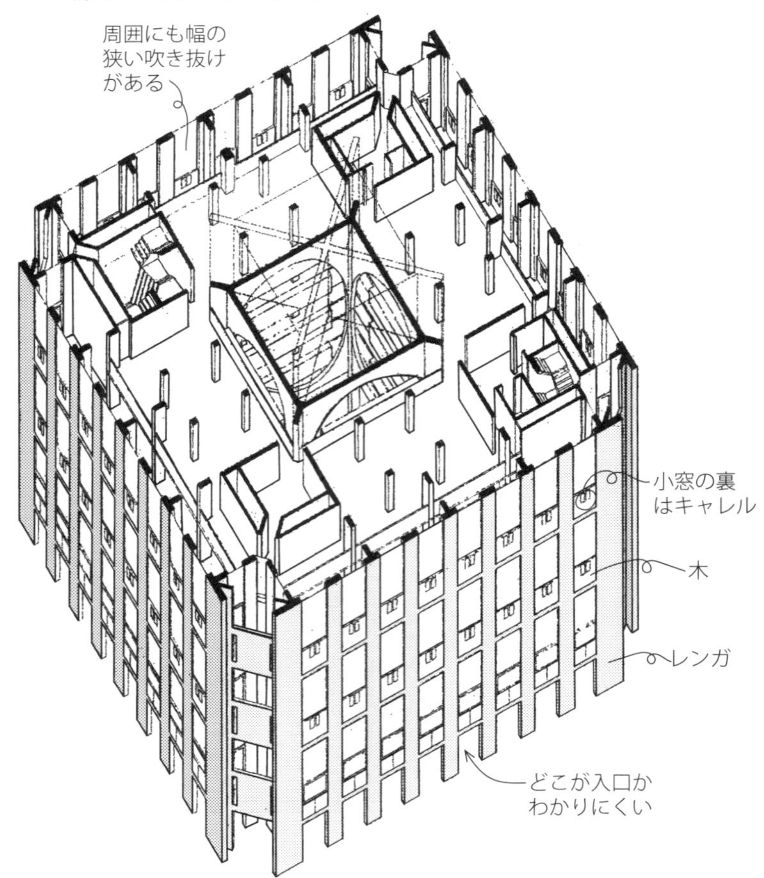
周囲にも幅の
狭い吹き抜け
がある
小窓の裏
はキャレル
木
レンガ
どこが入口か
わかりにくい

フィリップ・エクセター・アカデミー図書館
（1972年、ボストン北郊のエクセター、ルイス・カーン）

- レンガと木による格子状フレームという落ち着いた外観は、キャンパスのほかの建物に溶け込んでいます。中に入ると、RC打ち放し壁面に巨大な円形のくり抜きがある大空間に、驚かされます。中央に吹き抜けというオーソド

トップサイドライト
太陽光を
反射して壁に
当てる
木製書架
兼手すり
コンクリート
打ち放し
円形のくり抜き
を内側にした
のね
バングラデシュのダッカにおける
国会議事堂（1962〜1974年）では、
外側に円形のくり抜きがある
レンガ
吹き抜け
木
造り付けの
キャレルよ！
レンガ
キャレル
木製引き戸

ックスな構成の割に独自性を感じるのも、そのギャップゆえです。バングラデシュでは外に使われていた巨大な円形を、内側に封じ込めたのが成功の要因と思われます。各部のディテールも、アメリカではめずらしく神経が行き届いていて、大変美しいものです。

Q ブラウジングコーナーとは、新聞や雑誌などの軽い読書をするためのスペースである。

A 雑誌、新聞などをリラックスして読むスペースを、ブラウジングコーナーといいます（答えは○）。

ブラブラと雑誌を
読むスペースよ！
新聞
雑誌
ブラウジング
コーナー

ブラウズ：(browse)
(牛などが)草を食べる
拾い読みする
閲覧する

ブラウザ：(browser)
拾い読みする
ネットの閲覧ソフト

スーパー記憶術

ブラブラ、ラウンジで雑誌読む
（ブラウジング）

答え▶○

Q 新聞や雑誌などを気軽に読む空間として、レファレンスコーナーを設けた。

A レファレンスコーナーは、本を探す、調べ物をする、図書館員がその手助けをするところです。設問は、ブラウジングコーナーのことです（答えは×）。

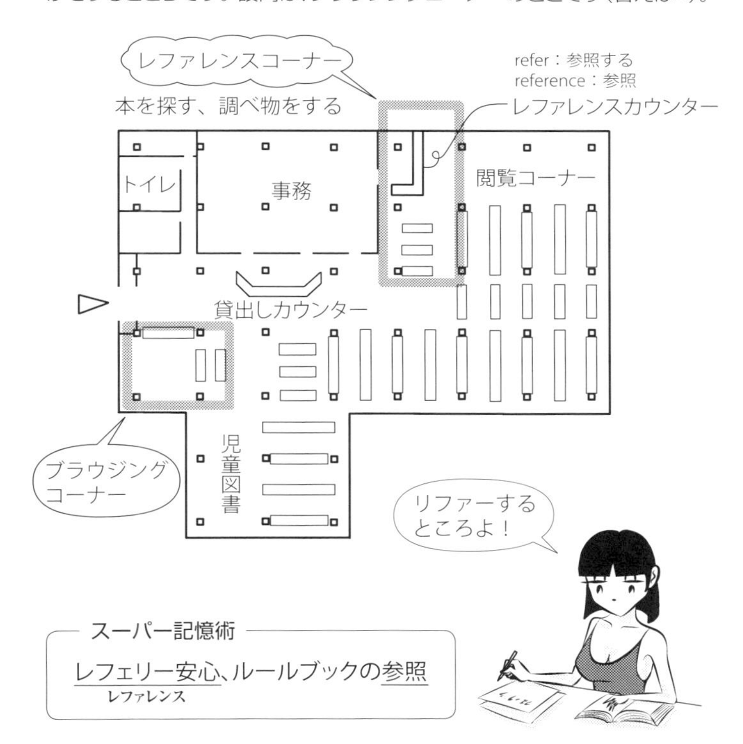
レファレンスコーナー
本を探す、調べ物をする
refer：参照する
reference：参照
レファレンスカウンター
トイレ
事務
閲覧コーナー
貸出しカウンター
児童図書
ブラウジングコーナー
リファーするところよ！

スーパー記憶術

レフェリー安心、ルールブックの参照
（レファレンス）

答え ▶ ×

Q 館内の図書を無断で持ち出されることのないように、BDS（ブックディテクションシステム）を採用した。

A BDSとは、貸出し処理をしていない本を持ち出すと、警報音で知らせるセキュリティシステムです（答えは○）。

ピー
ピー
悪いヤツをさがすのよ！
BDS
Book Detection System
発見

スーパー記憶術

（悪い）
バッドなヤツをさがせ!
B D S

答え ▶ ○

Q 資料検索のための利用者開放端末（OPAC）については、来館者の利便性を考慮して、分散させずに館内の入口付近に集中配置した。

A 本を検索するためのOPACは、館内のあちこちに分散しておいて、すぐに検索できるようにします（答えは×）。座って検索するパソコンを使ったもの、柱や書架の脇などに置き、立って検索するものなどがあります。

本を検索できるのか
オーパック OPAC
Online Public Access Catalog
公共利用のオンライン蔵書目録
ピッ ピッ
OPACは分配配置よ！
スーパー記憶術
（牛の）
オッパイ苦しい
OPA C
分散せよ!

答え ▶ ×

Q 病院の患者4人収容の一般病室の面積を、16m²とした。

A 法律（医療法）では19床（しょう：ベッド）以下は「診療所」、20床以上は「病院」となります。一般病室の内法面積は、医療法施行規則で6.4m²/床以上とされています。16m²÷4床＝4m²/床で基準に満たないので不可です（R058参照、答えは×）。

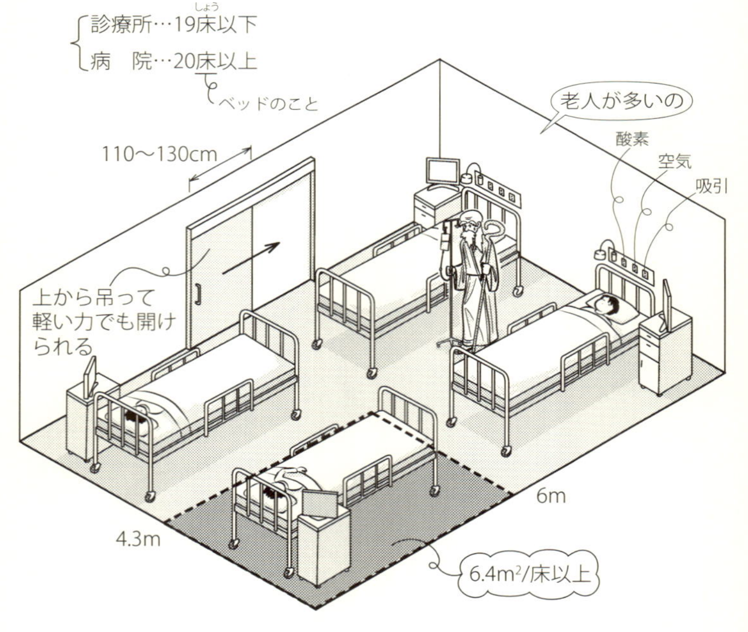

診療所…19床以下
病　院…20床以上
しょう
ベッドのこと
老人が多いの
酸素
空気
吸引
110〜130cm
上から吊って軽い力でも開けられる
6m
4.3m
6.4m²/床以上

スーパー記憶術

診療所は未成年の病院（19床）　老人 多い 病室（6.4m²/床）

- 筆者が最近入院した某大学病院の4人部屋一般病室では、実測したところ出入口有効幅109cm、ベッド：幅100cm、長さ210cm、高さ50cm、食事をする可動ベッドのサイドテーブル：幅40cm、長さ80cm、高さ76cm、サイドテーブル：幅46cm、奥行き50cm、高さ89cm、ロッカー：幅60cm、奥行き40cm、高さ180cmでした。

答え ▶ ×

Q 一般病室のベッドの左右に設けるあき寸法を、100cmとした。

A ベッドとベッドの間にはストレッチャーを入れるので、100〜140cmの間隔をあけます（答えは○）。ストレッチャー自体の幅は、65〜75cm程度です。

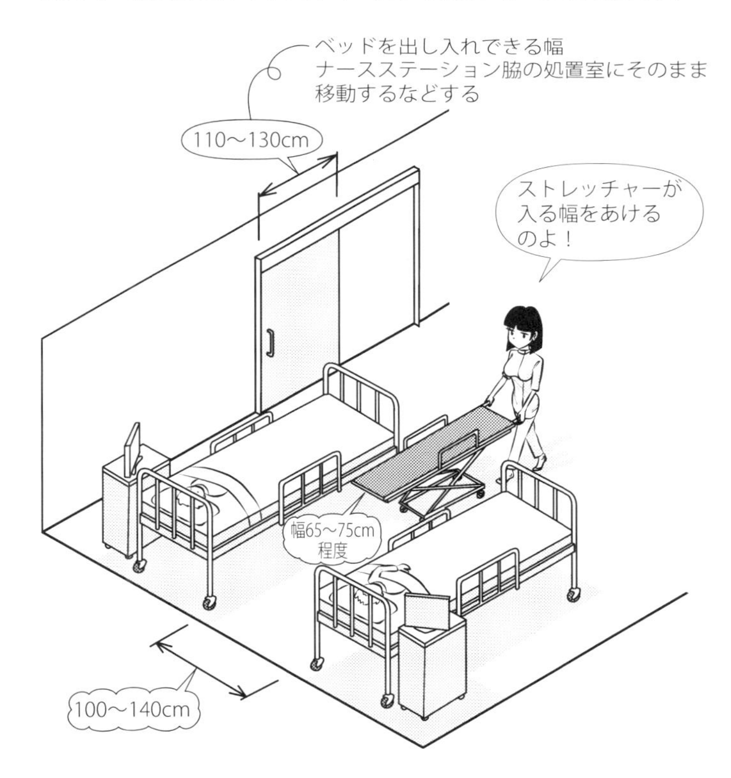
ベッドを出し入れできる幅
ナースステーション脇の処置室にそのまま
移動するなどする
110〜130cm
ストレッチャーが
入る幅をあける
のよ！
幅65〜75cm
程度
100〜140cm

- ストレッチャー（stretcher）は「伸ばすもの」が元義。伸ばして広げる担架から、患者を運ぶ担架をストレッチャーと呼ぶようになりました。
- 建築士の過去問で、ベッド間のあき寸法を75cmとするものがありましたが、ストレッチャーを入れるには若干狭いように思われます。

答え ▶ ○

Q ベッド数400床の総合病院の延べ面積を、8000m²とした。

A 500床以上の総合病院の1床当たり延べ面積は、検査機械などの設備の大型化、多様化、病院の個室化、共用部の大型化などで、時代とともに大きくなっています。85m²/床が平均的な1床当たり延べ面積です。設問では8000m²/400床＝20m²/床で、明らかに足りません（答えは×）。

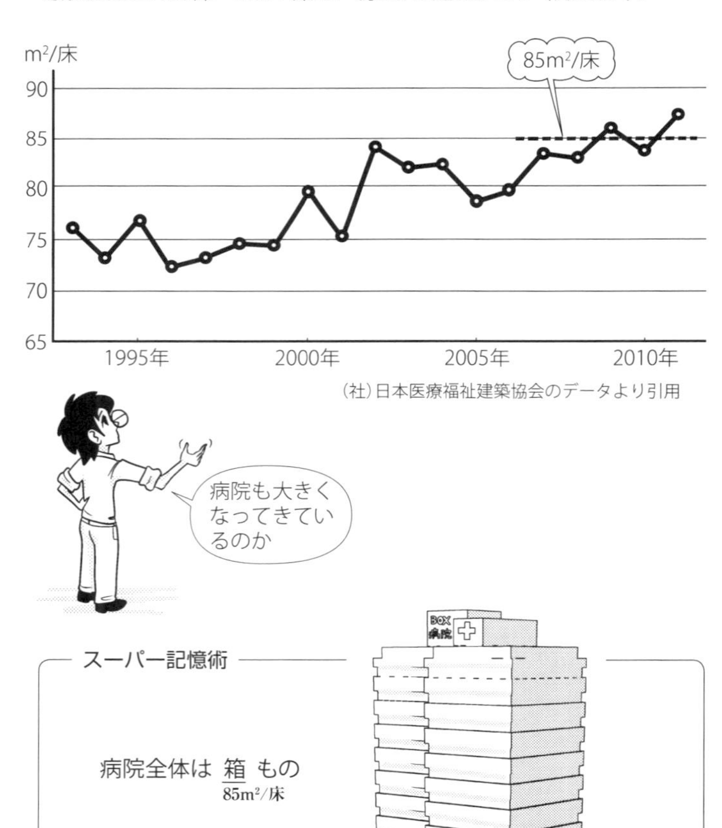
m²/床
85m²/床
90
85
80
75
70
65
1995年
2000年
2005年
2010年
病院も大きくなってきているのか

（社）日本医療福祉建築協会のデータより引用

スーパー記憶術

病院全体は 箱 もの
85m²/床

答え ▶ ×

Q 病院全体の延べ面積のうち、病棟部の占める床面積は、60〜70%である。

A 診療部（外来、中央）、サービス部、管理部があるので、病棟部は約40%となります（答えは×）。

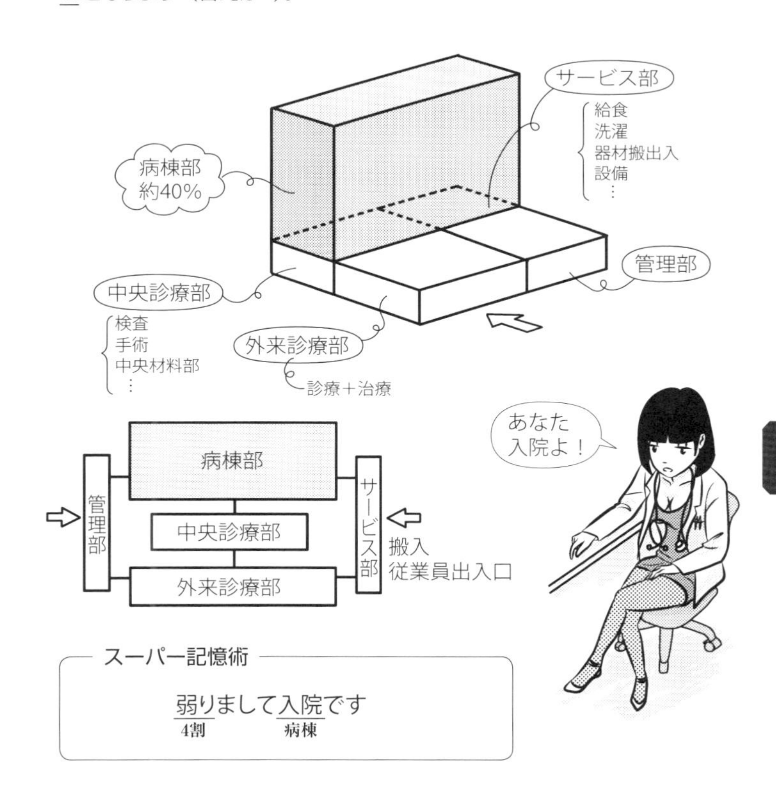
サービス部
給食
洗濯
器材搬出入
設備
⋮
病棟部
約40%
管理部
中央診療部
検査
手術
中央材料部
⋮
外来診療部
診療＋治療
あなた
入院よ！
病棟部
管理部
中央診療部
サービス部
搬入
従業員出入口
外来診療部

スーパー記憶術

弱りまして入院です
（弱り＝4割、入院＝病棟）

答え ▶ ×

Q 一般病室における全般照明を、間接照明とした。

A 目のすぐ上に直接照明があると、まぶしくてゆっくりと眠れません。そこで下図のように直接照明の位置を目から遠い方、カーテンで仕切れる方に移す、間接照明に替えるなどします（答えは○）。

直接照明
消灯しないと
眠れない
直接照明の位置
を変える
間接照明

答え ▶ ○

Q 1看護単位に含まれる病床数は、内科より小児科の方が多い。

A 看護師、薬剤師、理学療法士などがチームとなり、一定数の患者を担当します。その担当する患者のひとまとまりを看護単位といいます。1看護単位は、内科、外科で40〜50床程度、産科、小児科で30床程度です（答えは×）。

ガキは手がかかるのよ！
毎日取り替えないナースキャップは、不衛生という理由で廃止している病院が多い
40〜50床
30床

看護単位
- 内科、外科　…40〜50床程度
- 産科、小児科…30床程度

スーパー記憶術

産 児
3 0床

答え ▶ ×

Q ナースステーションは、関係者以外の人が立ち入らないように、階段やエレベーターからなるべく離した位置が望ましい。

A ナースステーションは、エレベーターや階段のすぐ近く、病棟に出入りする人を監視、監督できる位置に設けます（答えは×）。

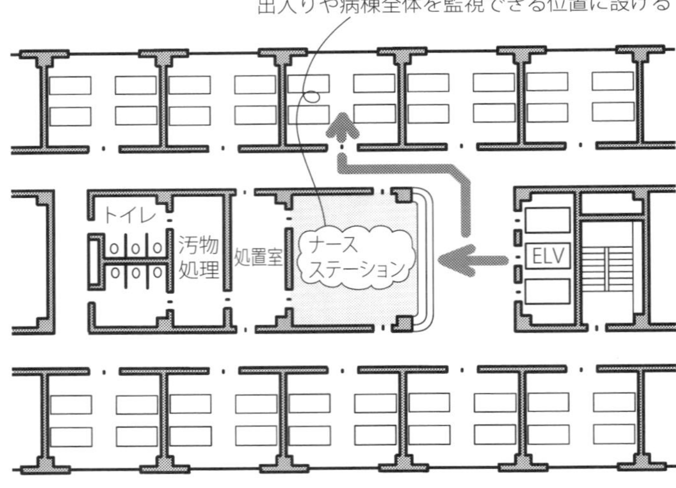
エレベーターの近く、病棟の中心あたりで
出入りや病棟全体を監視できる位置に設ける
トイレ
汚物
処理
処置室
ナース
ステーション
ELV

ナースが
中心よ！

答え ▶ ×

Q 新生児室はナースステーションと隣接させるとともに、廊下からガラス越しに室内を見ることができるような計画とした。

A 新生児室はナースステーションに隣接させ、さらに感染予防や両方チェックしやすいように透明ガラスで仕切ります。また廊下からもよく見えるように、廊下との仕切りも透明ガラス張りとします（答えは○）。

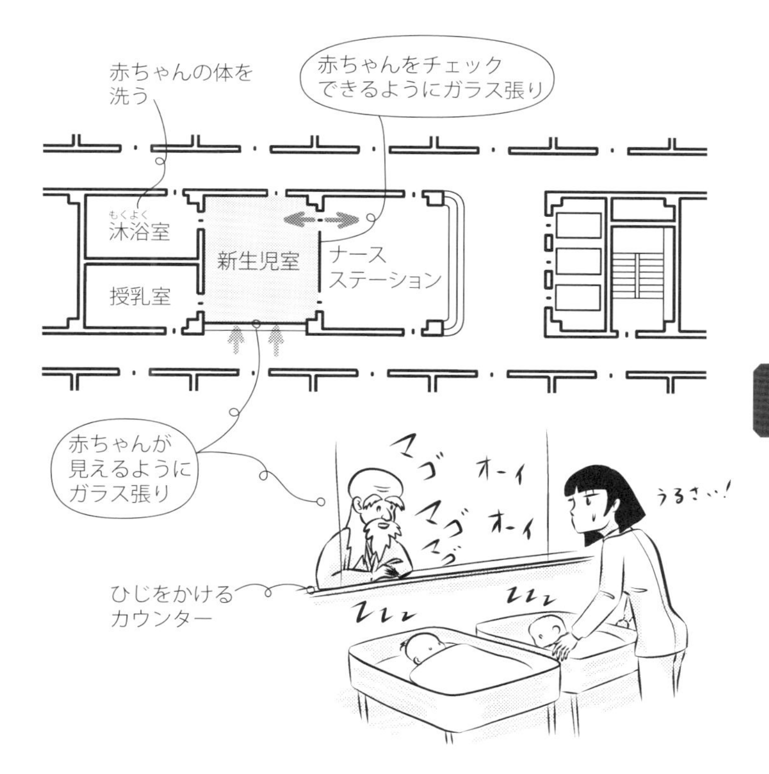
赤ちゃんの体を洗う
赤ちゃんをチェックできるようにガラス張り
沐浴室
授乳室
新生児室
ナースステーション
赤ちゃんが見えるようにガラス張り
マゴ マゴ マゴ
オーイ オーイ
うるさい…！
ひじをかけるカウンター
Zzz
Zzz

答え ▶ ○

Q デイルームとは、入院患者がくつろいだり、見舞い客と面会したりする、談話のための部屋である。

A デイルーム（day room）は直訳すると昼間の部屋で、病院や学校の談話室、娯楽室のことです。病院では患者がくつろいだり、見舞い客と会ったり、飲食をするスペースです（答えは○）。入口やエレベーター、ナースステーションの近くに設けます。

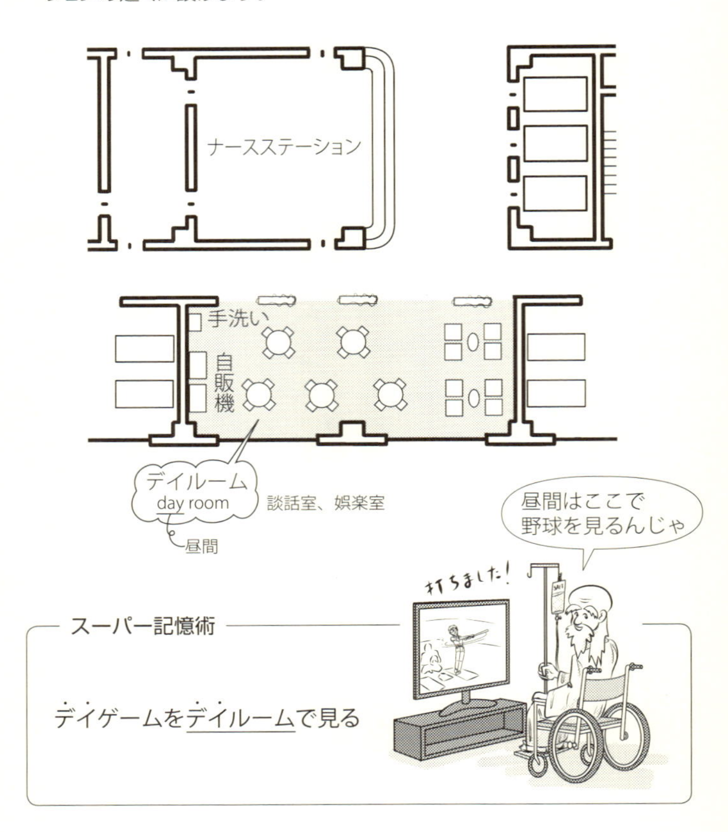
ナースステーション
手洗い
自販機
デイルーム
day room
談話室、娯楽室
昼間
昼間はここで野球を見るんじゃ
打ちました！
スーパー記憶術
デイゲームをデイルームで見る

答え ▶ ○

Q 総合病院の中央診療部は、外来診療部と病棟部の中間で、両方から連絡の良い位置に設ける。

A 中央診療部とは検査部、放射線部、手術部、分べん部、中央材料部（サプライセンター）、薬局、輸血部、リハビリテーション部などの、各科に共通な機能を集めた診療部です。外来診療部と病棟部の両方から連絡の良い場所が適しています（答えは○）。

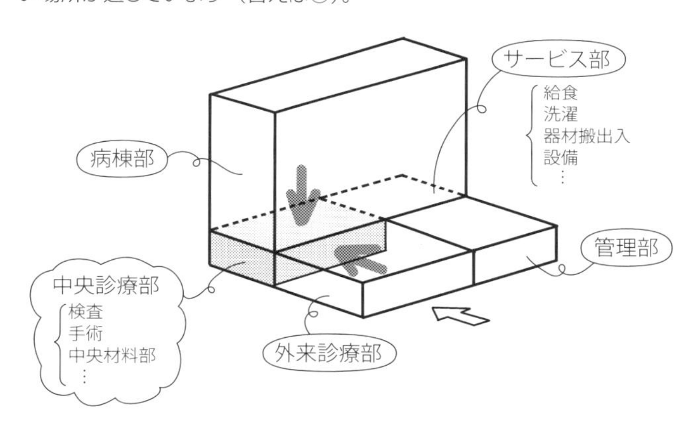
サービス部
給食
洗濯
器材搬出入
設備
病棟部
管理部
中央診療部
検査
手術
中央材料部
外来診療部

中央診療部は中央に配置よ！
それでは切断します
外来と病棟の両方から近い位置か
アワワ

答え ▶ ○

Q 手術部は、できるだけ外科病棟と同一階とし、中央診療部の最上階に置くことが多い。

A 手術部は、外科病棟、放射線部、ICU（集中治療室）、中央材料部といった関連性の強い諸室と近接して配置します（答えは○）。

【愛してる人が集中治療室に!】
ICU

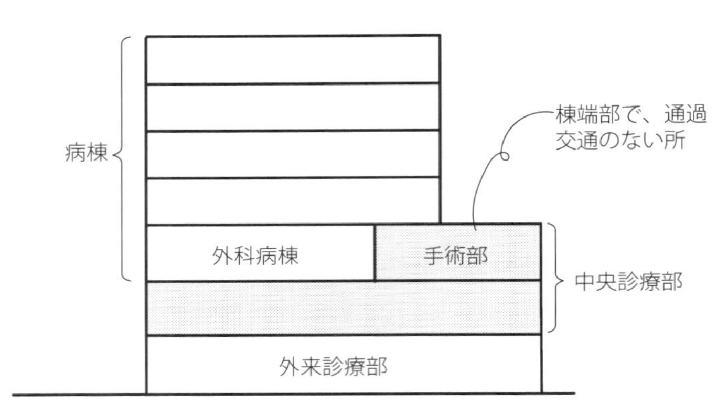

病棟
棟端部で、通過
交通のない所
外科病棟
手術部
中央診療部
外来診療部

手術室と外科病棟は近づけるのよ！
ザク
ザク
外科病棟から運ばれて来る

【　】内スーパー記憶術

答え ▶ ○

Q 中央材料部は、手術室との関連を重視して配置する。

A 手術や病棟で使うメス、はさみ、フック、ピンセット、注射器などの医療用器具、医療物品を、保管、洗浄、消毒、滅菌、メンテナンス、調達、処分などの管理を行うのが中央材料部（サプライセンター：「中材」と略称される）です。手術室の近くに配置します（答えは○）。

中央材料部（中材）
サプライセンター
大型の滅菌機

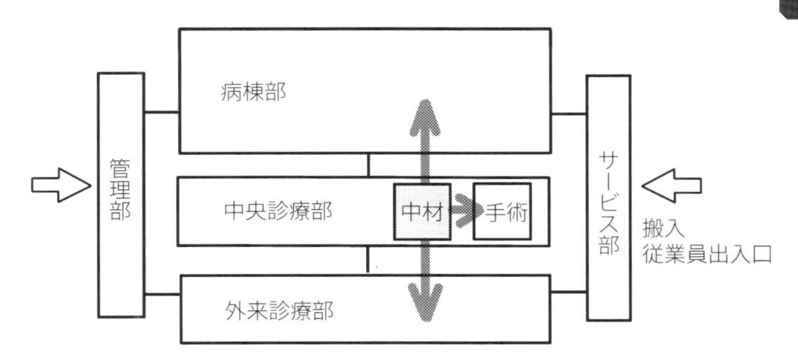
病棟部
管理部
中央診療部
中材
手術
サービス部
搬入
従業員出入口
外来診療部

答え ▶ ○

Q 病院において、手術室には前室を設け、出入口を自動ドアとした。

A 細菌の侵入に対処するために、前室を設け、自動ドアとして手が触れないようにします（答えは○）。人が通るたびに開閉しないように、足を入れてスイッチを操作して開閉できるようにするフットスイッチが一般的です。

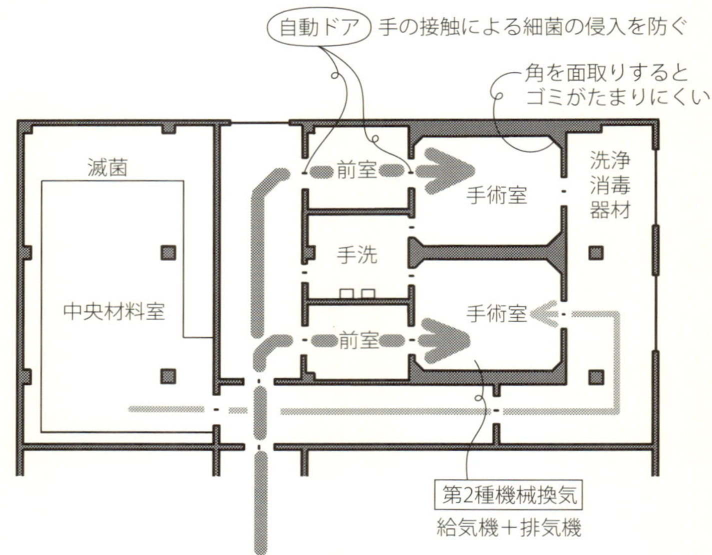

自動ドア 手の接触による細菌の侵入を防ぐ
角を面取りすると
ゴミがたまりにくい
滅菌
中央材料室
前室
手術室
洗浄
消毒
器材
手洗
手術室
前室
第2種機械換気
給気機＋排気機

内部を正圧（大気圧より大きい）にして、チリや細菌が外から入らないようにする。

バイオクリーンルーム（無菌室）とする

答え ▶ ○

Q 病院において、診察室は処置室と隣接して配置した。

A 診察の後に直ちに処置、治療できるように、診察室と処置室は隣接させて配置します（答えは○）。

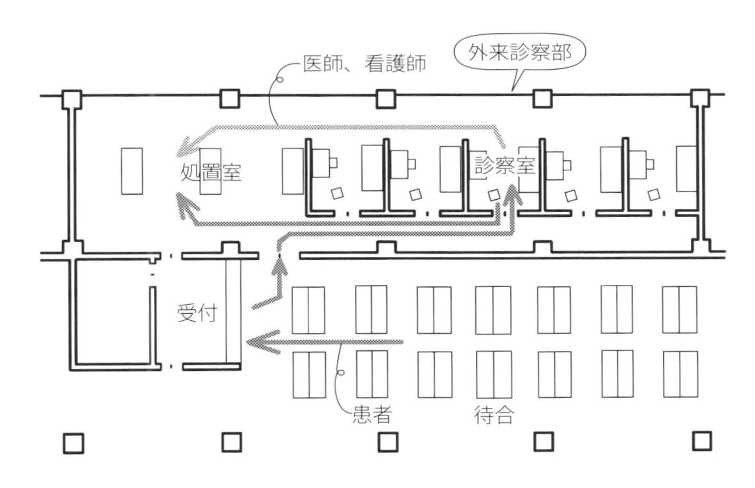
医師、看護師
外来診察部
処置室
診察室
受付
患者
待合

診察の次は処置よ！

答え ▶ ○

Q 病院内廊下のストレッチャー防護用レールの下端高さを、1mとした。

A ストレッチャーが壁を傷つけるのを防ぐため、壁に防護用のレールを設けます。ストレッチャーの高さは約75cmなので、防護用レールは70〜90cmの高さになります（答えは×）。

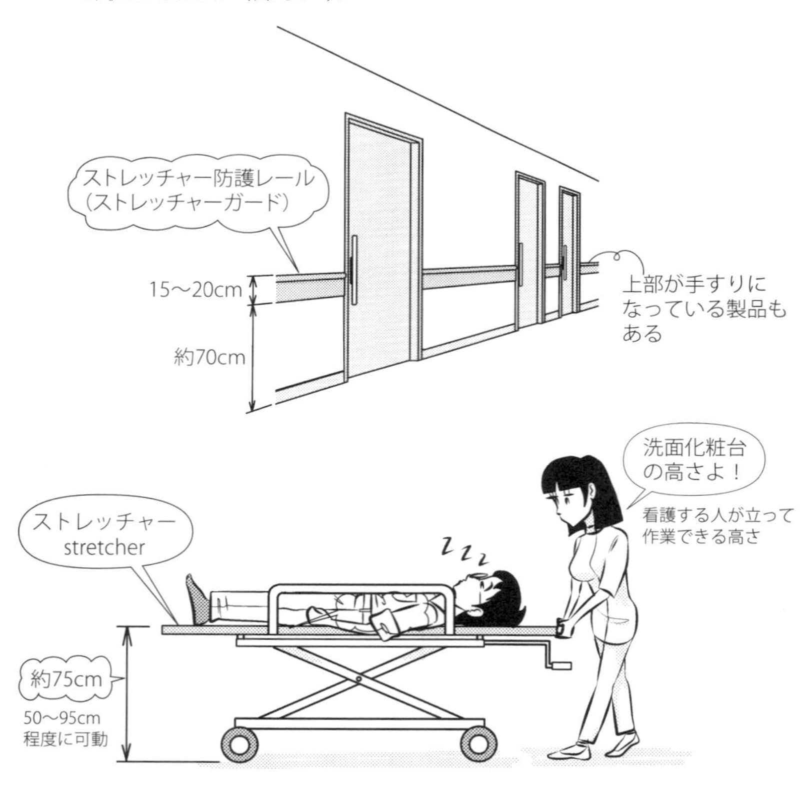

ストレッチャー防護レール（ストレッチャーガード）
15〜20cm
約70cm
上部が手すりになっている製品もある
洗面化粧台の高さよ！
看護する人が立って作業できる高さ
ストレッチャー stretcher
約75cm
50〜95cm程度に可動

答え ▶ ×

Q 1. X線室の床材には、電導性のものを使用した。
2. X線室は鉛の板（版）などを使って、X線を遮へいする。
3. 診療所において、X線室は診察室および処置室に近接させた。

A X線の機器は大電流を使い、感電の危険があるため、床材には電気絶縁性のものを使います（1は×）。またX線を遮へいするために、鉛版やコンクリートで囲む必要があります（2は○）。X線室の位置は、診療所では下図のように、診察室、処置室の近くにすると、動線が短くなって便利です（3は○）。

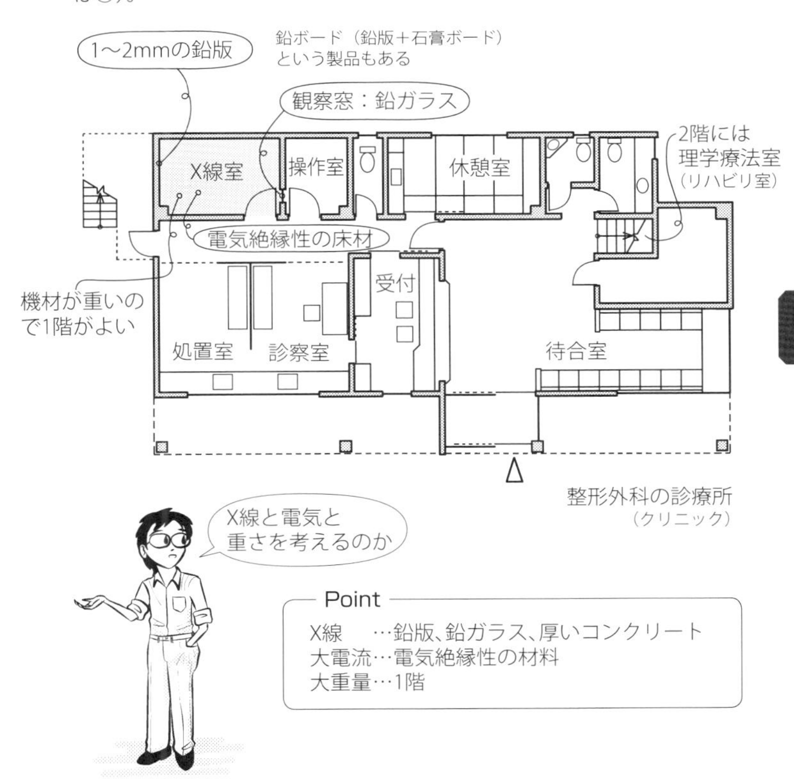
1〜2mmの鉛版
鉛ボード（鉛版＋石膏ボード）という製品もある
観察窓：鉛ガラス
X線室
操作室
休憩室
2階には理学療法室（リハビリ室）
電気絶縁性の床材
機材が重いので1階がよい
受付
処置室
診察室
待合室
整形外科の診療所（クリニック）
X線と電気と重さを考えるのか

Point
X線　…鉛版、鉛ガラス、厚いコンクリート
大電流…電気絶縁性の材料
大重量…1階

答え ▶ 1. ×　2. ○　3. ○

Q 日本画を展示する壁面の照度を、**500〜750lx**とした。

A 日本画は傷みやすいので、展示壁面の照度は**150〜300lx**とされています（答えは×）。

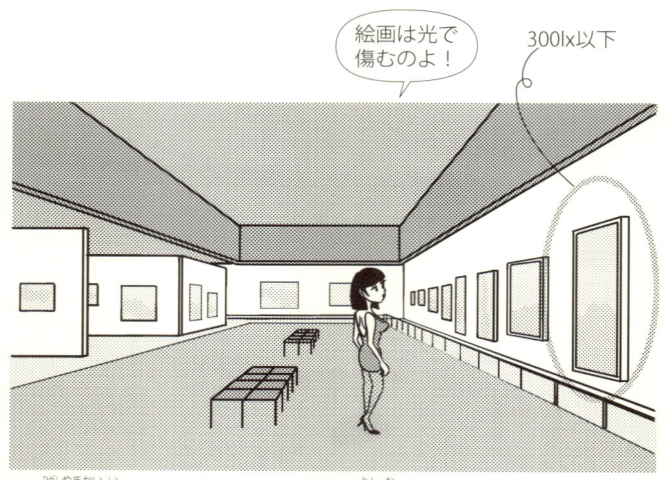
絵画は光で
傷むのよ！
300lx以下

東山魁夷館（1990年、長野、谷口吉生）

善光寺の隣にあるので、長野に行った際にはぜひ立ち寄ってください。東山のシンプルな絵と調和する単純明快なモダンデザインの美術館です。美術館建築のなかには複雑なデザインで、絵を展示しにくく、見にくくされているものも残念ながら少なくありません。

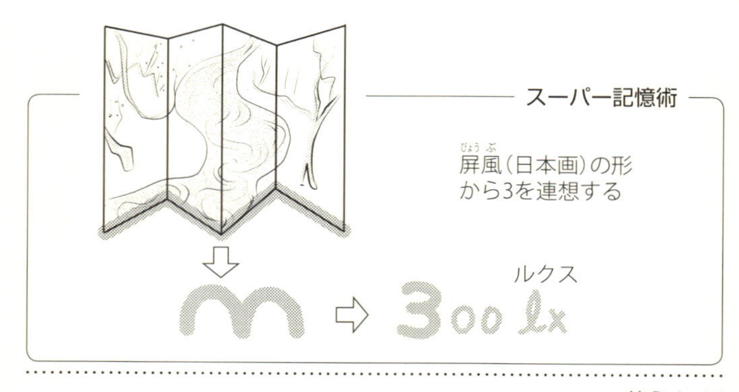
スーパー記憶術
屏風（日本画）の形
から3を連想する
ルクス
300 lx

答え ▶ ×

Q 1. 洋画を展示する壁面の照度を、400lxとした。
2. 美術館の展示室の計画において、自然採光を利用した場合の光量不足を補うための照明として、高演色性蛍光灯を用いた。

A 日本画は150〜300lx、洋画は300〜750lxとされていますが（1は○）、実際には絵を守るため、ずっと低い照度で展示されていることが多いです。日本画は300lxまで、洋画は300lxからと覚えておきましょう。絵の色をしっかりと見せるために、自然採光や高演色性の白色光の照明器具を使います（2は○）。

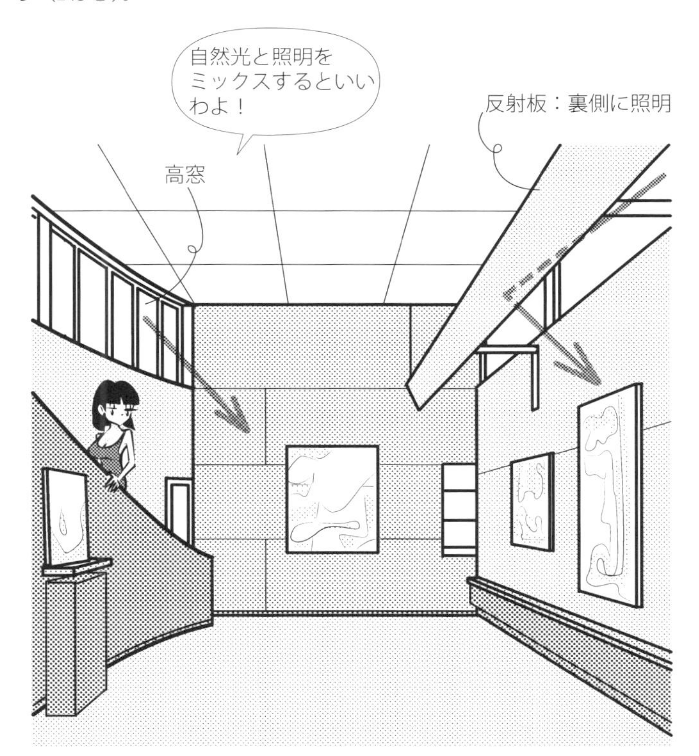
自然光と照明を
ミックスするといい
わよ！
反射板：裏側に照明
高窓

ラ・ロッシュ・ジャンヌレ邸のアトリエ
（1923年、パリ、ル・コルビュジエ）

- ル・コルビュジエの20年代の白い住宅は、絵画のアトリエを意識した高窓、吹き抜け、見て回る巡回ルートなど各所に工夫が見られます。

答え ▶ 1. ○　2. ○

Q パリのオランジュリー美術館は、オレンジの木のための温室をリノベーションして印象派の美術館としたものである。

A オランジュリー美術館は古いオレンジの温室の中に、RC造の箱を入れ子にして、印象派の作品を中心とする美術館としたものです。特に楕円形の部屋にトップライトを入れた、モネの睡蓮（すいれん）の部屋は、睡蓮の巨大な絵画に囲まれた独特な展示空間となっています（答えは○）。

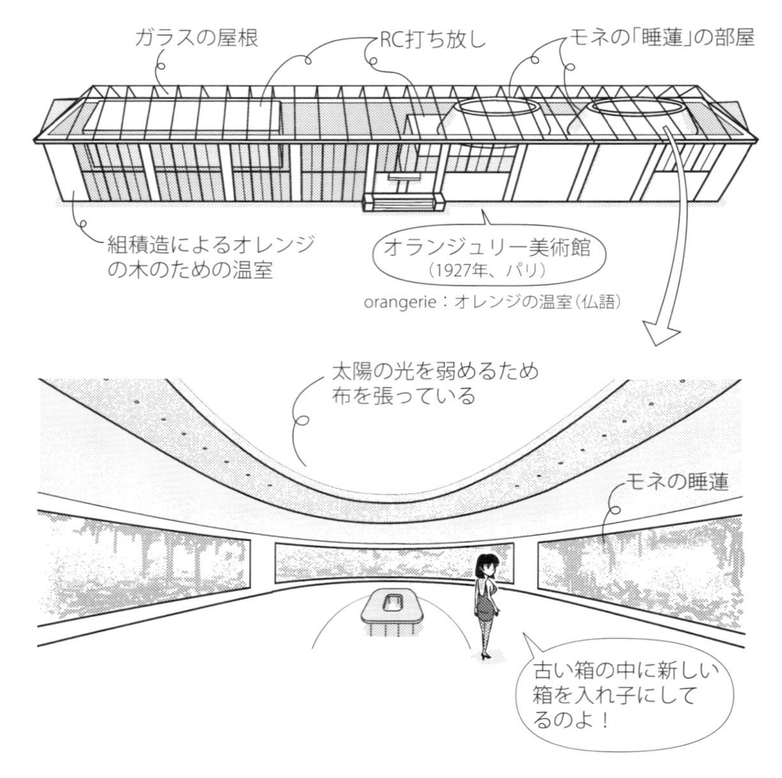
ガラスの屋根
RC打ち放し
モネの「睡蓮」の部屋
組積造によるオレンジの木のための温室
オランジュリー美術館
(1927年、パリ)
orangerie：オレンジの温室（仏語）
太陽の光を弱めるため布を張っている
モネの睡蓮
古い箱の中に新しい箱を入れ子にしてるのよ！

答え ▶ ○

Q パリのオルセー美術館は、鉄道の駅舎を印象派の作品を中心とする美術館へ再生させたものである。

A オルセー駅を美術館としてリノベーションしたオルセー美術館は、中央にトップライトをもつ大空間の周囲に展示室を配した構成です（答えは○）。

パリのオルセー駅 ⟶ オルセー美術館 【降ろせー！ 駅で】
（1900年） （1986年） オルセー

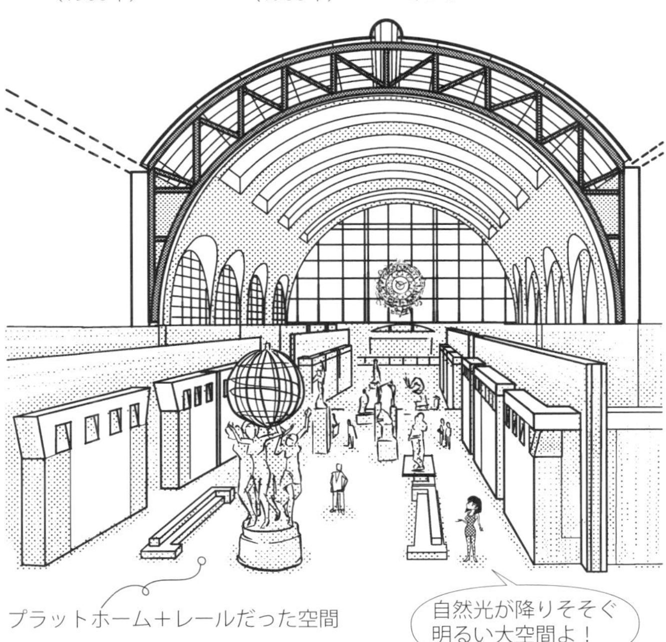
プラットホーム＋レールだった空間
自然光が降りそそぐ明るい大空間よ！

【 】内スーパー記憶術

- 落ち着いた外観の内部にある明るい大空間、絵画史上で華やかな時代の絵画群とともに、個人的には世界で最も好きな美術館です。外観で見る大時計の内側はカフェになっており、カフェからは時計ごしにセーヌ川やルーヴル美術館が見え、筆者お気に入りのカフェです。

答え ▶ ○

Q パリのルーヴル美術館のガラスのピラミッドとその地下の建物は、U字型の旧王宮を改修して、美術館への動線をまとめてわかりやすくした計画である。

A 複数の棟から成る巨大なルーヴル美術館は、入口があちこちにある状況でした。国際コンペで入選したイオ・ミン・ペイの計画では、中央のガラスのピラミッドから下へ下り、地下通路で各棟にアプローチするものです。動線を単純明快にしたうえで、ガラスのピラミッドも周囲の環境を壊さない程度に自己主張しています（答えは○）。

中世の要塞 → 近世の宮殿 → 1793年 美術館 → 1989年ガラスのピラミッドなどの改修

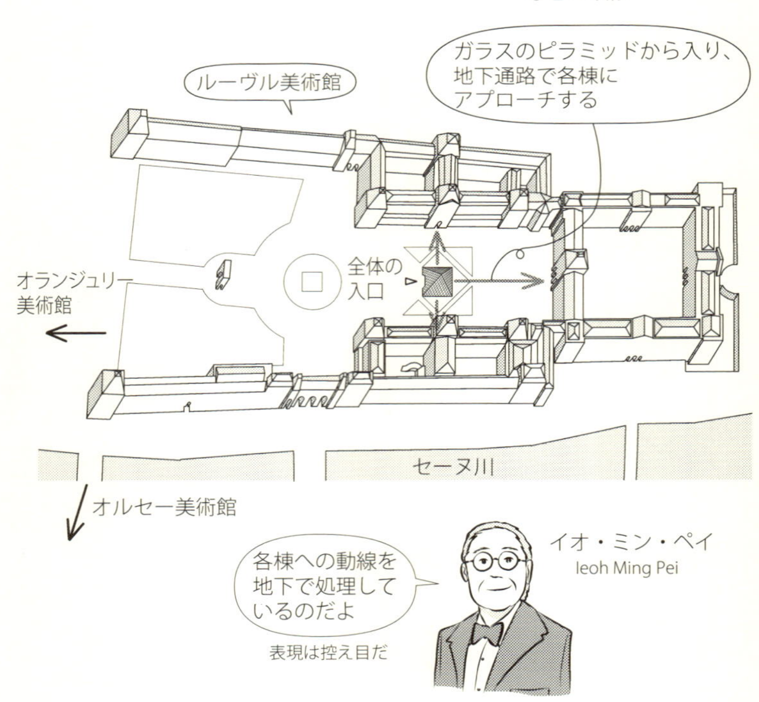
ルーヴル美術館
ガラスのピラミッドから入り、地下通路で各棟にアプローチする
全体の入口
オランジュリー美術館
セーヌ川
オルセー美術館
イオ・ミン・ペイ
Ieoh Ming Pei
各棟への動線を地下で処理しているのだよ
表現は控え目だ

答え ▶ ○

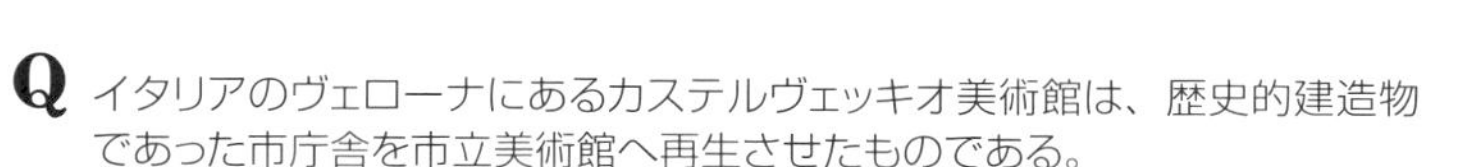
★ R246 ○×問題
世界の美術館　その4

Q イタリアのヴェローナにあるカステルヴェッキオ美術館は、歴史的建造物であった市庁舎を市立美術館へ再生させたものである。

A カステルとは城という意味で、カステルヴェッキオ美術館は中世のヴェッキオ城をカルロ・スカルパが改修した美術館です（答えは×）。金属、石という硬い材料を美しいディテールで納めたシャープなデザインです。

中世のヴェッキオ城 castel：城（伊）
↓
カステルヴェッキオ美術館
（1964年、カルロ・スカルパによる改修設計）

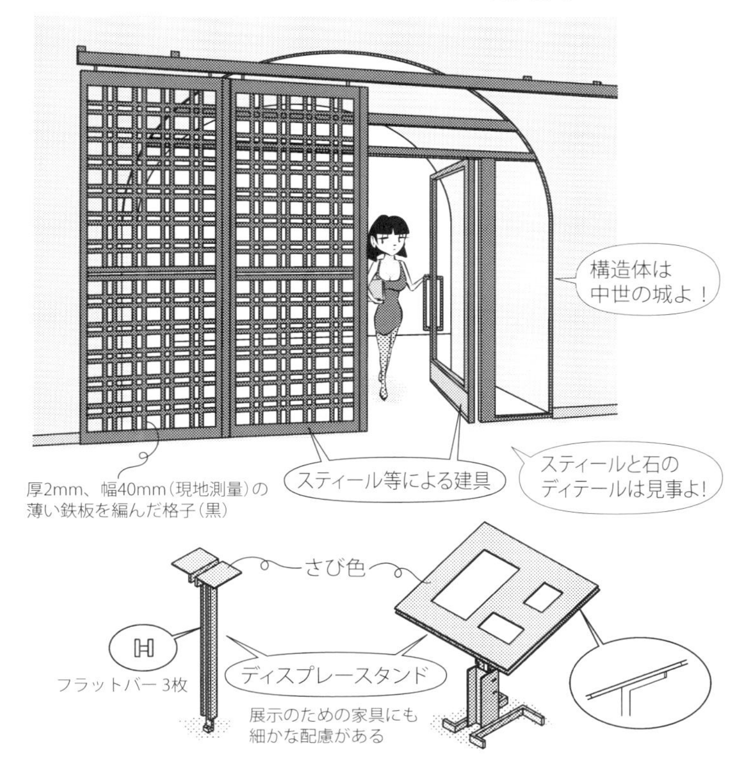
構造体は中世の城よ！
厚2mm、幅40mm（現地測量）の薄い鉄板を編んだ格子（黒）
スティール等による建具
スティールと石のディテールは見事よ！
さび色
H
フラットバー 3枚
ディスプレースタンド
展示のための家具にも細かな配慮がある

答え ▶ ×

Q ロンドンのテート・モダンは、第2次世界大戦後の復興時に建設された火力発電所を、モダンアートの美術館へ再生させたものである。

A 閉鎖した発電所を改修したテート・モダンは、発電機のあったところを使った大空間が魅力的な近現代のアートの美術館です（答えは○）。テムズ川をはさんでセント・ポール大聖堂とミレニアム・ブリッジを介してつながり、開発の遅れた南岸の売りとなるスポットとなっています。オランジュリー、オルセー、ルーヴル、カステル・ヴェッキオ、テートモダン、ルイジアナ美術館（コペンハーゲン北郊）はいずれも、古い建物に創意工夫を加え、増改築や改修を繰り返した美術館です。ひとりの建築家によってつくられた建物にはない独特の魅力があります。

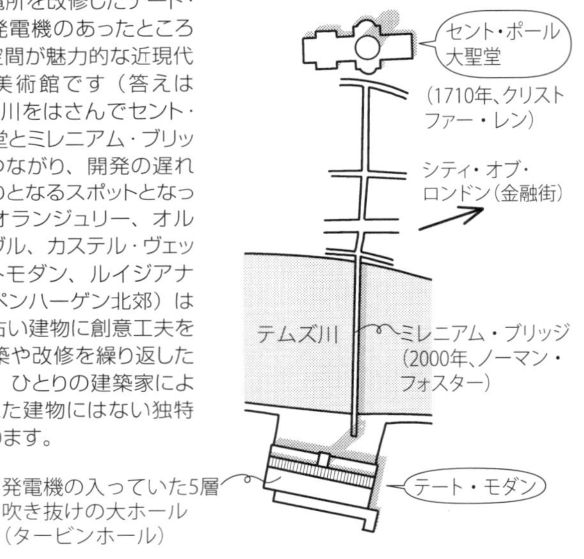
セント・ポール大聖堂
（1710年、クリストファー・レン）
シティ・オブ・ロンドン（金融街）
テムズ川
ミレニアム・ブリッジ
（2000年、ノーマン・フォスター）
発電機の入っていた5層吹き抜けの大ホール（タービンホール）
テート・モダン

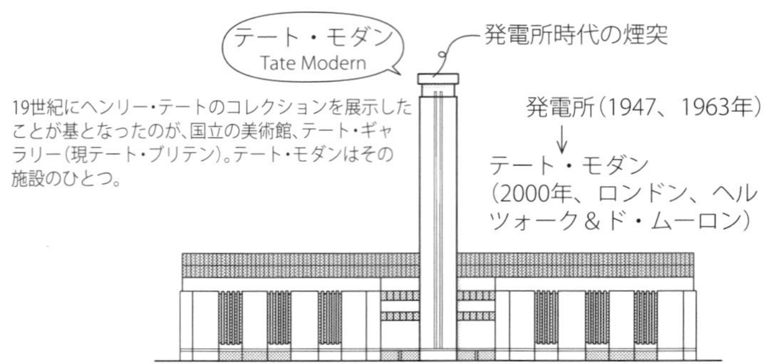
テート・モダン
Tate Modern
発電所時代の煙突
19世紀にヘンリー・テートのコレクションを展示したことが基となったのが、国立の美術館、テート・ギャラリー（現テート・ブリテン）。テート・モダンはその施設のひとつ。
発電所（1947、1963年）
↓
テート・モダン
（2000年、ロンドン、ヘルツォーク＆ド・ムーロン）

答え ▶ ○

Q 小規模な展示室は、来館者の逆戻りや交差が生じないように、一筆書きの動線計画とした。

A 小さな展示室では、下図のように、動線が一筆書きになるように、展示パネルをレイアウトします（答えは○）。美術館全体では、ところどころにショートカットや抜け道、休憩スペースを設けて、来館者が自由な選択をできるように配慮します。

展示パネル
一筆書きの動線が基本よ！

- 建物を分散配置して回遊式とする場合、動線が一方通行になってしまうことがあります。コペンハーゲンの北にあるルイジアナ美術館（1958～1998年）は、平面図では冗長な一方通行の構成ですが、周囲の自然や集落と一体となったデザインは大変秀逸です。訪問から30年以上経ても、その感動は筆者の中に残っています。

答え ▶ ○

Q ニューヨークのグッゲンハイム美術館は、エレベーターで最上階に上がり、らせん状のスロープを降りながら絵画などを鑑賞する動線計画である。

A スロープを下りながら鑑賞する、ほぼ一方通行の動線計画です（答えは○）。吹き抜けを背後にスロープ上で絵を見るのは少し落ち着かない、動線があまりにも一方通行で選択肢がなく、強制的なところがあります。しかしトップライトから光の降りそそぐ中央の吹き抜け空間は、何度訪れても圧巻です。

グッゲンハイム美術館（1959年、ニューヨーク、フランク・ロイド・ライト）

フランク・ロイド・ライト
Frank Lloyd Wright

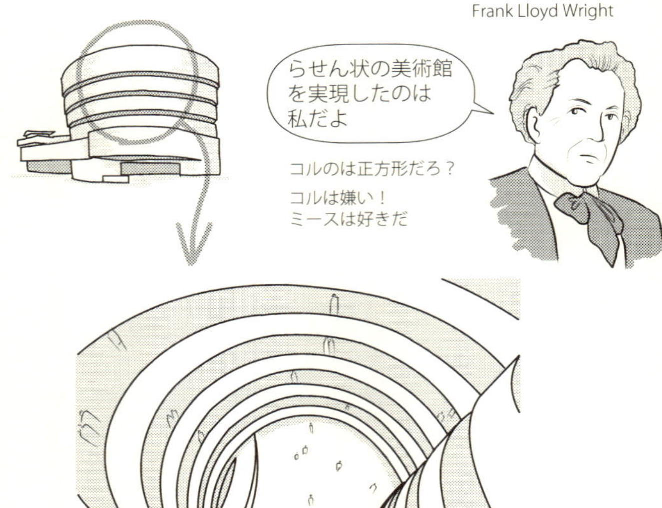
らせん状の美術館を実現したのは私だよ
コルのは正方形だろ？
コルは嫌い！
ミースは好きだ

グルグル回りながら下りていくのよ

ル・コルビュジエは計画案「無限成長美術館」（1929年）において、ピラミッド状のらせん形の展示空間を提案しています。

答え ▶ ○

Q 高齢者、障がい者などの施設を地域から隔離せず、健常者と一緒に助け合いながら暮らす正常な社会を実現しようとする理念を、ノーマライゼーションという。

A 隔離するのではなく地域に開いて、みんなで助け合いながら暮らすのが正常な社会であり、正常化することをノーマライゼーションと呼んでいます（答えは○）。元はデンマークにおける知的障がい者施設改善運動から生まれた理念です。高齢者施設などは地域に開かれた場となるように計画するのが、ノーマライゼーションの考え方です。

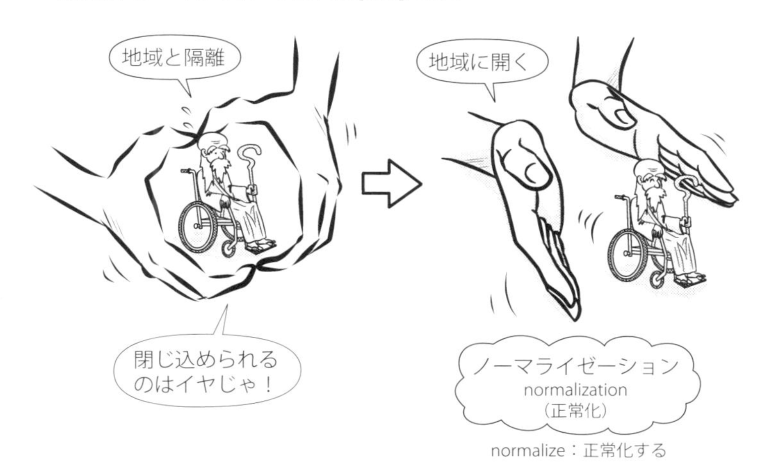
地域と隔離
閉じ込められるのはイヤじゃ！
地域に開く
ノーマライゼーション
normalization
（正常化）

normalize：正常化する

答え ▶ ○

Q 特別養護老人ホームは、常時介護は必要ないが、自宅において介護を受けられない高齢者のための施設である。

A 特別養護老人ホームは、在宅介護が困難な65歳以上の要介護度が高い人のための施設です。常時介護が必要なので、答えは×です。

公的施設	介護保険施設（介護保険法）	特別養護老人ホーム	要介護度が高い人のみ入所できる。入居待ちが多い
		介護老人保健施設	
		介護療養型医療施設	
	福祉施設	ケアハウス（軽費老人ホームの一種）	
		養護老人ホーム	
民間施設	有料老人ホーム	介護付有料老人ホーム	要介護度が低くても入所できるが、費用がかかる
		住宅型有料老人ホーム	
		健康型有料老人ホーム	

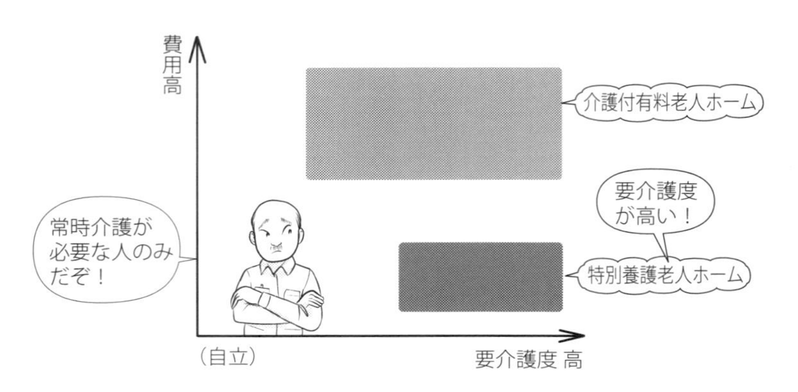
費用高
介護付有料老人ホーム
要介護度が高い！
常時介護が必要な人のみだぞ！
特別養護老人ホーム
（自立）
要介護度 高

- 上表の公的・民間は概略の区分であり、民間経営で公的援助を受けている特別養護老人ホーム、公的経営のグループホーム、デイサービス（R254）もあります。

答え ▶ ×

Q 介護老人保健施設は、病院における入院治療の必要はないが、家庭に復帰するための機能訓練や看護、介護が必要な高齢者のための施設である。

A 介護老人保健施設とは、病状が安定していて病院に入院する必要はないが、医療管理下で介護、リハビリなどを行い、在宅復帰を目指す施設です（答えは○）。

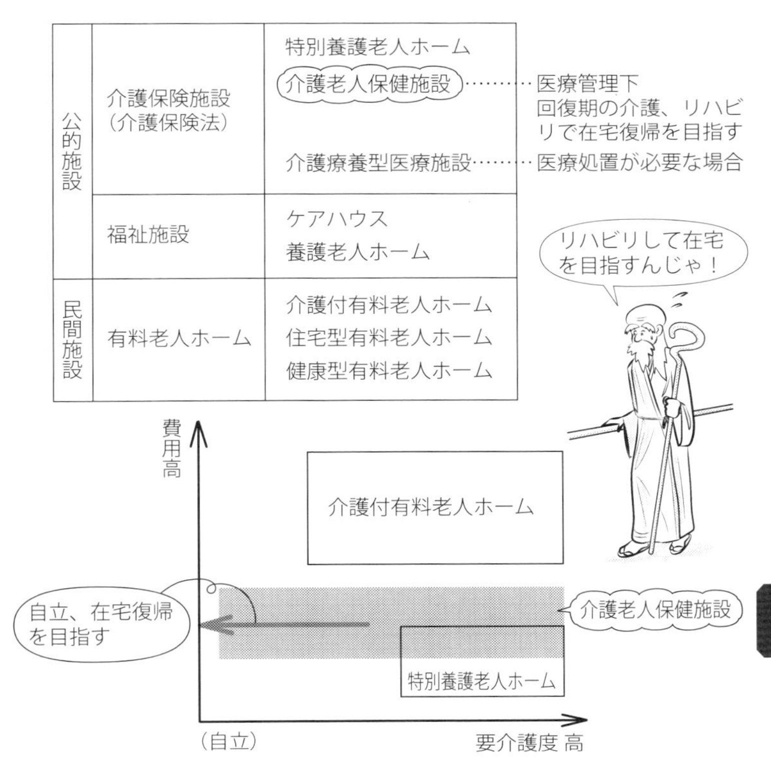

公的施設	介護保険施設（介護保険法）	特別養護老人ホーム	
		介護老人保健施設	医療管理下 回復期の介護、リハビリで在宅復帰を目指す
		介護療養型医療施設	医療処置が必要な場合
	福祉施設	ケアハウス	
		養護老人ホーム	
民間施設	有料老人ホーム	介護付有料老人ホーム	
		住宅型有料老人ホーム	
		健康型有料老人ホーム	

リハビリして在宅を目指すんじゃ！
費用高
介護付有料老人ホーム
自立、在宅復帰を目指す
介護老人保健施設
特別養護老人ホーム
（自立）
要介護度 高

答え ▶ ○

Q ケアハウスは、家族による援助を受けることが困難な高齢者が、日常生活上必要なサービスを受けながら自立的な生活をする施設である。

A 要介護度の低い高齢者が食事、入浴などのサービスを受けながら自立的に生活するのが、ケアハウスです（答えは○）。

【軽費、軽介護の家】
軽（ケイ（ケア））費、軽（ケイ（ケア））介護の家（ハウス）

公的施設	介護保険施設（介護保険法）	特別養護老人ホーム 介護老人保健施設 介護療養型医療施設	
	福祉施設	ケアハウス	軽費老人ホームの一種 食事、入浴などの日常生活の支援
		養護老人ホーム	要介護度低い自立者のみ
民間施設	有料老人ホーム	介護付有料老人ホーム 住宅型有料老人ホーム 健康型有料老人ホーム	

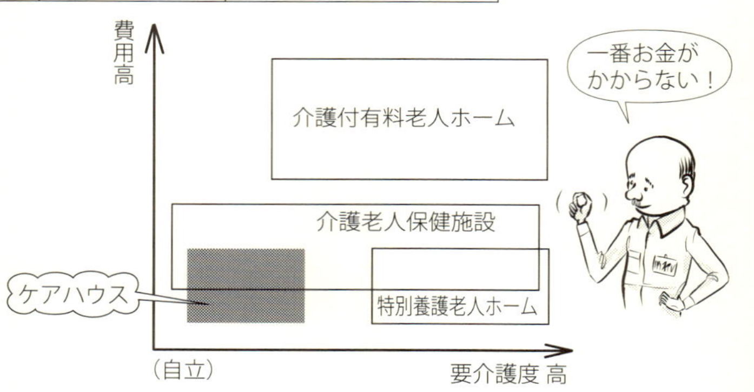
費用高
介護付有料老人ホーム
介護老人保健施設
特別養護老人ホーム
ケアハウス
（自立）
要介護度 高
一番お金がかからない！

【　】内スーパー記憶術

答え ▶ ○

Q 認知症高齢者グループホームは、介護を必要とする認知症の高齢者が、入浴や食事などの介護を受けながら共同生活を行う施設である。

A (認知症高齢者) グループホームは、**5**〜**9**人以下の認知症高齢者が共同生活するための施設です（答えは○）。

【記憶がグルグル回る】（グル＝グループホーム、グル回る＝認知症）

公的施設	介護保険施設 (介護保険法)	特別養護老人ホーム 介護老人保健施設 介護療養型医療施設
	福祉施設	ケアハウス 養護老人ホーム
民間施設	有料老人ホーム	介護付有料老人ホーム 住宅型有料老人ホーム 健康型有料老人ホーム
	その他	グループホーム ……認知症の高齢者が1ユニット(5〜9人以下)単位で共同生活。外部サービスも利用 デイサービス

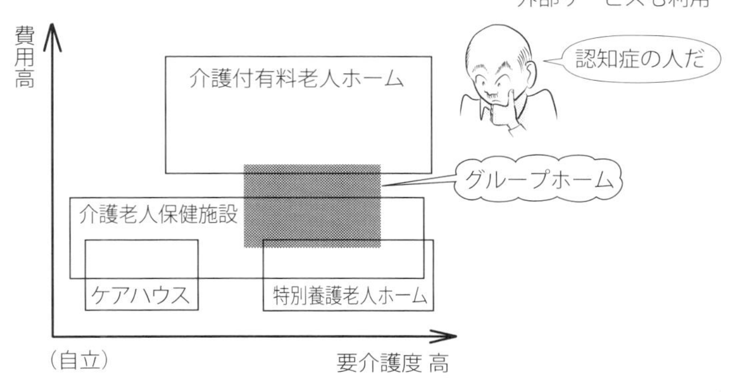
費用高
介護付有料老人ホーム
認知症の人だ
グループホーム
介護老人保健施設
ケアハウス
特別養護老人ホーム
(自立)
要介護度 高

【　】内スーパー記憶術

答え ▶ ○

Q 老人デイサービスセンターは、在宅介護を受けている高齢者が、入浴や食事などの介護を受けながら共同生活を行う施設である。

A (老人) デイサービス (センター) のデイ (day) とは、病院のデイルームと同様に昼間の意味で、日中だけ通所してサービスを受ける施設です (答えは○)。

【デイゲームをデイルームで見る】
(デイサービス)

公的施設	介護保険施設 (介護保険法)	特別養護老人ホーム 介護老人保健施設 介護療養型医療施設
	福祉施設	ケアハウス 養護老人ホーム
民間施設	有料老人ホーム	介護付有料老人ホーム 住宅型有料老人ホーム 健康型有料老人ホーム
	その他	グループホーム デイサービス

デイサービス……日中のみ通所による食事、入浴、リハビリなどのサービス

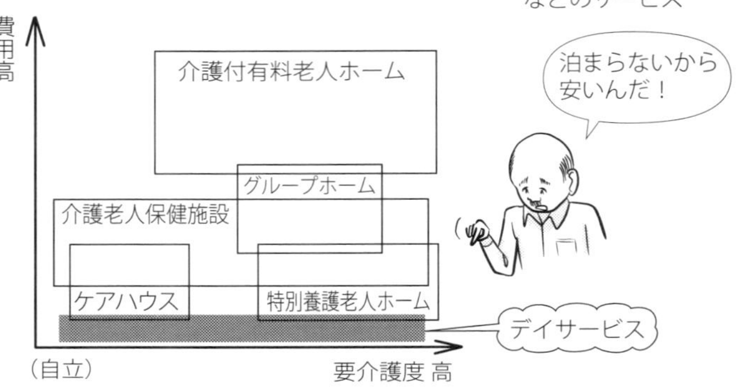
費用高
介護付有料老人ホーム
グループホーム
介護老人保健施設
ケアハウス
特別養護老人ホーム
デイサービス
(自立)
要介護度 高
泊まらないから安いんだ！

【　】内スーパー記憶術

答え ▶ ○

Q 2000〜2500戸程度の住宅地計画において、
1. 住宅地の周囲を、幹線道路で区画した。
2. 小学校1校を、住宅地の中心部分に配置した。

A 2000〜2500戸程度の住宅地を、近隣住区といいます。車の多く通る幹線道路で区分し、その中央付近に小学校を配置します。車の少ない住宅地内で、子供が小学校に通えるようにします（1、2は○）。

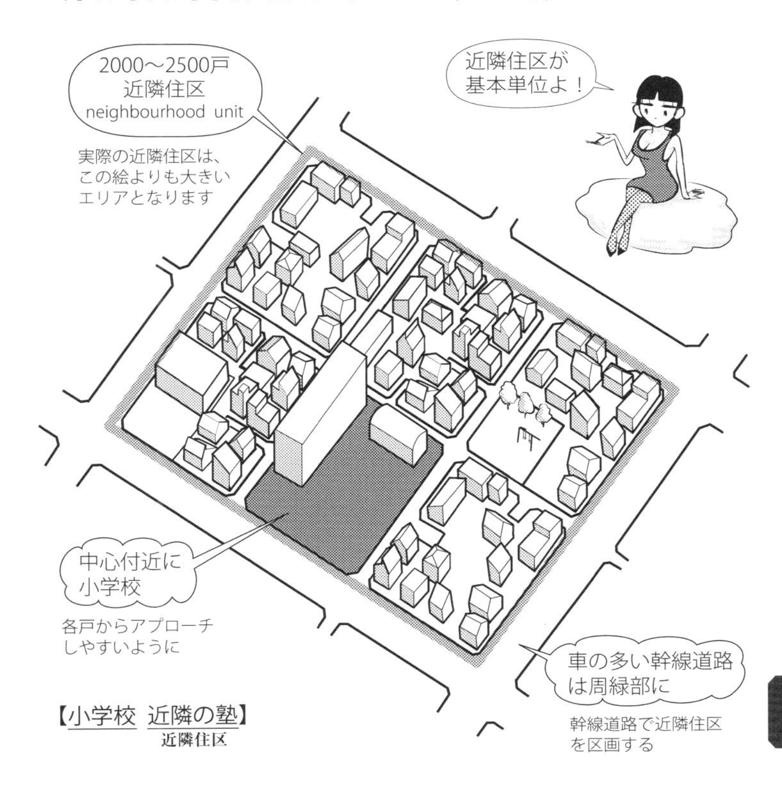

2000〜2500戸
近隣住区
neighbourhood unit
実際の近隣住区は、この絵よりも大きいエリアとなります
近隣住区が基本単位よ！
中心付近に小学校
各戸からアプローチしやすいように
車の多い幹線道路は周縁部に
幹線道路で近隣住区を区画する

【小学校 近隣の塾】
近隣住区

【 】内スーパー記憶術

答え ▶ 1. ○ 2. ○

Q 2000～2500戸程度の住宅地計画において、

1. 住宅地総面積の約10%を、公園や運動場のレクリエーション用地とした。
2. 商店街やショッピングセンターを、住宅地の周辺部の交差点近くに配置した。

A 近隣住区には、約10%の公園などを設け、ショッピングセンターなどを周辺部の交差点付近に配置すると生活の便が向上します（1、2は○）。

2000～2500戸
近隣住区
neighbourhood unit
近隣住区には
公園とスーパー
も入れてよ！
ショッピング
センター
公園

答え ▶ 1. ○　2. ○

Q 400～500戸程度の住宅地計画において
1. 小学校1校を、住宅地の中心部分に配置した。
2. 幼稚園1校を、住宅地の中心部分に配置した。

A 400～500戸程度の住宅地を、近隣分区といいます。近隣分区には幼稚園が1校あるのが理想です。小学校は近隣住区に1校です（1は×、2は○）。住区と分区の用語の違いを覚えておきましょう。

幼稚園
400～500戸
近隣分区
branch unit of neighbourhood
幼児が歩く距離を短くしてよ！
幼稚園

【小学校　近隣の塾】
近隣住区

【　】内スーパー記憶術

答え ▶ 1. ×　2. ○

Q 20～40戸程度の近隣グループごとに、公共施設としてプレーロット（幼児向け遊び場）を計画した。

A 20～40戸、近所づきあい程度のまとまりを、近隣グループ（neighbour group）といいます。近隣グループごとに、小さなプレーロットがあるのが理想です（答えは○）。下表の近隣グループから地区までに対応する教育施設と公園緑地施設は、最低限、覚えておきましょう。

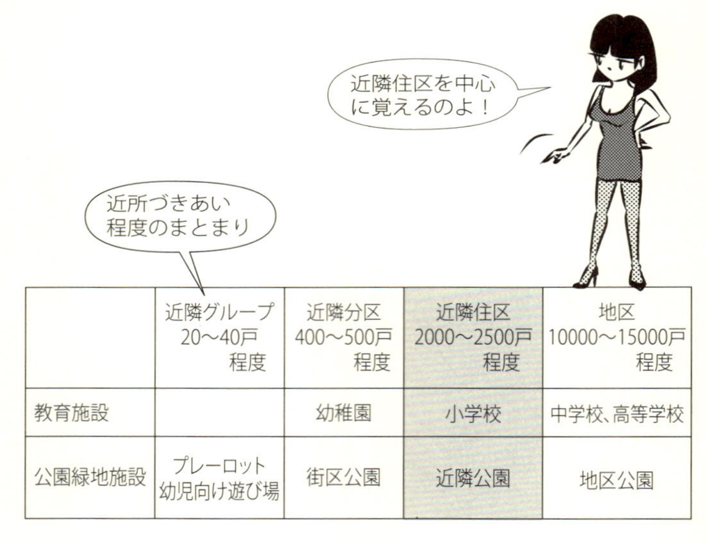
近隣住区を中心に覚えるのよ！
近所づきあい程度のまとまり

	近隣グループ 20～40戸 程度	近隣分区 400～500戸 程度	近隣住区 2000～2500戸 程度	地区 10000～15000戸 程度
教育施設		幼稚園	小学校	中学校、高等学校
公園緑地施設	プレーロット 幼児向け遊び場	街区公園	近隣公園	地区公園

【小学校 近隣の塾】
近隣住区

Q 千里ニュータウン、ハーロウニュータウンは、近隣住区方式に基づいて計画された。

A 近隣住区方式は、ハーロウニュータウン（イギリス、1947年〜）、千里ニュータウン（大阪府、1958年〜）などの大規模ニュータウンで採用されています（答えは○）。近隣住区の理論は、C.A.ペリー によって1924年に提唱されたものです。

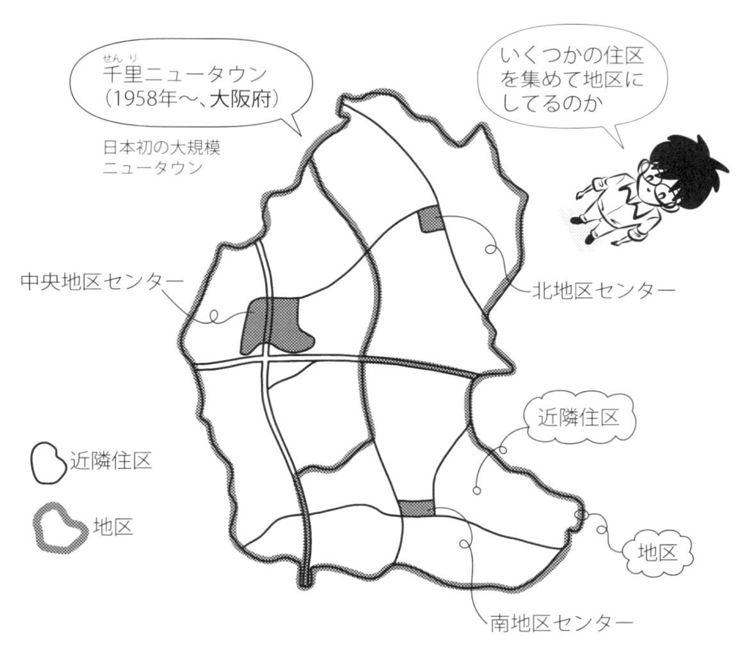
千里ニュータウン（1958年〜、大阪府）
日本初の大規模ニュータウン
いくつかの住区を集めて地区にしてるのか
中央地区センター
北地区センター
近隣住区
地区
南地区センター

スーパー記憶術

千里も向こうのイギリスも、ハローと言って近所にあいさつする
（千里：千里ニュータウン　ハロー：ハーロウニュータウン　近所：近隣住区）

答え ▶ ○

Q 高蔵寺ニュータウン（愛知県）において、近隣住区単位の構成をやめ、ワンセンター方式とした。

A 近隣住区を集めて地区をつくり、地区ごとにセンターをつくる方法だと、全体が均質で単調になるという欠点が出てきます。高蔵寺ニュータウンでは、中心に大規模なタウンセンターをつくり、そこからペデストリアンデッキを周囲に張り出す、ワンセンター方式としています（答えは○）。

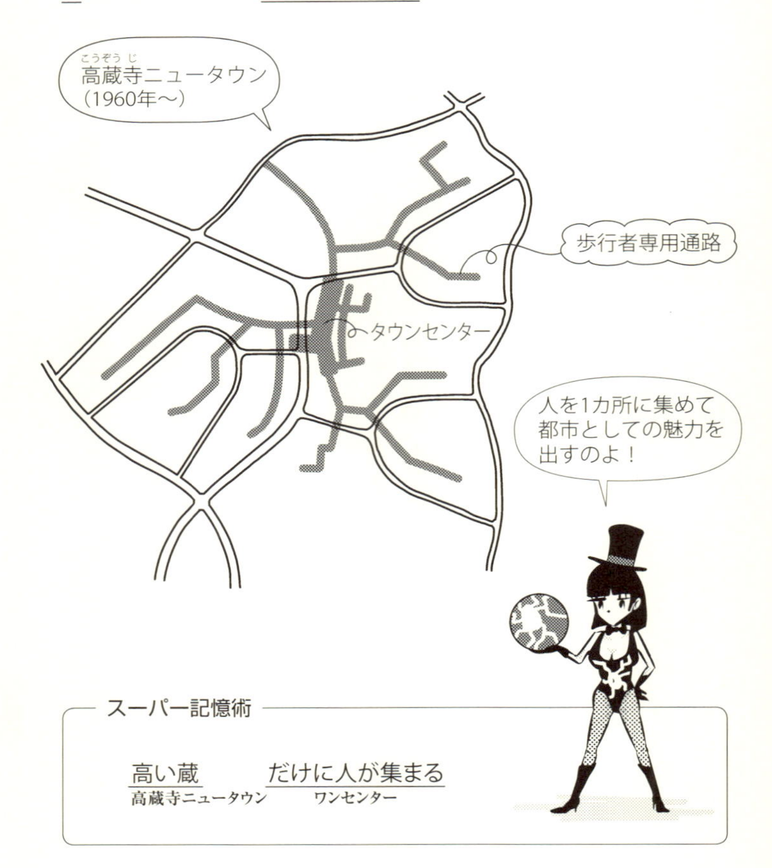

高蔵寺（こうぞうじ）ニュータウン（1960年〜）
歩行者専用通路
タウンセンター
人を1カ所に集めて都市としての魅力を出すのよ！

スーパー記憶術

高い蔵（高蔵寺ニュータウン）　だけに人が集まる（ワンセンター）

答え ▶ ○

Q ペデストリアンデッキとは、人と車を分離するために、車道の上空に持ち上げるなどの立体的な処理をした歩行者専用通路である。

A ペデス（pedes）は歩行者を意味するラテン語で、ペデストリアン（pedestrian）は歩行者とか歩行という意味の英語です。デッキ（deck）は船の甲板が原義で、板が張られたテラス、地面から持ち上げられた床状のものを指すようになりました。ペデストリアンデッキは車道から持ち上げられた歩行者専用通路のことで、日本では、駅の改札から外へ出るところによく使われています（答えは○）。

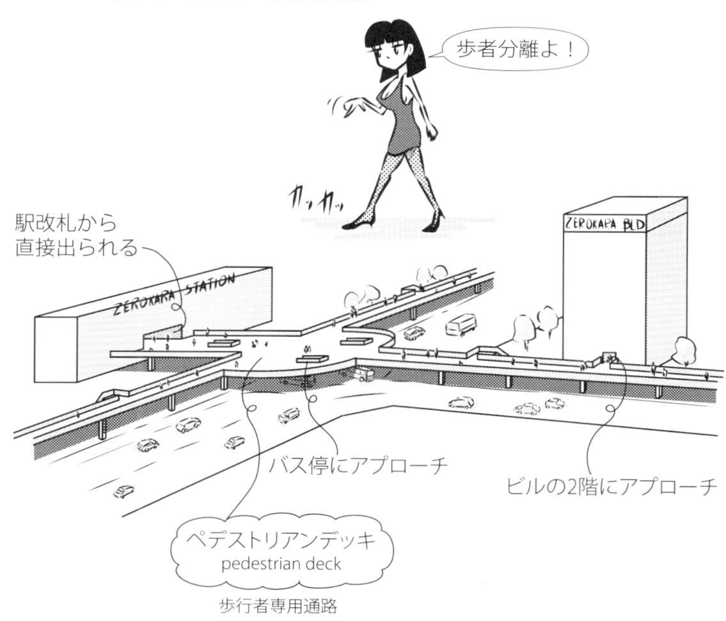
歩者分離よ！
カッカッ
駅改札から
直接出られる
ZEROKARA STATION
ZEROKARA BLD
バス停にアプローチ
ビルの2階にアプローチ
ペデストリアンデッキ
pedestrian deck
歩行者専用通路

- 香港の市街地では、ペデストリアンデッキが積極的に使われています。*x*方向を車道と歩道、その上をまたぐ*y*方向のペデストリアンデッキが何本も通るところでは、立体的な動線の面白さがあります。また新しく開発されたエリアでは、ペデストリアンデッキでどこまでも歩いていける所もあります。

答え ▶ ○

Q クルドサックとは、車の通過交通を防ぐため、折り返しスペースのある行き止まりの道のことである。

A クルドサック（**cul-de-sac**）は、フランス語で袋小路という意味です。車の通過交通を防いで、住宅地区の安全を高める意図でつくられる道路形式です（答えは○）。

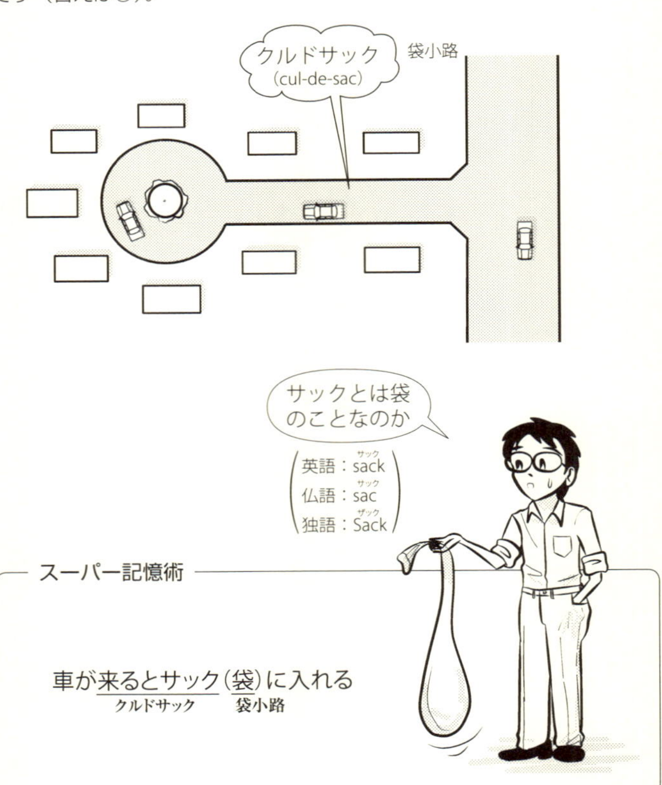
クルドサック
(cul-de-sac)
袋小路
サックとは袋のことなのか
英語：sack（サック）
仏語：sac（サック）
独語：Sack（ザック）

スーパー記憶術

車が来るとサック（袋）に入れる
クルドサック　袋小路

答え ▶ ○

Q ラドバーンシステムは、車は幹線道路からクルドサック（袋小路）に入ってから各住戸にアクセスし、歩行者は住戸のまわりの緑地に設けた歩行者専用通路から学校や店舗にアクセスする方式である。

A クルドサックにして車の通過交通を防ぎ、歩行者は緑地の歩行者専用通路で学校や店舗に行けるようにした歩車分離のシステムを、ラドバーンシステムといいます（答えは○）。アメリカのニューヨーク近郊につくられたニュータウンの町名に由来します。

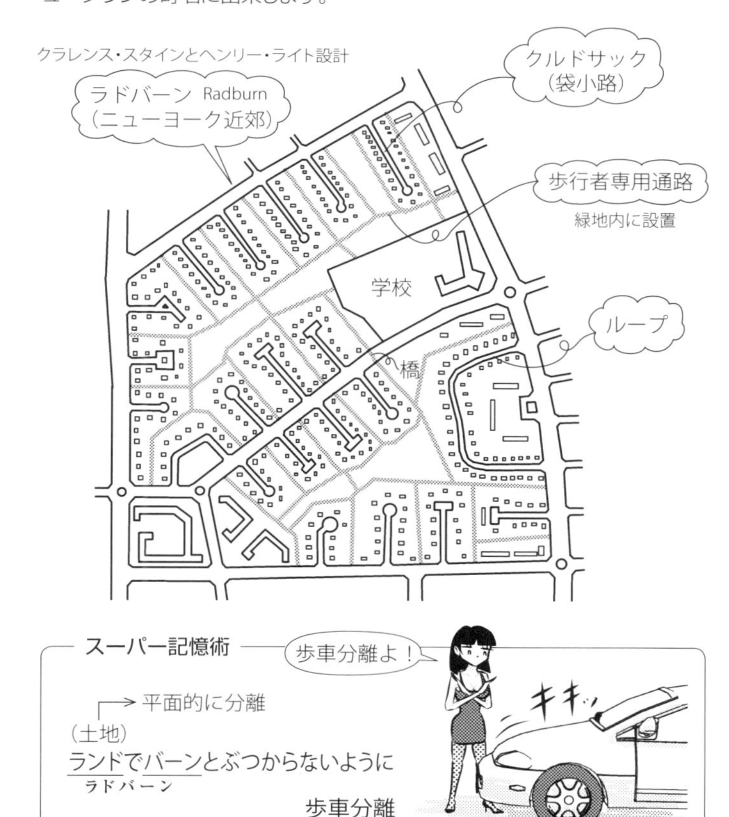
クラレンス・スタインとヘンリー・ライト設計
ラドバーン Radburn（ニューヨーク近郊）
クルドサック（袋小路）
歩行者専用通路
緑地内に設置
学校
ループ
橋
スーパー記憶術
歩車分離よ！
平面的に分離
（土地）
ランドでバーンとぶつからないように
ラドバーン
歩車分離
キキッ

答え ▶ ○

Q 1. ボンエルフとは、歩行者と車を分ける道路方式である。
2. ハンプとは、道路に設けた凹凸である。
3. シケインとは、車が直進できないように、車道を屈折させたり曲げたりすることである。

A 道路をS字クランク（シケイン）させたり、小さな出張り（ハンプ）を付けるなどして車のスピードを下げ、歩車共存を図るのがボンエルフです（1は×、2、3は○）。ボンエルフは、オランダ語で生活の庭という意味で、道路を車専用ではなく主に人のために使おうという発想です。敷地が狭い日本では、ラドバーンよりもボンエルフの方が現実的です。

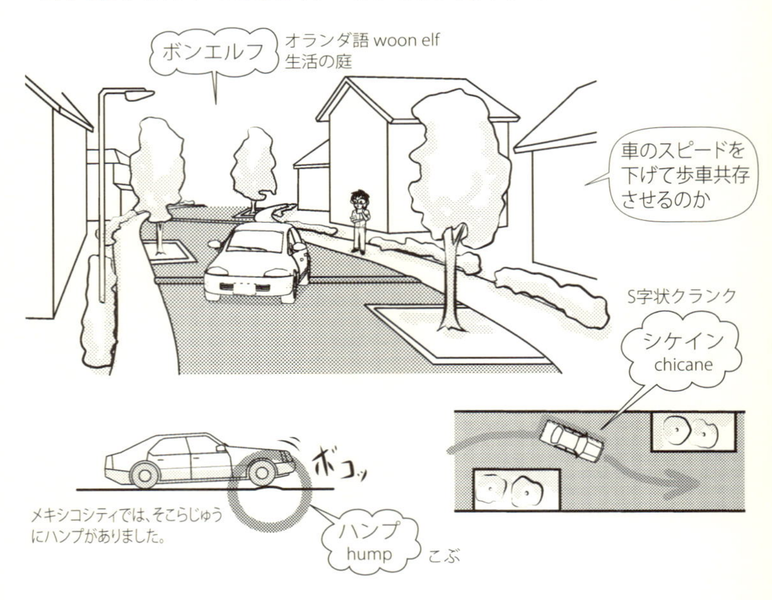
ボンエルフ
オランダ語 woon elf
生活の庭
車のスピードを下げて歩車共存させるのか
S字状クランク
シケイン
chicane
ボコッ
メキシコシティでは、そこらじゅうにハンプがありました。
ハンプ
hump
こぶ

スーパー記憶術

ボンボンがエルフ（トラック）をとばさないような工夫
（ボン）（エルフ）

半端な出っ張り
（ハンプ）

（教習所の）試験はS字クランク
（シケイン）

答え ▶ 1. ×　2. ○　3. ○

Q パークアンドライドは、中心市街地への自動車の流入を減らすため、周辺の駅に整備された駐車場まで自動車で行き、そこから公共交通機関を利用して、中心市街地へ移動する手法である。

A 都市部の交通混雑を緩和するために、都市郊外の駐車場に車を止めて、そこから電車やバスなどで中心市街地へと向かう方式です（答えは○）。パリの旧市街部は現在、車の乗り入れを制限させつつあり、公用の自転車を要所に配備しています。

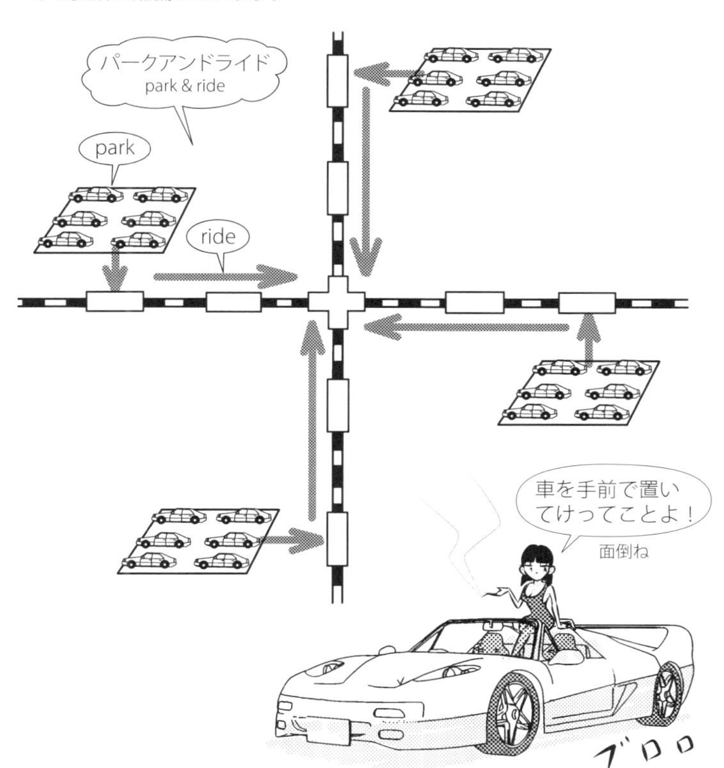
パークアンドライド
park & ride
park
ride
車を手前で置いてけってことよ！
面倒ね
ブロロ

答え ▶ ○

Q トランジットモールは、モールの形態のひとつであり、一般の自動車の進入を排除し、路面電車やバスなどの公共交通機関と歩行者の空間としたものである。

A トランジット（transit）は交通機関、モール（mall）は散歩道で、トランジットモールは交通機関のある散歩道、あるいは交通機関となる散歩道のことです。公共の路面電車やバスと遊歩道が一体となった道です（答えは○）。ローレンス･ハルプリンのニコレットモール（アメリカ、ミネアポリス）が代表例です。

人に優しい道だな
芝地の中にレールが敷かれるなど
トランジットモール
transit mall
交通機関のある散歩道
LRT
LRT
LRT
Light Rail Transit
軽い レールの 輸送機関

答え ▶ ○

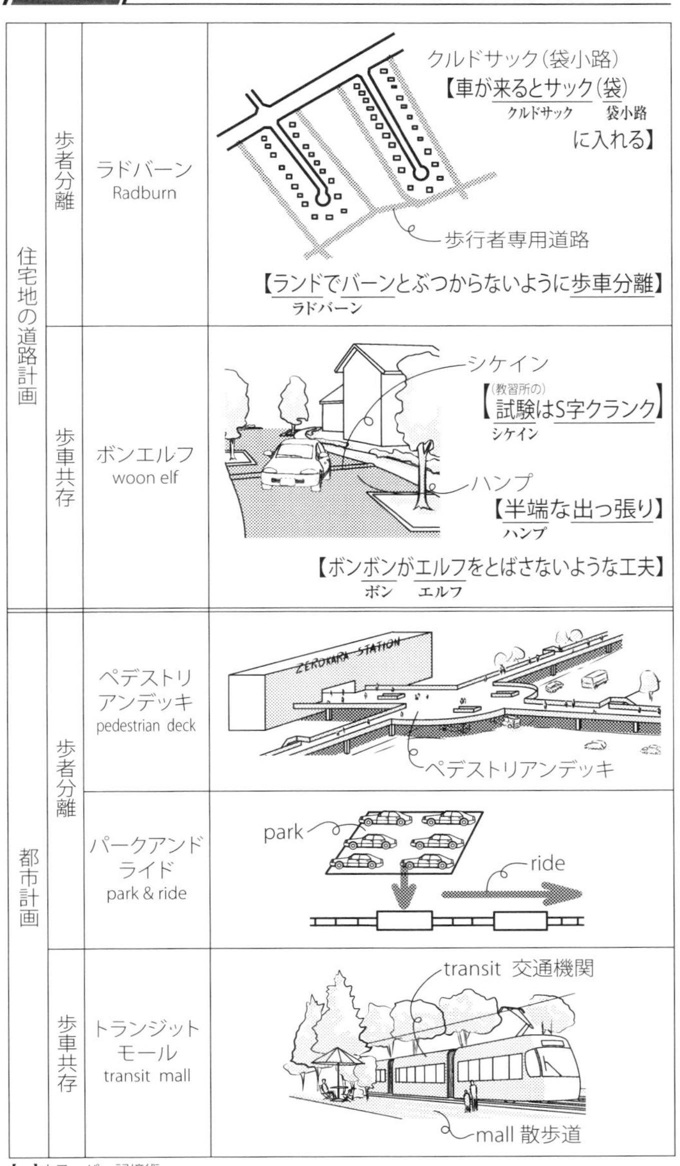

住宅地の道路計画	歩者分離	ラドバーン Radburn	クルドサック(袋小路) 【車が来るとサック(袋)に入れる】（クルドサック・袋小路） 歩行者専用道路 【ランドでバーンとぶつからないように歩車分離】（ラドバーン）
	歩車共存	ボンエルフ woon elf	シケイン 【(教習所の)試験はS字クランク】（シケイン） ハンプ 【半端な出っ張り】（ハンプ） 【ボンボンがエルフをとばさないような工夫】（ボン・エルフ）
都市計画	歩者分離	ペデストリアンデッキ pedestrian deck	ZEROKARA STATION ペデストリアンデッキ
		パークアンドライド park & ride	park ride
	歩車共存	トランジットモール transit mall	transit 交通機関 mall 散歩道

【　】内スーパー記憶術

▼計画の概念

玄関のくつずりや框の段差をなくすなどで、障壁をなくして誰にでも使えるようにすることを(　　)という。	バリアフリー barrier free 障壁 がない
老若男女、人種、文化、障がいなどの差異を問わずに誰でも利用できる設計のことを(　　)という。	ユニバーサルデザイン universal design 万人のための 設計
高齢者、障がい者などの施設を地域から隔離せず、健常者と一緒に助け合いながら暮らす正常な社会を実現しようとする理念を(　　)という。	ノーマライゼーション normalization 正常化

▼寸法・勾配

いすの高さは、約(　　)cm テーブルの高さは、約(　　)cm	約40cm 約70cm  40cm 70cm
車いすの高さは、(　)～(　)cm ベッドの高さは、(　)～(　)cm 便座の高さは、(　)～(　)cm 浴槽の縁の高さは、(　)～(　)cm	すべて40～45cm 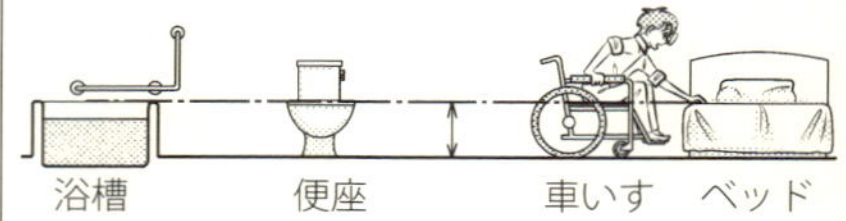 浴槽 便座 車いす ベッド
キッチン流し台の高さは、約(　　)cm	約85cm  トントン 箱 【箱の上で調理】 85cm

洗面化粧台の高さは、約(　　)cm 並べる場合の間隔は、(　　)cm以上	約75cm 75cm以上 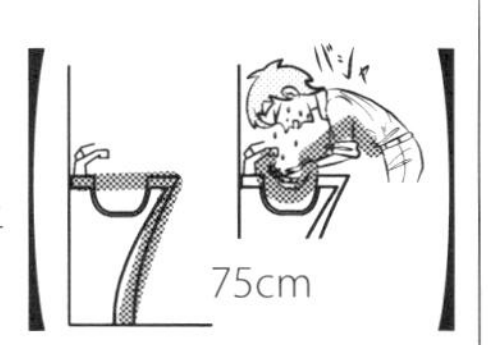 75cm
車いす用キッチンの流し台の高さは、約(　　)cm	約75cm (テーブルの高さ＋α) 
ひざを入れるスペースの、 高さは、約(　　)cm 奥行きは、約(　　)cm	約60cm 約45cm  60cm ひざの横の長さ 45cm 45cm
上部の棚の高さは、約(　　)cm	約150cm 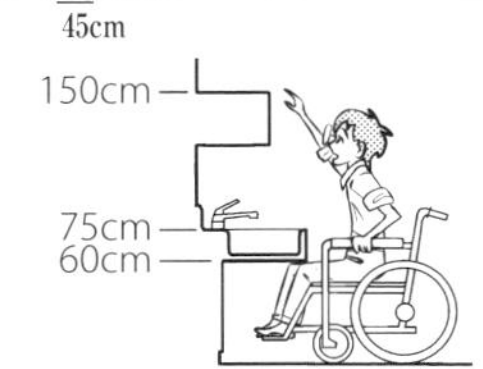 150cm 75cm 60cm
車いす用スイッチの高さは、(　　)〜(　　)cm	100〜110cm (目の高さ) 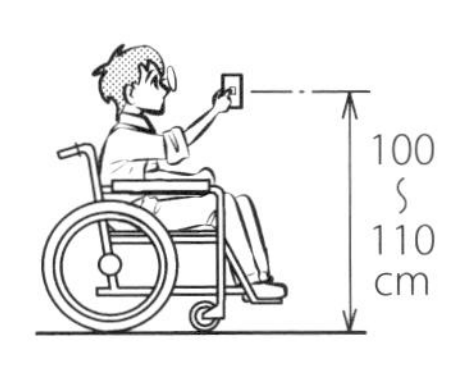 100〜110cm 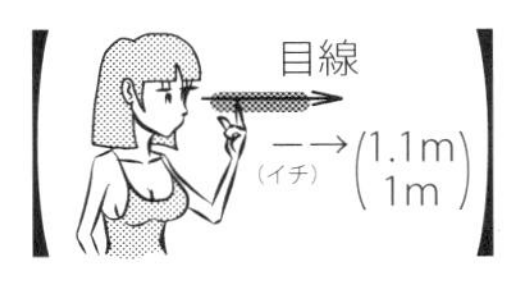 目線 (イチ) 1.1m 1m

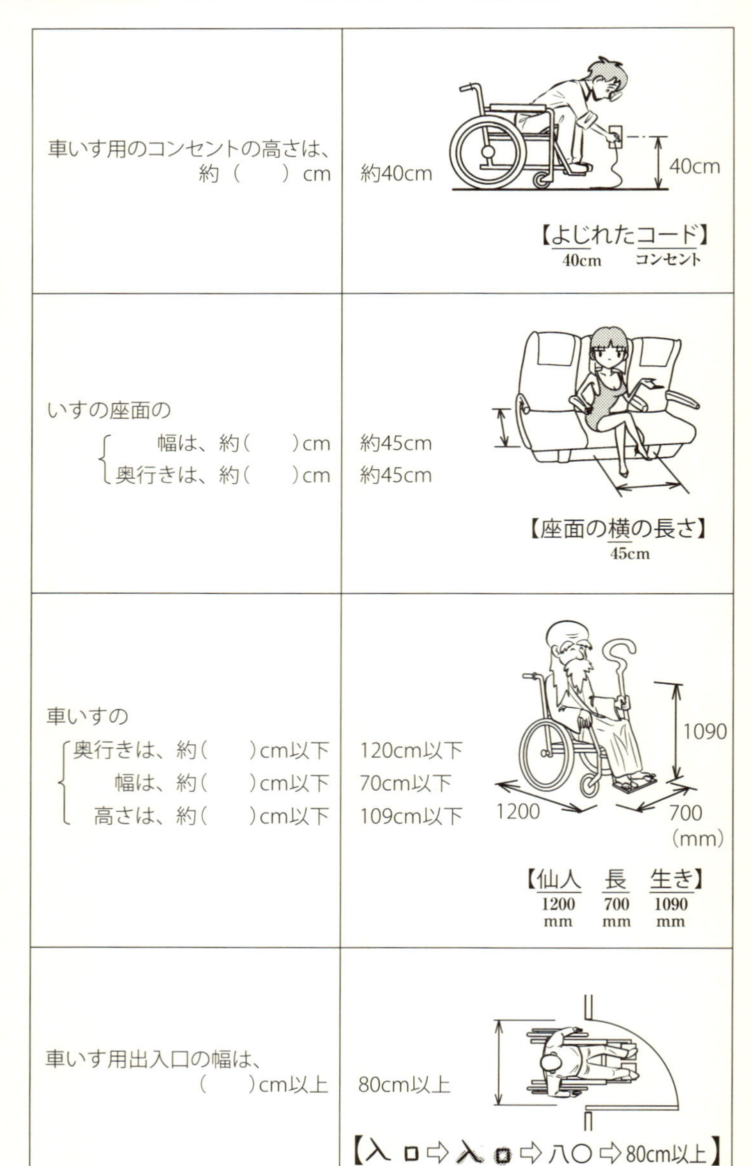

車いす用のコンセントの高さは、約（　　）cm	約40cm
いすの座面の 幅は、約（　　）cm 奥行きは、約（　　）cm	 約45cm 約45cm
車いすの 奥行きは、約（　　）cm以下 幅は、約（　　）cm以下 高さは、約（　　）cm以下	 120cm以下 70cm以下 109cm以下
車いす用出入口の幅は、（　　）cm以上	80cm以上

40cm
【よじれたコード】
40cm
コンセント
【座面の横の長さ】
45cm
1090
1200
700
(mm)
【仙人　長　生き】
1200 mm
700 mm
1090 mm
【入口⇨入口⇨八〇⇨80cm以上】

車いす1台が通る 廊下の幅は、 (　　)cm以上	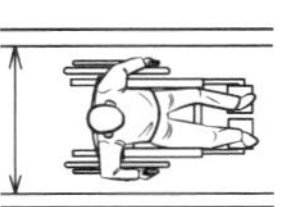 90cm以上 車いすの幅 ＋10cm 出入口幅 ＋10cm 車いす1台廊下幅 70cm以下 ⇨ 80cm以上 ⇨ 90cm以上 【仙人長生き】 70cm 【入口】 八 ○
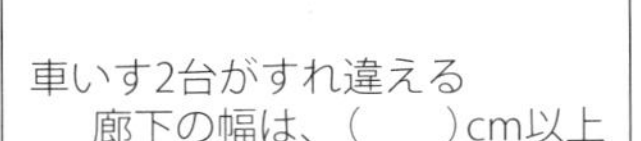 車いす2台がすれ違える 廊下の幅は、(　　)cm以上	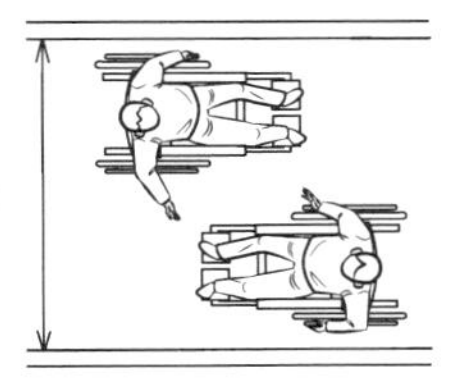 180cm以上 1台：90cm →2台：90cm×2＝180cm
松葉杖使用者が通る 廊下の幅は、約(　　)cm	 約120cm 【松⇨12⇨12】 120cm
車いすが1回転する直径は 両輪を使う場合、(　　)cm以上 片輪を使う場合、(　　)cm以上	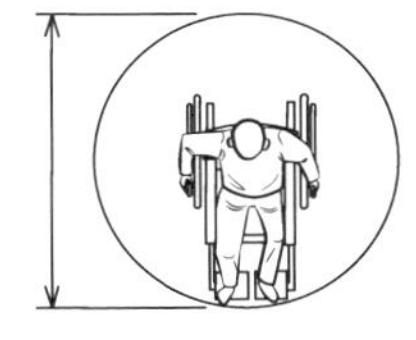 150cm以上 210cm以上 【いー娘 いー娘 と つい つい 振り返る】 150cm　210cm (two)　回転

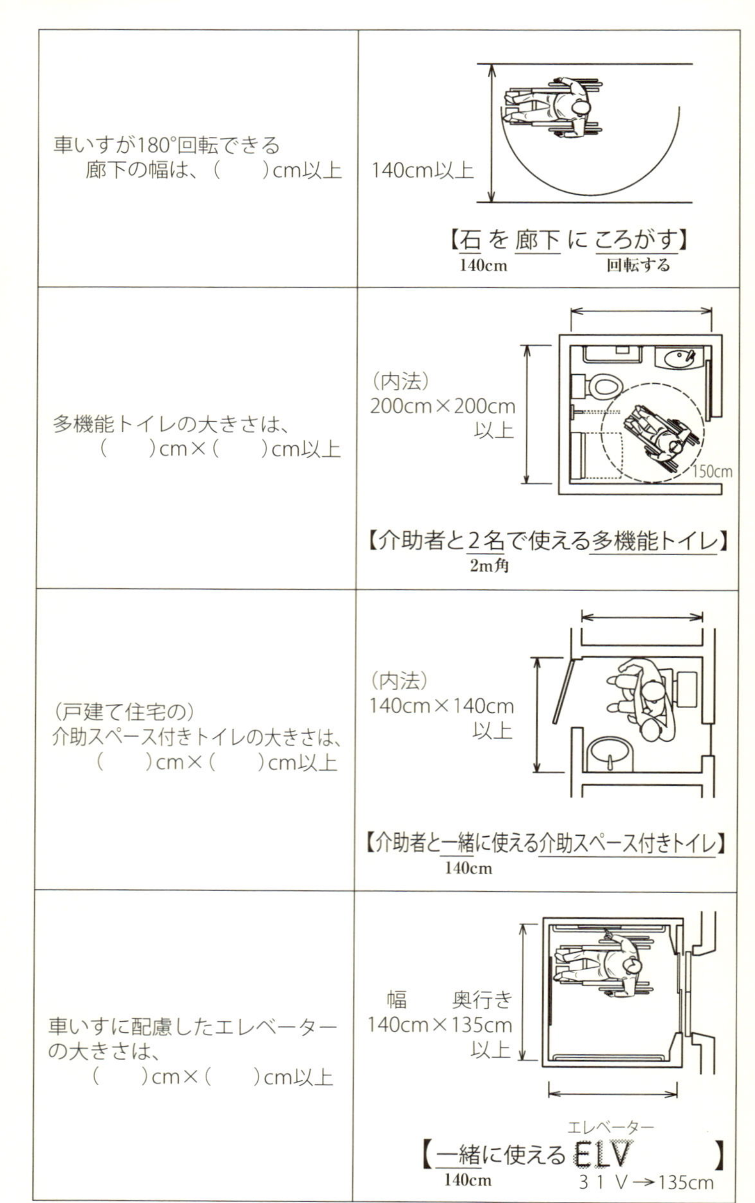

車いすが180°回転できる廊下の幅は、(　　)cm以上	140cm以上 【石 を 廊下 に ころがす】 石＝140cm　ころがす＝回転する
多機能トイレの大きさは、(　　)cm×(　　)cm以上	(内法) 200cm×200cm以上 150cm 【介助者と2名で使える多機能トイレ】 2名＝2m角
(戸建て住宅の)介助スペース付きトイレの大きさは、(　　)cm×(　　)cm以上	(内法) 140cm×140cm以上 【介助者と一緒に使える介助スペース付きトイレ】 一緒＝140cm
車いすに配慮したエレベーターの大きさは、(　　)cm×(　　)cm以上	幅 140cm×奥行き 135cm以上 【一緒に使える ELV(エレベーター)】 一緒＝140cm　3 1 V→135cm

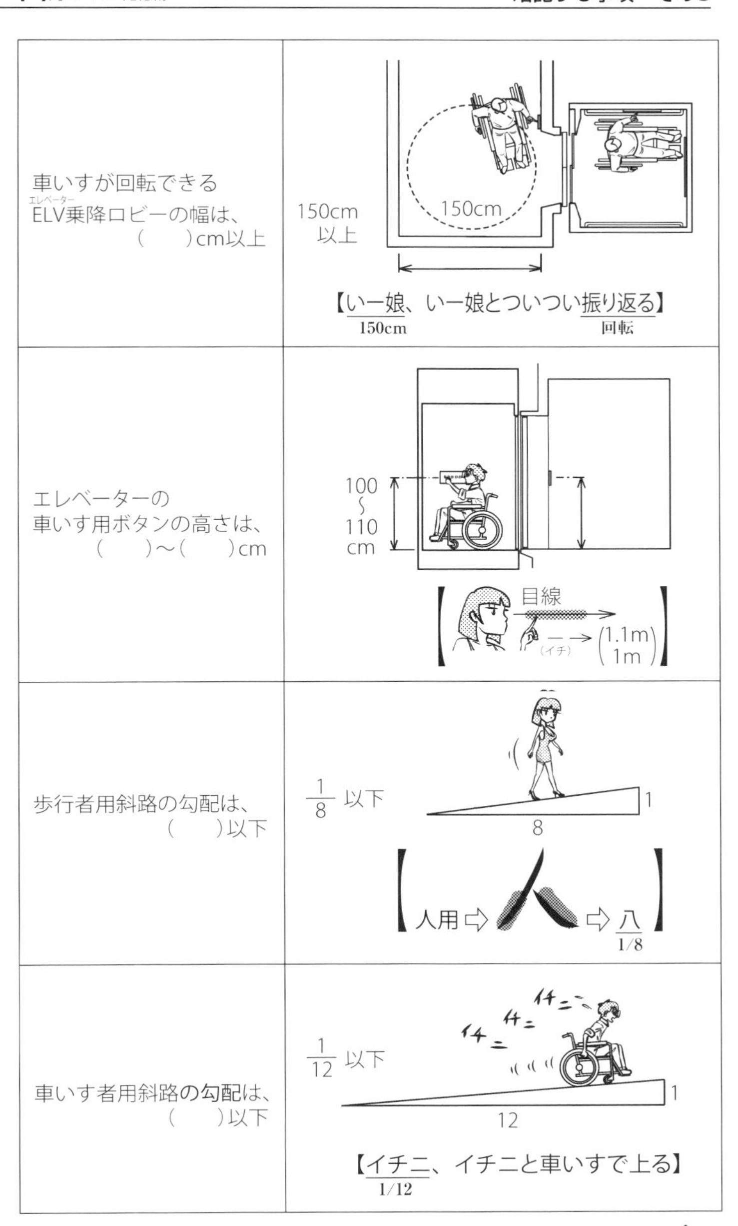

車いすが回転できる ELV（エレベーター）乗降ロビーの幅は、（　　）cm以上	150cm以上 150cm 【いー娘、いー娘とついつい振り返る】 いー娘：150cm　振り返る：回転
エレベーターの車いす用ボタンの高さは、（　　）～（　　）cm	100～110cm 【目線　一（イチ）→（1.1m / 1m）】
歩行者用斜路の勾配は、（　　）以下	$\frac{1}{8}$ 以下 1　8 【人用 ⇨ 人 ⇨ 八】 八：1/8
車いす者用斜路の勾配は、（　　）以下	$\frac{1}{12}$ 以下 1　12 【イチニ、イチニと車いすで上る】 イチニ：1/12

問題	解答
車いす用斜路の踊り場は 高さは、(　　)cm以下ごとに設け、 踏み幅は、(　　)cm以上とする	75cm以下 150cm以上 75cm以下 150cm以上 【(大阪から東京へ上る) 途中に名古屋がある 75cm】
車用斜路の勾配は、 (　　)以下	1 6 $\frac{1}{6}$以下 【car ⇨ car ⇨ 1/6以下】
自転車用斜路の勾配は、 (　　)以下 (駐輪場に階段併設の場合)	$\frac{1}{4}$以下 【チャリ ⇨ 4 ⇨ 1/4以下】
高齢者用階段の勾配は、 (　　)以下 (　　)cm≦2R+T≦(　　)cm	$\frac{6}{7}$以下 【解散は老難】 6÷7 55cm≦2R+T≦65cm 【人生の午後、老後の階段を 55cm　65cm 上る(天国へ)】
エスカレーターの勾配は、 (　　)°以下	30°以下
スレート屋根の勾配は、 (　　)以上	$\frac{3}{10}$以上 【屋根屋の父さん】 10分の3

体を補助するための手すりの高さは、(　　)～(　　)cm 墜落防止のための手すりの高さは、(　　)cm以上	75～85cm 110cm以上 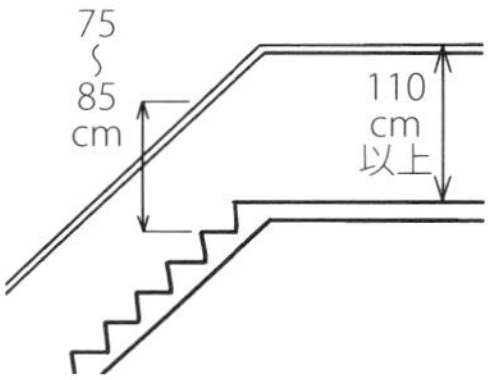 【名古屋で スリ! ⇨110番】 名古屋：75cm　スリ：手すり　110番：110cm
手すりの直径は、(　　)～(　　)cm 手すりと壁のあきは、(　　)～(　　)cm	3～4cm 4～5cm 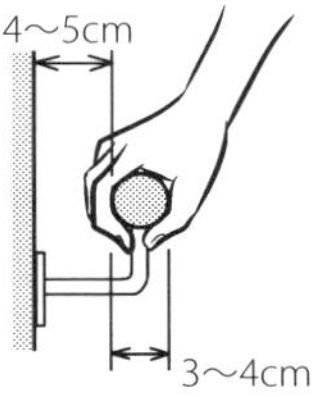 【三振するグリップ】【横のあき寸法】 三振：3～4cm　グリップ：直径　横：4～5cm
洋式トイレ用L型手すりの 縦の長さは、約(　　)cm 横の長さは、約(　　)cm	約80cm 約60cm 【エル型 → エ ロ 型】 エ：80　ロ：60cm
車いす使用の玄関くつずりの高低差は、(　　)cm以下	2cm以下 【段差 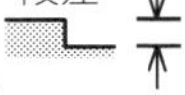 ⇨ ニ ⇨ 二 2cm以下】
高齢者が使う 上り框や出入り口の段差は、(　　)cm以下 踏み段の大きさは、 奥行きが、(　　)cm以上 幅が、(　　)cm以上	18cm以下 30cm以上 60cm以上 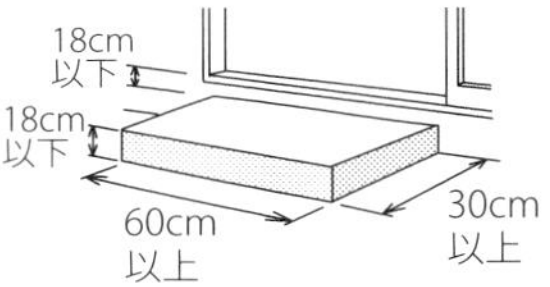 【イヤイヤ上る サ ロンの床へ】 イヤイヤ：18cm　サロン：30cm×60cm

16 暗記する事項

駐車スペースの大きさは、 幅(　　)cm以上×長さ約(　　)cm	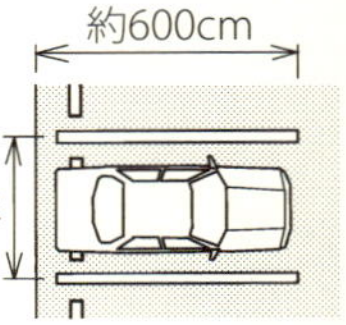 約600cm 230cm以上 230cm以上×約600cm 【兄さん ロック する】 230cm × 600cm
車いす用駐車スペースの幅は、(　　)cm以上	350cm以上 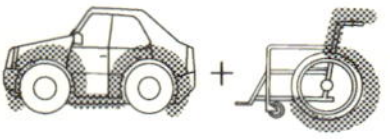 【+ ⇨ 350cm以上】
車いす用駐車台数は、 全体の台数の(　　)以上	$\frac{1}{50}$ 以上  【⇨ $\frac{1}{50}$以上】
駐車場の面積は、 (　　)〜(　　)m^2/台	30〜50m^2/台 【P GO! 50m^2】 
車路(相互通行)の幅は、 (　　)cm以上	550cm以上  【GO GO → 550cm以上】
車の内法回転半径は、 (　　)cm以上	500cm以上  【GO → 500cm以上】
車路の梁下の高さは、 (　　)cm以上	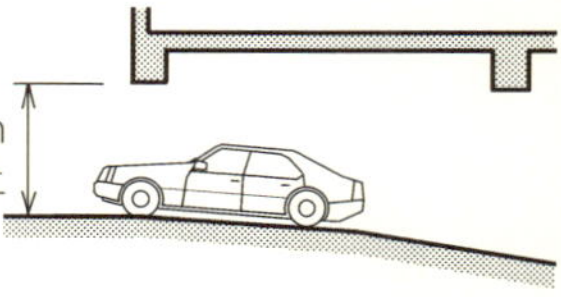 230cm以上 【兄さん 梁に頭をぶつける】 230cm 梁下の高さ
駐車場の出入口の交差点からの距離は、 (　　)m以上	5m以上 【(交差点)コーナーから離せ!】 5m

バイクの駐車スペースの大きさは、 幅約(　　)cm×奥行き約(　　)cm	約90cm×約230cm 【兄さん ロックする】 230cm × 90cm
自転車の駐輪スペースの大きさは、 幅約(　　)cm×奥行き約(　　)cm	約60cm×約190cm 【b icy cle b icy 60cm×190cm】

▼1人当たりの面積

一般病室(4人用)の面積は、 (　　)m^2/床以上	(内法) 6.4m^2/床以上 【老人 多い病室】 6.4m^2/床
特別養護老人ホームにおける 専用居室の面積は、(　　)m^2/人 以上	10.65m^2/人 以上 【転々 ⇨ 老後はホームへ】 10．(ten 点) 65m^2/人
保育所における保育室の 面積は、(　　)m^2/人以上	1.98m^2/人 以上 【行くわ! むかえに】 1.98m^2/人
小・中学校における普通教室の 面積は、(　　)〜(　　)m^2/人	1.2〜2.0m^2/人 【1、2年生には先生2人必要】 1.2m^2 〜 2.0m^2/人
図書館における閲覧室の 面積は、(　　)〜(　　)m^2/人	1.6〜3.0m^2/人 【色 見本を 閲覧 する】 1.6〜3.0m^2/人 閲覧室
事務室の面積は、 (　　)〜(　　)m^2/人	8〜12m^2/人 【6畳一間、ひとりのオフィス】 10m^2±2m^2

問題	解答
会議室の面積は、( )〜( ) m^2/人	2〜5 m^2/人 【ニコニコ会議】 2〜5 m^2/人
劇場、映画館の客席面積は、( )〜( ) m^2/人	0.5〜0.7 m^2/人 【(映画館で)おなら、おこられる】 0.7 〜 0.5 m^2/人
ビジネスホテルにおけるシングルベッドルームの面積は、( )〜( ) m^2	12〜15 m^2 【重工業地帯のホテルはビジネス向け】 15 m^2
シティホテルにおけるツインベッドルームの面積は、約( ) m^2	約30 m^2 【シングル15 m^2 ⇨ ツイン15×2＝30 m^2】
シティホテル、リゾートホテルの延べ面積は、約( ) m^2/室 ビジネスホテルの延べ面積は、約( ) m^2/室	約100 m^2/室 客室部門 ポディアム部門 約50 m^2/室 【100%そろってるシティホテル】 100 m^2/室
シティホテルの宴会場の面積は、約( ) m^2/人	約2 m^2/人 (1.5〜2.5 m^2/人) 【2人でする結婚式】 2 m^2/人前後 宴会場
レストラン客席部分の面積は、約( ) m^2/人	約1.5 m^2/人 (1〜1.5 m^2/人) 【宴会場 ＞ レストラン】 (2 m^2/人) (1.5 m^2/人)

▼面積比

映画館、劇場の いすのみを詰めた場合の面積は、 約(　　)m²/人 レストラン、教室などで いす＋テーブルの場合の面積は、 約(　　)m²/人	約0.5m²/人　劇場、映画館 約1.5m²/人　宴会場、レストラン (1〜3.0m²/人) 教室、図書館閲覧室
$\frac{住宅の収納スペース}{個室面積}$＝(　　)%	(15〜)20%【⇨2⇨20%】
オフィルビルのレンタブル比 (対基準階) ＝$\frac{収益部分の面積}{基準階の面積}$＝(　　)% オフィルビルのレンタブル比 (対延べ面積) ＝$\frac{収益部分の面積}{延べ面積}$＝(　　)%	75(〜85)% (65〜)75%【名古屋へ 出張】 名古屋=75%　出張=オフィスビル
$\frac{ビジネスホテルの客室面積}{延べ面積}$＝ 約(　　)%以下	約75%以下【名古屋へ 出張】 名古屋=75%　出張=オフィスビル ⇨ビジネスホテルで1泊
$\frac{シティホテルの客室面積}{延べ面積}$＝約(　　)%	約50%
$\frac{百貨店の売り場面積}{延べ面積}$＝約(　　)%	(50〜)60% 【売り場に群れるオバサンたち】 売り場に群れる=60%
$\frac{量販店の売り場面積}{延べ面積}$＝約(　　)%	60(〜65)%

$\frac{\text{レストランの厨房面積}}{\text{レストランの面積}}$ =約(　　)%	約30% 【厨房＝水(30)場(%)】
$\frac{\text{喫茶店の厨房面積}}{\text{喫茶店の面積}}$ =約(　　)%	15(～20)% 【30%(水場)×$\frac{1}{2}$】
$\frac{\text{美術館の展示室面積}}{\text{延べ面積}}$ =約(　　)%	(30～)50%
B、L、Dにおいて、 食寝分離……(　　)と(　　)を分離 就寝分離……(　　)と(　　)を分離 公私室分離…(　　)と(　　)を分離	D と Bを分離 B と Bを分離 LDとBを分離
設備を1カ所に集約してその周囲に居室を設ける平面計画を(　　)という。	コアプラン
建物や塀で囲まれた中庭を持つ住宅を(　　)という。	コートハウス
調理以外の洗濯、アイロン、帳簿付けなどの家事を行う部屋を(　　)という。	ユーティリティ
物干しなどをする庭や中庭を(　　)という。	サービスヤード
設計、施工の基準寸法を(　　)といい、ル・コルビュジエがつくった基準寸法を(　　)という。	モデュール、 モデュロール
各住戸がそれぞれ土地に接して、専用庭を持つ連続住宅を(　　)という。	テラスハウス、 (棟割(むなわり))長屋
接地型連続住宅のうち、共用庭(コモンスペース)を中心に各住戸を配置したものを(　　)という。	タウンハウス
共同住宅において、片側に通路を配置する通路形式を(　　)という。	片廊下型
共同住宅において、南側に通路を配置して居間側から入る通路形式を(　　)という。	リビングアクセス型
共同住宅において、階段から共用廊下がなく室から各住居に入る形式を(　　)という。	階段室型
共同住宅において、何層かごとに片廊下をつくり、その上下階は階段から入る通路形式を(　　)という。	スキップフロア型 (スキップアクセス型)

▼住宅・集合住宅

共同住宅において、中央に通路を配置する通路形式を(　　)という。	中廊下型
共同住宅において、中央に外部吹き抜けを設け、その両側に通路を配置する通路形式を(　　)という。	ツインコリドール型 (ダブルコリドール型)
共同住宅において、中央のエレベーターと階段の周囲を囲むように通路を配置する通路形式を(　　)という。	集中型
共同住宅において、住戸が 1層だけで構成される住戸形式を(　　)という。 2層以上で構成される住戸形式を(　　)という。	フラット メゾネット
入居希望者が協同組合をつくって、設計、施工、管理を行う共同住宅を(　　)という。	コーポラティブハウス 【生協 coop コーポラティブ】
共同のキッチン、食堂、洗濯室などがある共に助け合いながら生活する共同住宅を(　　)という。	コレクティブハウス
骨組みを業者がつくり、入居者が内装や設備を設計、施工する共同住宅の供給方式を(　　)という。	スケルトンインフィル方式
光と外気を取り込むための、井戸状の小さな中庭を(　　)という。	ライトウェル(光井戸)、 ライトコート (光庭)
居間の延長としてつくられた大型のバルコニーを(　　)という。	リビングバルコニー
野生生物が生息できるようにした水場などを(　　)という。	ビオトープ

▼オフィス

貸事務所において、 階全体を貸すのが(　　)。 階をいくつかに分けて貸すのが(　　)。 階を小部屋に分けて貸すのが(　　)。	フロア貸し ブロック貸し 小部屋貸し
設備関係の諸室を集中させた階を(　　)という。	設備階
基準寸法で柱、壁、照明などの配置を決める方法を(　　)という。	モデュール割り、 モデュラーコーディネーション

R276
check ▶□□□

オフィスビルの平面計画において、 コアを長方形平面の、 中央に配置するのが(　　)。 片側に寄せるのが(　　)。 2つに分けて短辺両側に寄せるのが(　　)。 外側に配置するのが(　　)。	センターコアプラン 偏心コアプラン ダブルコアプラン 分離コアプラン
センターコア、偏心コアまでの外壁からの奥行きは(　　)m程度	15m程度 【イー娘をセンターに置く】 15m
2重床として配線を床下に入れる床システムを(　　)という。	フリーアクセスフロア (OAフロア)
オフィスの座席位置を固定せず、自由に割り振る方式を(　　)という。	フリーアドレス方式
机の配置形式で 同じ向きに座る形式を(　　) という。 向き合って座る形式を(　　) という。 互い違いに机を置いて向きを変えて座る形式を(　　) という。	並行式 対向式 スタッグ式
知らない者どうしが 対面する状態を(　　)という。 離反する状態を(　　)という。	ソシオペタル ソシオフーガル 【ベタベタ、ペタペタ→ソシオペタル】 対面型
エレベーター台数は、最大ピーク時の(　　)分間における利用者数を元に計画する。	5分間
火災時に消防隊が進入するためのエレベーターを(　　)という。	非常用エレベーター
エレベーターを行き先別にグルーピングしたエレベーター列のことを(　　)という。	エレベーターバンク
オフィスにおける便器数は、 100人に対して 女子(　　)個　男子{大(　　)個、小(　　)個}	女子5個、男子{大3個、小3個} 【便意に　降参　】 5個3個/100人
トイレブースの大きさは、 (　　)cm×(　　)cm程度	85cm×135cm程度 【箱に入っていざ行為】 85cm × 135cm
洗面器を並べる時の間隔は、 (　　)cm以上	75cm以上 【75cm{高さ、間隔】

▼劇場

客席から見て、 舞台の右側を（　　） 左側を（　　）という。	上手 下手 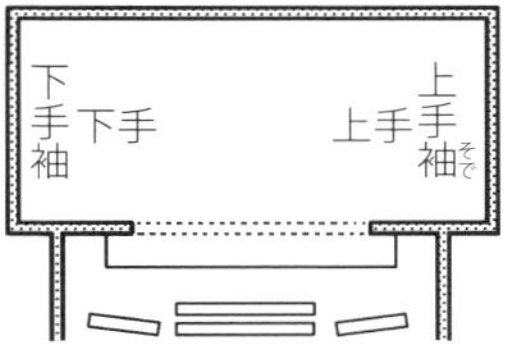
プロセニアムの開口幅Lに対して、 舞台の幅は（　　）×L以上 奥行きは（　　）×L以上	2L以上 L以上 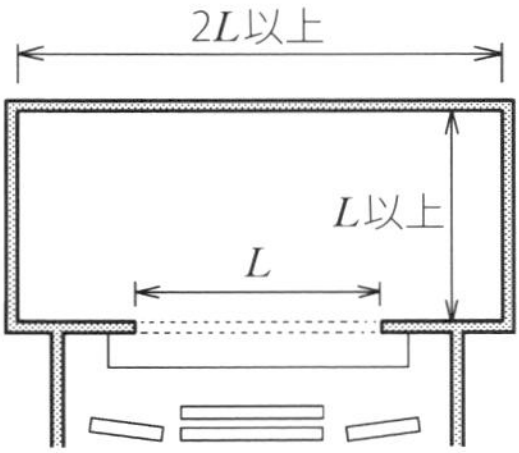
プロセニアム開口高さHに対してすのこ（ブドウ棚）までの高さは、 約（　　）×H	約2.5H 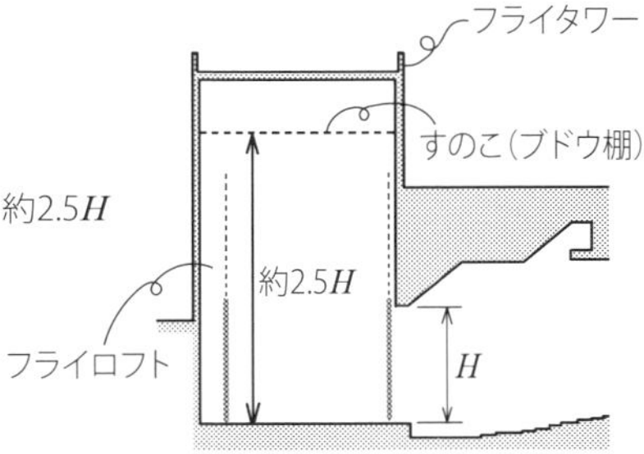
プロセニアムアーチにおいて、 背景となる大きな幕は（　　） 上部の横長の幕は（　　） 両脇の縦長の幕は（　　） 可動プロセニアムは（　　） という。	ホリゾント幕 一文字幕（いちもんじまく） 袖幕 ポータル 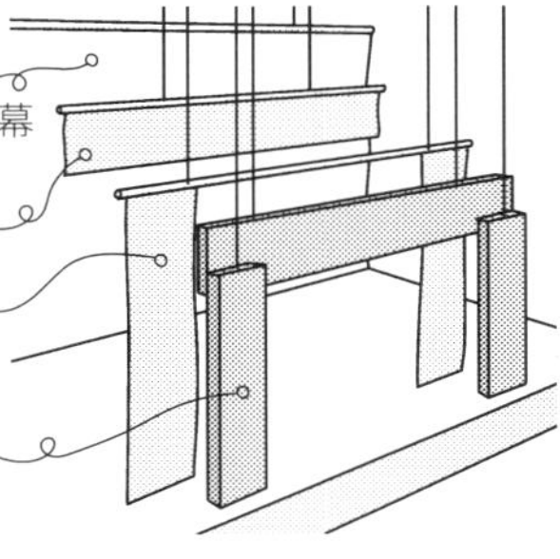

オープンステージのひとつで、舞台の一部を客席側に突き出すタイプを(　　)という。	スラストステージ 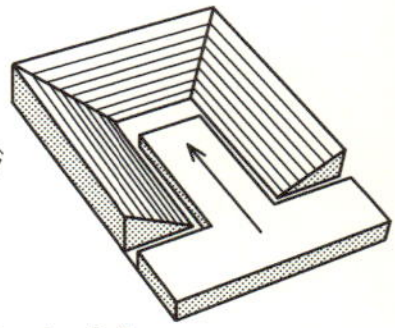 【スラッとした脚を出す】 スラストステージ ファッションショー
さまざまな舞台形式に変更可能なステージを(　　)という。	アダプタブルステージ
ムジークフェラインザールは(　　)型音楽ホール ベルリンフィルハーモニーホールは(　　)型音楽ホール	シューボックス型 ワインヤード型
オペラ劇場において、最後部席から舞台中心まで(　　)m以下	38m以下 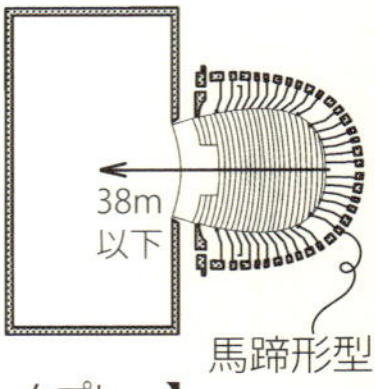 38m以下 馬蹄形型 【サンバ⇨ミュージックプレー】 38m
台詞主体の演劇劇場において、最後部席から舞台中心まで(　　)m以下	22m以下  【2本足 2本足 ⇨ 22m】 人間の台詞主体
客席からステージへの俯角は(　　)°以下が望ましい。(　　)°が限界。	15°以下が望ましい 30°が限界 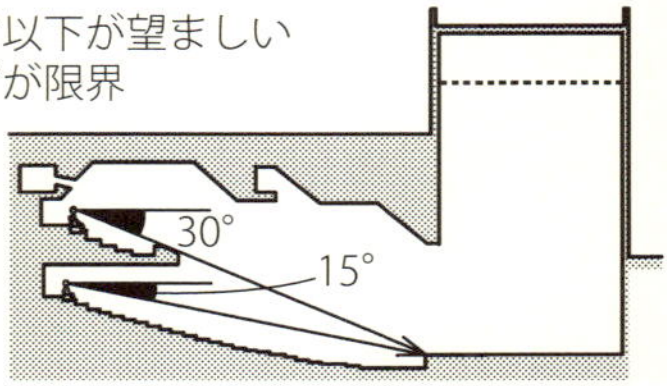 30° 15°

映画館の客席からスクリーンへの水平角度は（　　）°以下が望ましい。	90°以下 が望ましい 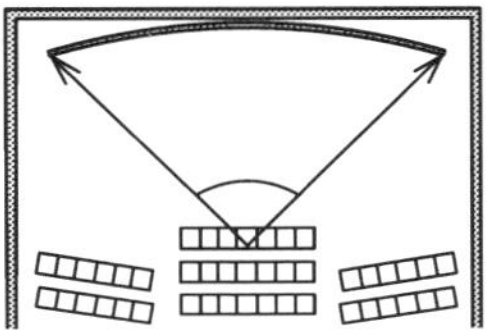
劇場の座席における、 幅は、（　　）cm以上 前後間隔は、（　　）cm以上	45cm以上　【座面の横の長さ】 80cm以上　【45cm（いす）＋35cm（ひざ）＝80cm】
劇場の客席における、 縦通路は、 （　　）cm以上 横通路は、 （　　）cm以上	80cm以上 100cm以上 【（車いす用）最小出入口幅 80cm ⇨ 劇場内縦通路 80cm以上 ⇨ 横通路 100cm以上】 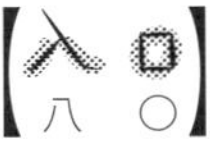 【八　○】 出入口幅から通路幅を連想する 縦＋α
残響時間とは、音が止まった後に音の強さのレベルが（　　）dB減衰するのに要する時間	60 dB（デシベル） 【残響には無情感ただよう】 60 dB ↓ 6 m³/席
劇場の客席の気積は、 （　　）m³/席以上が望ましい。	6m³/席以上
残響時間の式は、 $T=(\ ①\ )\times\dfrac{(\ ②\ )}{(\ ③\ )\times(\ ④\ )}$	$T=$比例定数$\times\dfrac{V}{S\times\overline{\alpha}}$（秒） ①比例定数 ②$V$：気積 ③$S$：表面積 ④$\overline{\alpha}$：吸音率 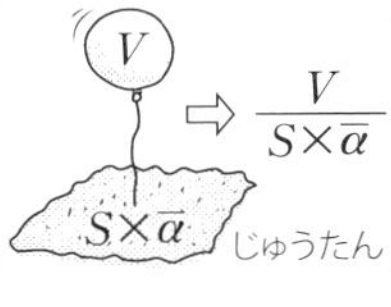 【V　$S\times\overline{\alpha}$　じゅうたん ⇨ $\dfrac{V}{S\times\overline{\alpha}}$】

▼商業施設	レジカウンターの包装台の高さは、( )～( )cm	70～90cm
	ホテルのエレベーター台数は、( )～( )室に1台	100～200室に1台
▼幼稚園・保育所・学校	幼児用トイレの仕切りや扉の高さは、( )～( )cm	100～120cm
	保育所のほふく室の面積は、( ) m²/人以上	3.3m²/人以上 【ササッとほふく前進】(ササッ=3.3m²/人) 保育室は1.98m²/人以上 【行くわ!むかえに】(行くわ=1.98m²/人)
	すべての教科をクラスルームで行うのが ( )型 ある教科だけ専用教室で行うのが ( )型 すべての教科を専用教室で行うのが ( )型 クラスを2グループに分け、一方が普通教室を使っているときに他方が専用教室を使うのが( )型	総合教室型 特別教室型 教科教室型 プラトゥーン型
	42人教室の大きさは ( )m×( )m程度	7m×9m 【泣く泣く通う。教室へ】(泣く=7m×9m)

バスケットコート2面が入る体育館の 大きさは、約(　　)m×約(　　)m 高さは、(　　)m以上	約45m×約35m 【横】 45m→35m 約35m 約45m 8m以上 【high】 8m
テニスコート2面が入る体育館の 大きさは、約(　　)m×約(　　)m 高さは、(　　)m以上	約45m×約45m 12.5m以上

▼図書館

本を車に積んで巡回して行う図書館サービスを(　　)という。	ブックモビル
自由に本を閲覧できる(　　)式	開架式
書庫にある本をガラス越しに見て図書館員に出してもらう(　　)式	半開架式
閲覧者が書庫に出入りする際にチェックを受ける(　　)式	安全開架式
閲覧者は書庫に出入りできず、外からも見れない(　　)式	閉架式

蔵書数は、 開架式で(　　)冊/m^{2}程度 閉架式で(　　)冊/m^{2}程度	170冊/m^{2}程度 230冊/m^{2}程度	【いなかの兄さん、 170冊/m^2～230冊/m^2 本をいっぱい持っている】

移動式書架、積層式書架の蔵書数は(　　)冊/m²程度	400冊/m²程度 【開架、閉架式　移動式、積層式 (170〜230)　2倍 200冊/m² ──→ 400冊/m²】
開架式の延べ面積当たりの蔵書数は、(　　)冊/m²程度	50冊/m²程度 【高齢化したいなかの兄さん、 50冊/m²　170冊/m²〜230冊/m² 本をいっぱい持っている】
仕切りの付いた一人用の閲覧机を(　　)という。	キャレル
図書館の新聞、雑誌などを読むコーナーを(　　)という。	ブラウジングコーナー 【ブラブラ、ラウンジで雑誌読む】 ブラウジング
図書館の本を探す、調べものをするコーナーを(　　)という。	レファレンスコーナー 【レフェリー安心、ルールブックの参照】 レファレンス
警報音で本の持ち出しを知らせるシステムを(　　)という。	BDS 【バッドなヤツをさがせ!】 B　D　　　S
本の検索のための利用者開放端末を(　　)という。	OPAC 【(牛の) オッパイ苦しい 分散せよ!】 OPA　C

▼病院・診療所

診療所は、(　　)床(しょう)以下	19床（ベッド）以下 【診療所は未成年(19床)の病院】
ベッドとベッドの空き寸法は、(　　)～(　　)cm	100～140cm
500床以上の総合病院の1床の延べ面積は約(　　)m²/床	約85m²/床 【病院全体は箱(85m²/床)もの】
病棟部の面積は病院全体の約(　　)%	約40% 【弱り(4割)まして入院(病棟)です】
1看護単位の病床数は、 内科、外科は約(　　)～(　　)床 産科、小児科は約(　　)床	 約40～50床 約30床 【産(3)児(0床)】
患者がくつろいだり面会しりする部屋を(　　)という。	デイルーム 【デイゲームもデイルームで見る】
病院の機能を大きく5つに分けると、 (　　)部 (　　)部 (　　)部 (　　)診療部 (　　)診療部 となる。	管理部、病棟部、サービス部、中央診療部、外来診療部 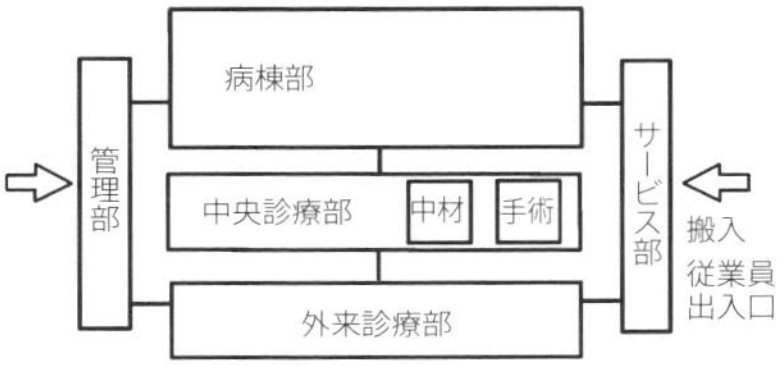 病棟部／管理部／中央診療部／中材／手術／サービス部／外来診療部／搬入 従業員出入口

	問題	解答
▼美術館	絵画の展示壁面の照度は、 日本画…(　　)〜(　　)lx 洋　画…(　　)〜(　　)lx	150〜300lx 300〜750lx 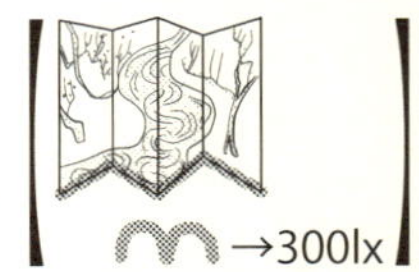 →300lx
▼福祉施設	要介護度が高い人のみ入所できる公的施設は、(　　)老人ホーム 要介護度が低くても入所できる民間施設は、(　　)老人ホーム	特別養護老人ホーム 介護付有料老人ホーム
	医療管理下でリハビリ等を行い、在宅復帰を目指す公的施設は、(　　)施設	介護老人保健施設
	要介護度の低い人が食事、入浴などのサービスを受けながら、自立的に生活する公的施設は、(　　)ハウス	ケアハウス
	認知症高齢者が5〜9人単位のユニットで共同生活する施設は、(　　)ホーム	グループホーム
	日中のみ通所して食事、入浴、リハビリ等のサービスを受ける施設は、(　　)サービス	デイサービス
▼都市計画	小学校は(　　)にひとつ 幼稚園は(　　)にひとつ	近隣住区 (2000〜2500戸) 近隣分区 (400〜500戸) 【小学校　近隣の塾(近隣住区)】
	近隣住区方式は、イギリスの(　　)、大阪府の(　　)で実践された。	ハーロウニュータウン 千里ニュータウン 【千　里(千里ニュータウン)の向こうのイギリスも、ハ　ロ　ー(ハーロウニュータウン)と言って近所(近隣住区)にあいさつする】

近隣住区単位をやめてワンセンター方式として名古屋市のベッドタウンとして開発されたのは(　　)。	高蔵寺ニュータウン 【高い蔵(高蔵寺) だけに人が集まる(ワンセンター)】
歩行者専用道路を車道の上空に持ち上げるなどの立体的な処理をした歩道を(　　)という。	ペデストリアンデッキ
車の通過交通を防ぐために、折り返しスペースのある行き止まりの道を(　　)という。	クルドサック (袋小路) 【車が来るとサック(クルドサック) (袋)(袋小路) に入れる】
車は行き止まりの道に入れ、歩行専用道路は緑地につくる歩車分離の住宅地計画を(　　)システムという。	ラドバーンシステム 【(土地)ランドでバーン(ラドバーン)とぶつからないように歩車分離】
道路をS字クランクさせるのは、(　　)という。	シケイン 【(教習所の)試験は(シケイン) S字クランク】
道路につけるこぶは、(　　)という。	ハンプ 【半端(ハンプ)な出っ張り】
S字クランクと出張りによって、車のスピードをゆるめる道路形式は、(　　)という。	ボンエルフ 【ボンボンがエルフ(ボンエルフ)をとばさないように工夫】
周辺駅の駐車場に車を置いて、そこから公共交通機関を使うシステムは、(　　)という。	パークアンドライド
路面電車やバスと歩道を合わせた散歩道は、(　　)という。	トランジットモール

原口秀昭（はらぐち　ひであき）
1959年東京都生まれ。1982年東京大学建築学科卒業、86年同大学修士課程修了。大学院では鈴木博之研究室にてラッチェンス、ミース、カーンらの研究を行う。現在、東京家政学院大学生活デザイン学科教授。
著書に『20世紀の住宅－空間構成の比較分析』（鹿島出版会）、『ルイス・カーンの空間構成　アクソメで読む20世紀の建築家たち』『1級建築士受験スーパー記憶術』『2級建築士受験スーパー記憶術』『構造力学スーパー解法術』『建築士受験　建築法規スーパー解読術』『マンガでわかる構造力学』『マンガでわかる環境工学』『ゼロからはじめる建築の［数学・物理］教室』『ゼロからはじめる［RC造建築］入門』『ゼロからはじめる［木造建築］入門』『ゼロからはじめる建築の［設備］教室』『ゼロからはじめる［S造建築］入門』『ゼロからはじめる建築の［法規］入門』『ゼロからはじめる建築の［インテリア］入門』『ゼロからはじめる建築の［施工］入門』『ゼロからはじめる建築の［構造］入門』『ゼロからはじめる［構造力学］演習』『ゼロからはじめる［RC＋S構造］演習』『ゼロからはじめる［環境工学］入門』『ゼロからはじめる建築の［設備］演習』『ゼロからはじめる［RC造施工］入門』『ゼロからはじめる建築の［歴史］入門』『ゼロからはじめる［近代建築］入門』（以上、彰国社）など多数。

ゼロからはじめる **［建築計画］入門**

2016年5月10日　第1版発　行
2023年9月10日　第1版第3刷

著作権者との協定により検印省略

著　者　原口秀昭
発行者　下出雅徳
発行所　株式会社　**彰国社**

162-0067 東京都新宿区富久町8-21
電　話　03-3359-3231（大代表）
振替口座　00160-2-173401

自然科学書協会会員
工学書協会会員

Printed in Japan

印刷：三美印刷　製本：中尾製本

ISBN978-4-395-32062-2 C3052　https://www.shokokusha.co.jp